디지털 시대의
경영
전략과 혁신

디지털 시대의 경영-전략과 혁신

ⓒ 이원준, 강윤정 2015

초판 1쇄 발행일 2015년 9월 3일
초판 3쇄 발행일 2019년 3월 4일

지은이 이원준, 강윤정
펴낸이 김지영   **펴낸곳** 지브레인^{Gbrain}
마케팅 조명구   **제작 · 관리** 김동영
편집 정난진

출판등록 2001년 7월 3일 제2005-000022호
주소 (04021) 서울시 마포구 월드컵로7길 88 2층
전화 (02)2648-7224   **팩스** (02)2654-7696

ISBN 978-89-5979-410-2 (93320)

디지털 시대의 경영

이원준 · 강윤정 지음

전략과 혁신

Gbrain 지브레인

머리말

1994년은 인터넷이 일반에 공개된 역사적인 해이다. 우리에게 잘 알려진 아마존 amazon.com과 야후yahoo.com가 서비스를 시작하였고, 1995년에는 이베이ebay.com가 출범하였다. 같은 해에 우리나라에서는 다음daum.net이 포털 서비스를 시작하였고, 우리나라 전자상거래의 효시 격인 인터파크interpark.co.kr가 1996년에 문을 열었다.

이후 지난 20년 동안 우리의 일상생활은 참으로 많이 변하였다. 오늘 우리 모두의 손에는 스마트폰이 쥐어져 있고, 사실상 언제 어디서나 인터넷에 접속해 저렴한 비용으로 과거에 상상할 수 없었던 종류의 서비스를 누리고 있다. 인터넷은 저명한 경영학자 크리스텐슨Christensen이 말한 파괴적 혁신disruptive innovation의 대표적 예이다. 파괴적 혁신이란 말 그대로 파괴하는 혁신이다. 기존의 것을 없애고 그 대신 새로운 것을 가져다준다.

인터넷의 대표적인 응용 서비스인 웹은 사람들 사이의 의사소통 방식을 송두리째 바꾸어놓았다. 언제 어디서나 의사소통이 가능할 뿐만 아니라 사람들, 사물들, 조직들…… 등 이 세상에 존재하는 그 무엇이든 간에 우리 인간에게 필요한 존재들을 네트워크에 접속하여 서로 정보와 신호를 주고받고 상호작용을 한다. 특히 대중과 약자, 자원이 부족한 작은 조직과 기업들을 연결시킴으로써 과거에는 불가능했던 새로운 차원의 가치를 창출한다는 데서 인터넷의 영향이 파괴적이라는 것이다.

인터넷과 웹 기술의 발전이 통신기술의 발전과 맞물리면서 사물인터넷Internet of Things의 시대가 성큼 다가오고 있다. 원자의 물리적 세계와 비트의 디지털 세계 사이의 경계선이 모호해지고 있다. 물리적 개체 안에 전자부품이 내재화embedded되면서 물리적 세계가 디지털 세계에 편입되는 느낌이다. 아니 반대로 디지털 세계가 조각난 물리적 세계를 종으로 횡으로 엮어 완성한다는 것이 더 적절한 표현일 것이다.

우리는 이러한 변화를 겪으면서 사회의 작동원리가 달라지고 있고 새로운 경제논리가 작용하고 있음을 발견하고 있다. 이렇듯 많은 사람들은 인터넷을 1900년대의 산업혁명에 버금가는 혁신으로 평가하고 있다. 산업혁명의 시대가 물리적인 인프라와 질서를 거대한 규모로 구축하고 효율성을 극대화하는 논리를 터득하는 시기였다면, 인터넷이 만들어내는 시대는 다양성과 유연성에 대한 인간의 향수가 실현되는 시기이다.

본서는 이러한 파괴적 혁신의 시기를 기업의 관점에서 바라보고, 기업들이 이러한 변화에 대응하는 데 필요한 전략을 수립하며, 기업 운영 혁신의 방향을 설정해나가는 데 필요한 지식을 정리하고 있다. 저자들이 지난 10여 년 동안 대학에서 강의하면서 준비한 자료를 체계적으로 정리한 결과물이다. 구체적으로는 인터넷의 작동원리와 기본 속성, 그리고 정보의 디지털화에 대한 이해를 바탕으로 인터넷이 가져오는 변화와 기회에 대응하기 위한 전략과 비즈니스 모델 차원의 이슈들을 다루고 있다. 더불어 본서는 기업 운영의 혁신과제들을 다루고 있다. 운영 혁신은 기업 내 및 기업 간 프로세스를 e-비즈니스의 관점에서 재구축하고 통합하는 것으로서 이는 초연결super-connectivity 시대의 최우선 과제이기도 하다.

따라서 본서는 기업 전략과 운영 혁신을 위해 인터넷 기술을 어떻게 활용할 것인가를 체계적으로 소개한 것으로 이해하면 될 것이다. 현업에서 부딪히는 세세한 문제에 대한 정답을 요리 레시피처럼 즉석 해결방법을 제시하기 위해 이 책을 준비했다기보다는 인터넷으로 인해 전개되는 사회 경제적 변화에 대한 체계적인 사고의 틀을 정립하는데 유용한 개념과 이론을 소개하고자 하였다. 따라서 매일매일 대응해야 할 문제를 해결해야 하는 현업의 관점에서 보면 내용이 다소 이론적이라는 느낌을 줄 수 있으나 세상 변화의 흐름을 큰 틀 속에서 이해하고 어떻게 준비해나가야 하는지를 이해하는 데는 많은 도움이 될 것이라 믿는다. 학생이든 현업에 종사하는 분이든 간에 본서를 통해 디지털 시대의 경영에 대한 통찰력을 얻기를 기대하는 바이다.

적극적인 지원을 아끼지 않으신 지브레인 대표님 그리고 원고를 다듬고 책으로 만들어지는 과정에서 수고하신 편집장님을 비롯한 대학원생 한가희 조교에게 감사의 마음을 전한다. 그동안 저자들의 수업을 들은 수많은 학생들에게도 감사드린다. 그리고 어느 누구보다도 가장 큰 믿음을 주는 가족들이 항상 고마울 따름이다.

창 너머 비원을 정원 삼아…

이원준

contents

머리말   4

1장 인터넷 경제와 e-비즈니스   11

  1. 인터넷 경제와 e-비즈니스   12

2장 컴퓨팅 환경의 진화   23

  1. 인터넷 기술   24

  2. 컴퓨팅 환경의 변화   36

  3. 웹 2.0 현상들   54

3장 인터넷과 정보   67

  1. 인터넷의 기본 속성   68

  2. 정보의 디지털화   73

  3. 신뢰와 정보 프라이버시   86

4장 **비즈니스 환경의 변화**   91

    1. 가치사슬의 해체   92

    2. 유통채널의 변화   103

    3. 인터넷과 경쟁환경   109

5장 **인터넷 비즈니스 모델**   118

    1. e-비즈니스 기술을 이용한 가치창출   120

    2. 비즈니스 모델이란   133

    3. 비즈니스 모델의 유형과 역동성   144

6장 **인터넷 비즈니스 모델의 지속전략**   157

    1. 인터넷 비즈니스 모델의 지속 전략   158

    2. 온라인 비즈니스 진출전략   164

    3. 플랫폼 비즈니스   172

7장 온라인 시장과 가격결정   181

    1. 온라인 시장   182

    2. B2B e-마켓플레이스   196

8장 e-비즈니스와 기업정보시스템   205

    1. 정보시스템과 프로세스 혁신   206

    2. e-비즈니스와 전사적 시스템   215

9장 e-비즈니스와 고객   223

    1. 고객 중심 패러다임   224

    2. 개인화   234

    3. e-service   245

10장 e-비즈니스와 고객관계관리   255

1. 다채널 환경에서의 CRM   256
2. CRM을 위한 통합과 시스템적 접근   264

11장 e-비즈니스와 주문 조달 관리   273

1. 주문이행 프로세스와 주문관리   274
2. 전자조달혁신   282

12장 e-비즈니스와 공급체인관리   289

1. 공급체인관리 개요   290
2. IT기반 SC혁신과 e-SCM   302
3. 기업 간 관계와 협업   315

찾아 보기   322

1장

인터넷 경제와 e-비즈니스

1. 인터넷 경제와 e-비즈니스

1) 인터넷의 정의와 역사

　네트워크는 서로 정보를 주고받을 수 있는 통로 역할을 하는 것으로, 의사소통을 하거나 정보 교환을 위해서는 이들이 전달되는 통로가 필요하다. 서울에 있는 영희와 미국에 있는 순이가 서로 안부를 묻는 단순한 의사소통을 넘어, 사진이나 동영상 음악 같은 콘텐츠 정보를 전달하기 위해서도 네트워크가 필요하다. 즉, 영희와 순이 사이를 연결하는 네트워크가 있어야 한다. 이러한 의사소통 및 정보 공유를 위해 사람들을 연결시켜주는 거대한 통신 네트워크가 인터넷이다. 인터넷은 inter와 network의 합성어로서, 일대일 커뮤니케이션뿐만 아니라 일대다 및 다대다 커뮤니케이션이 가능하도록 무수한 소규모 네트워크를 연결한다. 따라서 인터넷은 네트워크들의 네트워크로 정의할 수 있다.

　제2차 세계대전 후 냉전 시대에 소련의 공격에 대항하기 위한 군사 정보 교환을 목적으로 개발된 알파넷ARPAnet이 인터넷의 시작이었다. NCPNetwork Control

Protocol라는 통신 프로토콜을 이용하여 국방과 연구 목적으로 정보를 공유하는 통신 네트워크이던 알파넷은 사용자가 증가함에 따라 TCP/IP라는 통신 프로토콜을 개발하여 사용하게 되었다. TCP/IP의 개발은 군사용 MILNET^{Military Network}과 학술용 알파넷으로 네트워크를 분리시켜 현재의 인터넷 환경의 기반을 갖추는 계기가 되었다. 1990년대 들어서면서 알파넷은 해체되고 WWW와 최초의 웹 브라우저인 모자익^{MOSAIC}이 등장했으며, 1994년에 법적 규제가 완화되면서 본격적으로 인터넷 시대가 열리게 되었다.

표 1-1 인터넷의 역사

연도	내용
1969	미 국방성 커뮤니케이션 인프라 구축 선언 • 네트워크 생존성(survivability)를 위한 패킷스위칭 • 분산된 연구기관을 연결하는 단일 네트워크인 ARPAnet 구축
1979	ARPAnet이 서로 연결된 ARPAnet과 MILNET으로 발전(인터넷이라 부르기 시작)
1982	통신 프로토콜 TCP/IP 개발
1983	군사용 MINET과 학술용 ARPAnet이 분리됨
1986	5대의 슈퍼컴퓨터, 연구기관, 대학을 연결하는 NSFNET(현재 인터넷의 모습 갖춤)
1991	WWW(World Wide Web) 개발
1993	최초의 웹 브라우저 모자익(MOSAIC) 공개
1994	인터넷의 상업적 사용 허용; 급속한 인터넷 사용 증가
1994	넷스케이프 출시

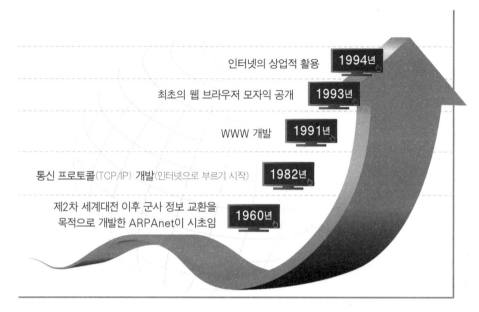

그림 1-1 인터넷의 주요 역사

국내의 인터넷은 학술적인 목적으로 서울대와 전자통신연구소에서 TCP/IP를 기반으로 SDN을 개발하여 1994년 ISP를 통해 상용서비스를 시작했다. 그후, 한국통신이 TCP/IP를 이용하여 HAHA/SDN망을 아시아 · 태평양 지역의 PACCOM과 연결하면서 국내도 본격적인 인터넷 시대로 접어들게 되었다. 1996년 두루넷이 처음으로 초고속 인터넷 서비스를 개시했고, 2014년 말 현재 우리나라 전체 인구의 93%에 이르는 4,500만 명이 인터넷을 사용하고 있다.

표 1-2 국내의 인터넷 역사

연도	내용
1982	전자통신연구소와 서울대에서 SDN 시작
1988	학술연구전산망협의회(ANC: Academic Network Committee)를 구성하여 인터넷을 효율적으로 관리
1989	한국통신이 TCP/IP를 이용하여 HAHA/SDN망을 아시아 · 태평양 지역의 PACCOM과 연결
1994	ISP(Internet Service Provider)를 통해 상용서비스 시작
1996	두루넷이 처음으로 초고속 인터넷 도입

2) 인터넷 경제 구조의 4계층

경제란 인간이 재화를 획득, 분배 및 소비하는 과정을 의미한다. 이러한 경제 활동 중에서 인터넷 기술의 개발과 적용에 직간접적으로 관련된 부분을 '인터넷 경제'라고 한다. 인터넷 경제는 디지털 경제digital economy, 새로운 경제new economy 등의 다양한 이름으로 불리며, 기술적 환경의 진화로 인해 펼쳐지는 새로운 비즈니스 환경의 특색에 맞게 사물인터넷 같은 새로운 이름들이 나타나고 있다.

인터넷 경제 구조는 4개의 층으로 구성되어 있다.[1] 첫 번째 층은 인프라층 infrastructure layer으로, 인터넷 경제활동의 작동에 필요한 하드웨어를 의미한다. 인프라층은 네트워크를 통해 비즈니스를 실행하는 데 요구되는 백본backbone 네

---

1) Barua, A., J. Pinnell, J. Shutter & A. Whinston, "Measuring the Internet Economy" Center for Research on Electronic Commerce at the Graduate School of Business, the University of Texas at Austin, October 27, 1999

트워크를 실행하는 주체자들이 활동하는 층으로, 통신회사를 비롯해 컴퓨터나 네트워크 장비를 생산하는 하드웨어 제조자들로 구성되어 있다.

두 번째는 응용층application layer이다. 상업적 목적으로 백본을 이용할 수 있도록 다양한 소프트웨어 애플리케이션을 통해 시스템을 지원하는 기업들이 활동하는 층이다. 인프라층이 하드웨어적 구성요소라고 한다면 응용층은 소프트웨어라고 볼 수 있다. 인프라층과 응용층은 인터넷 경제가 작동하기 위한 기본 구성요소이다. 이 둘을 토대로 기업들과 일반 소비자들은 인터넷 비즈니스나 전자상거래 같은 활동을 수행하는 것이 가능해진다. 이러한 비즈니스들이 수행되는 층이 세 번째 중개층과 네 번째 상거래층이다.

세 번째 중개층intermediary layer은 인프라층과 응용층을 활용하여 다양한 방법으로 시장을 형성하는 기업들이 활동하는 층이다. 이들 기업은 구매자와 판매자 사이의 중개자로서 인터넷을 통해 둘 사이의 상호작용과 거래활동을 지원하는 전자시장electronic market을 만들어 거래가 효율적으로 이루어지도록 돕는다. 이들 중개자 역할의 핵심은 정보를 한 곳에 모아 쉽게 검색할 수 있도록 도움으로써 거래 상대를 찾는 데 드는 비용과 노력을 줄여준다는 데 있다. 따라서 이들 중개자들을 정보중개자info-mediary라고 부르기도 하며, 콘텐츠 및 미디어 산업을 비롯한 많은 산업에서 일어나는 변화는 이들이 주도한다고 볼 수 있다.

네 번째 상거래층commerce layer은 지금까지 언급한 3개의 층이 제공하는 기술적·상업적 환경에서 전통적인 오프라인 상거래를 대체하거나 조화를 이루는 새로운 형태의 상거래가 발생하는 층이다. 오프라인 소매업체가 판매채널을 확장하여 온라인 채널로도 판매하는 것이나 새로운 온라인 업체가 온라인 채널로 판매하면서 순수 오프라인 경쟁자와 시장에서 경쟁하는 것 등을 예로 들 수 있다. 제조업자가 소비자와 직거래하면서 중간 유통업체를 무력화시키는 것도 이 상거래층에서 발생하는 현상에 속한다.

인터넷 경제 환경에서 많은 기업들이 이 4개의 층에서 복합적으로 활동하고 있다. 예를 들어 Microsoft와 IBM은 인프라층뿐만 아니라 용용층과 상거래층에서도 활동하고 있다. 이는 인터넷 경제에서 어느 특정 기업의 활동이 하나의 영역에 국한되지 않는다는 것을 의미한다. 하지만 주요 비즈니스 거래 활동의 관점에서 중개층과 상거래층을 중점적으로 살펴봄으로써 인터넷 경제하에서 기업들이 변화를 전략적으로 활용하고 경쟁에서 우위를 점하기 위해 고민해야 할 거시적·미시적 이슈에 대한 이해도를 심화시킬 수 있을 것이다.

표 1-3 각 층에서 활동하는 기업들

층	예시 기업
인프라층 (infrastructure layer)	• 인터넷 백본 제공자(예: Owest, MCL World.com) • 인터넷 서비스 제공자(예: Mindspring, AOL, Earthlink) • 네트워킹 하드웨어와 소프트웨어 회사(예:Cisco, Lucent, 3Com) • PC와 서버 제조업자(예: Dell, Compaq, HP)
응용층 (application layer)	• 인터넷 상거래 애플리케이션(예: Netscape, Microsoft, Sun, IBM) • 멀티미디어 애플리케이션(예: RealNetworks, Macromedia) • 검색 엔진 소프트웨어(예: Inktomi, Verity)
중개층 (intermediary layer)	• 수직적 산업 시장 조성자(예: VerticalNet) • 온라인 여행사(예: Expedia.com) • 온라인 주식중개자(예: E-Trade, Schwab.com, DLJDirect) • 콘텐츠 통합(예: Cnet, ZDnet, Broadcast.com) • 포털/콘텐츠 제공자(예: Yahoo, Excite) • 온라인 광고(예: Yahoo, ESPNScportszone)
상거래층 (commerce layer)	• 전자 소매업자(예: Amazon.com, eToys.com) • 온라인 판매 제조업자(예: Cisco, Dell, IBM) • 온라인으로 티켓을 판매하는 항공사 • 온라인 엔터테인먼트와 전문적인 서비스

출처: "Measuring the Internet Economy" the Center for Research on Electronic Commerce at the Graduate School of Business, the University of Texas at Austin, October 27, 1999

이들 간의 관계를 살펴보면 다음 그림과 같다.

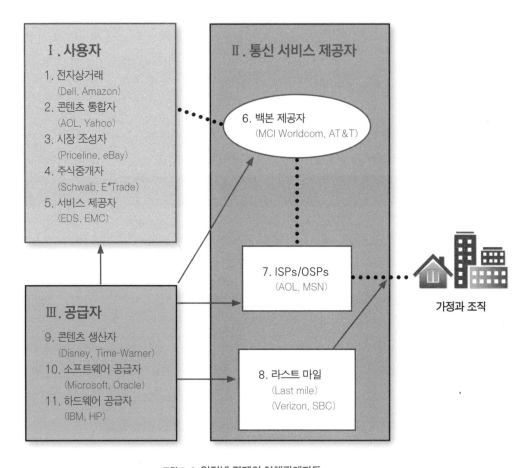

그림 1-2 인터넷 경제의 이해관계자들

출처: Afuah, A. & Tucci, C. Internet Business Models and Strategies: Texts and Case, McGraw-Hill/Irwin; 2 edition, 2002

3) e-비즈니스의 정의와 역사

e-비즈니스$^{\text{e-business}}$의 정의에 대하여 논의하기 전에 가장 유사하게 사용되는 전자상거래$^{\text{e-commerce}}$의 정의를 살펴보고자 한다. 전자상거래는 웹을 통해

이루어지는 상거래 활동을 의미한다. 즉, 인터넷 통신망과 웹을 이용하여 거래 대상자들과 함께 거래 활동을 하는 것이다. e-비즈니스는 인터넷 기술을 넘어 전자적 네트워크$^{electronic\ networks}$를 통해 비즈니스 활동을 수행하는 것을 의미하는 것으로, 전자상거래보다 큰 개념이다. e-비즈니스에서 의미하는 비즈니스 활동은 고객서비스, 구매자와 판매자 사이의 관련된 정보 교환 그리고 더 나아가 비즈니스 파트너, 유통업자, 공급자와의 협력에 있어 전자적 네트워크를 활용하는 것을 포괄한다.

e-비즈니스는 세 번의 물결, 즉 변화기를 겪어왔다. 인터넷이 상용화되기 시작한 1994년 이후 인터넷 경제는 급속하게 팽창하며 닷컴 붐$^{dot.com\ boom}$이라고 불릴 만큼 기대와 희망이 가득했다. 하지만 새로운 비즈니스에 대한 지나친 장밋빛 기대감만으로는 성장을 지속할 수 없게 되면서 2000~2003년에는 닷컴 거품 붕괴$^{dot.com\ burst}$ 시기를 맞이하게 된다. 이 시기에는 수익 창출의 어려움을 겪는 비즈니스 모델이 대거 퇴출되는 아픔을 겪었다.

두 번째 물결이 일기 시작한 2003년 즈음부터는 닷컴 거품이 꺼진 후 생존한 건강한 비즈니스 모델들에 대한 관찰을 통해 새로운 비즈니스 모델에 대한 확신과 수익 실현방법을 터득하면서 본격적인 판매 성장과 수익 창출의 시기를 맞이했다.

세 번째 물결은 사회적 존재로서의 인간이 인터넷과 웹을 이용하여 서로 의사소통하고 상호작용하는 소셜 네트워크$^{social\ network}$이 등장하는 시기이다. 특히 웹은 정보 제공자로부터 일방적으로 정보를 제공받아 사용하는 초기의 모습에서 진화하여 일반 사용자도 스스로 정보를 생성하고 그들끼리 공유함으로써 정보의 창출 및 공유의 공동체로 바뀌어가고 있다. 우리는 이를 '웹 2.0'이라 명명함으로써 초기의 웹과 구분짓고 있다. 웹 2.0 시대는 사물인터넷 같은 기술적 환경의 고도화와 맞물리면서 과거에 생각하지 못했던 다양한 사회적 변화와 함께 많은 비즈니스 모델의 혁신이 일어나고 있음은 주지의 사실이다.

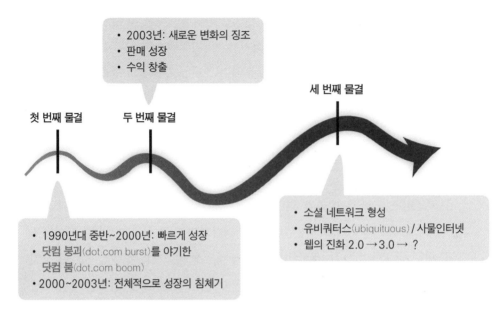

그림 1-3 e-비즈니스 역사

4) 이 책의 핵심내용

이 책은 e-비즈니스를 거시적^{macro} 관점과 미시적^{micro} 관점에서 다룬다. 거시적 관점은 인터넷의 확산으로 인한 기업환경의 변화와 이에 따른 기업의 대응전략을 다루는 것이고, 미시적 관점은 비즈니스 프로세스 혁신의 관점에서 e-비즈니스를 이해하는 것이다. 인터넷은 사회 전반과 기업환경에 커다란 변화를 가져왔고, 기업들은 이러한 변화에 전략적으로 대처하고 비즈니스 모델을 혁신적으로 변화시켜나가야 하는 과제를 떠안게 되었다.

거시적 관점은 인터넷의 도입으로 인해 산업의 구조가 뿌리째 흔들리고 이러한 변화가 주는 사업의 기회와 위험을 어떻게 활용하고 대응할 것인가를 다룬다. 이에 반해 미시적 관점은 기업 내부 활동, 즉 비즈니스 프로세스에 초점을 두고 있다. 비즈니스 프로세스란 기업에서 목적달성에 필요한 활동들의 논리적 연결로 정의할 수 있다. 하나의 프로세스가 완료되면 해당 프로세스가 목표로 삼은 과업task을 완성하는 것이고, 이를 통해 최종 결과물을 얻게 된다. 예를 들어 기업은 신제품 개발이라는 과업을 효율적으로 수행하기 위한 프로세스에 따라 신제품의 아이디어를 수집하고 사업성을 평가하여 타당성이 있다고 여겨지는 아이디어를 상업화하기 위한 투자결정을 한다. 그 이후 신제품의 프로토타입 개발, 양산체제 구축, 시장 출시 등의 단계를 거쳐 신제품 개발 프로세스가 완결된다. 따라서 비즈니스 프로세스는 기업의 제품 개발, 고객서비스, 주문이행 같은 특정 기능을 수행하기 위한 업무 패턴이다.

인터넷 기술은 기업들의 기존 프로세스를 더욱 효율적으로 만들 수 있는 혁신의 기회를 제공하고, 이런 기회를 선도적으로 활용하는 기업은 경쟁에서 앞설 수 있다. 그리고 인터넷 기술의 변화로 인한 기업환경의 변화는 프로세스 혁신의 필요성에 대한 또 다른 이유이다.

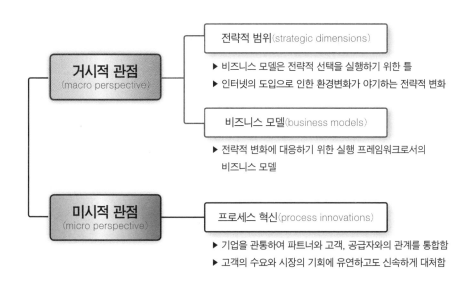

그림 1-4 e-비즈니스의 거시적·미시적·관점

1. 인터넷의 정의
네트워크들의 네트워크

2. 인터넷 기반의 경제 구조
① 인프라층(infrastructure layer): 인터넷 경제의 기반이 되는 하드웨어 제조자
② 응용층(application layer): 하드웨어 작동을 도와주는 소프트웨어 제조자
③ 중개층(intermediary layer): 제3자의 입장에서 거래를 중개하는 기업들
④ 상거래층(commerce layer): 위 3개 층을 이용하여 거래 활동을 하는 기업들

3. e-비즈니스의 역사
① 1990년대 후반~2000년까지 급속한 성장세였으나 거품 성장으로 인해 붕괴현상이 나
  타남
② 2003년 이후 본격적으로 이익이 창출되는 가시적 성과를 보임
③ 현재 웹의 진화와 사회 관계망이라는 새로운 유형의 비즈니스 등장

4. 전자상거래와 e-비즈니스의 차이
① 전자상거래(e-commerce): 인터넷을 이용하여 상품을 사고파는 것
② e-비즈니스: 기업 전반의 비즈니스 활동에 있어 인터넷을 활용하는 것

5. e-비즈니스를 보는 관점
① 거시적(macro) 관점: 기업의 전략적 변화 및 비즈니스 모델의 변화
② 미시적(micro) 관점: 비즈니스 프로세스 관점에서의 기업의 변화

2장

컴퓨팅 환경의 진화

1. 인터넷 기술

학습목표

• 인터넷의 구조 및 작동 원리를 이해한다.
• WWW의 특징과 작동 원리를 이해한다.

Key Word

• 인터넷
• 프로토콜
• TCP/IP
• web

1) 인터넷의 구성

인터넷이란 네트워크들의 네트워크로서, 세계 각지의 작은 네트워크들을 연결시킨 거대한 통신 네트워크이다. 다른 표현으로 하자면, 인터넷은 TCP/IP 통신규약protocol으로 접속된 네트워크들의 집합체이다. 지역적으로 분산된 작은 네트워크들은 길잡이 역할을 수행하는 라우터router나 게이트웨이gateway라는 기계장치들에 의해 연결되고, 이렇게 연결된 네트워크들은 궁극적으로 백본backbone에 접속됨으로써 전 세계에 걸친 거대한 통신망을 형성하게 된다. 이것이 바로 인터넷이다. 일반적인 사용자들은 인터넷 접속 서비스를 제공하는 ISPInternet Service Provider를 통해 인터넷을 사용할 수 있게 된다.

앞에서 설명했듯이 제2차 세계대전 이후의 냉전 시대에 미국이 군사 목적으로 개발한 알파넷ARPAnet은 TCP/IP 프로토콜에 기반을 둔 네트워크로 발전했고, 이는 현재 광범위한 경제 활동에 사용되는 인터넷이 탄생하는 결정적인 계기가 되었다. 알파넷은 1990년에 해체되었고, WWW이 개발되고 최초의 웹 브라우저인 모자익이 등장하면서 인터넷은 현재 전 세계 약 64억 명이 사용하는 네트워크로 성장했다. 인터넷은 거대한 네트워크이지만 이를 구성하는 기술적 요소들은 다음과 같이 설명될 수 있다.

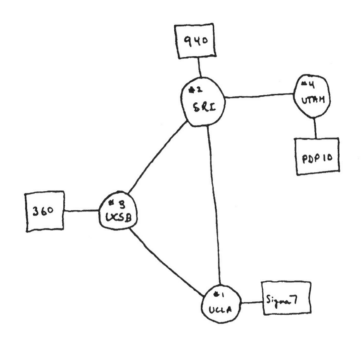

그림 2-1 4 nodes ARPAnet diagram(1969)

(UCLA의 Steve Crocker 교수가 메모한 ARPAnet과 인터넷을 디자인한 세계 최초 문서)

출처: Computer history museum, http://www.computerhistory.org/exhibits/internet_history/

(1) 통신망 network

① LAN Local Area Network

건물 내 혹은 물리적으로 제한된 지역에서 컴퓨터와 컴퓨터 혹은 호스트와 연결하는 통신망이다.

② **WAN** Wide Area Network

수백 킬로미터 이상 되는 넓은 지역에 걸쳐 퍼져 있는 광역 통신망으로, 공중망을 이용하여 원거리까지 연결할 수 있다. 제한된 지역에서 사용하는 LAN과는 달리 국가와 국가, 지방과 지방, 도시와 도시를 연결하는 통신망이기 때문에 지역적으로 넓게 퍼져 있는 기업이나 조직 내에서 자체적으로 정보를 편리하게 송수신할 수 있다.

③ **백본** backbone

네트워크의 최하위 레벨로서 '기간망'이라고도 한다. 모세혈관 같은 LAN과 WAN을 동맥 같이 대용량의 데이터를 고속으로 전송할 수 있는 백본에 접속시킴으로써 세계가 하나의 효율적인 네트워크로 연결된다.

(2) 장치

① **라우터** router

네크워크에서 메시지의 송수신은 패킷을 단위로 이루어지는데, 라우터는 패킷에 담긴 목적지 주소 정보를 감안하여 가장 효율적인 경로를 통해 전달되도록 네트워크 내 패킷의 흐름을 제어하는 장치이다. 그 외에도 다양한 네트워크 관리 기능을 수행한다.

② **게이트웨이** gateway

프로토콜이 다른 네트워크들을 서로 연결하는 장치를 말한다. 즉, 라우터를 통해 경로가 지정된 패킷이 네트워크로 들어가는 입구이다. 일반적으로 인터넷 접속 서비스를 제공하는 ISP의 서버가 게이트웨이 역할을 수행한다.

인터넷을 사용하기 위한 통신망과 장치를 갖추고 사용자에게 인터넷 서비스를 제공하는 회사를 의미한다. 예를 들어, 국내에서는 한국통신 같은 회사가 ISP의 역할을 하고 있다.

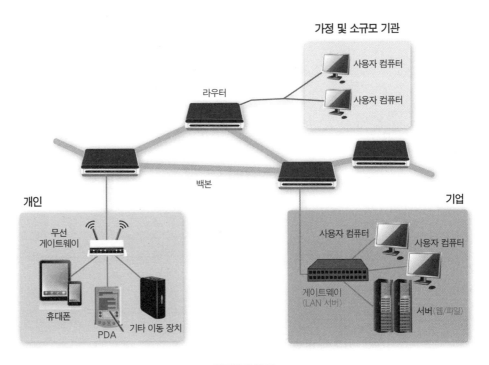

그림 2-2 인터넷의 구성

2) 패킷

인터넷을 통해 정보를 전달하기 위해서는 우선 인간이 이해할 수 있는 아날로그 형태의 글자나 그림 등과 같은 정보를 0과 1을 이용하여 디지털화해야 한다.

이렇게 디지털화된 정보는 일정한 크기로 분할되고, 분할된 각 조각이 전송 단위가 되며, 이를 패킷packet이라고 한다. 패킷은 원래의 데이터를 디지털화하여 전송에 적합한 크기로 분할하는 것으로, 송수신을 위한 신호 데이터를 포함한다. 패킷은 주소와 순서의 신호 데이터를 가지고 있는 헤더header, 분할된 원본 데이터를 담고 있는 데이터data, 그리고 데이터의 에러 신호 정보를 담고 있는 트레일러trailer로 구성되어 있다.

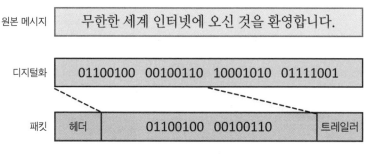

그림 2-3 패킷의 구성

① 패킷 스위칭

패킷이 네트워크를 타고 운송되면서 여러 네트워크의 접점에 이르렀을 때 라우터라는 장치가 그 패킷을 어느 쪽으로 보낼 것인지를 최종목적지와 경로별 패킷 적재량을 고려하여 결정한다. 이와 같이 네트워크의 접점에서 각 패킷의 진행방향을 유연하게 결정해서 보내는 것을 '패킷 스위칭packet switching'이라 한다.

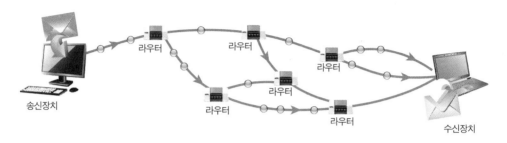

(1) TCP 프로토콜이 데이터를 패킷으로 조각낸다.

(2) 패킷은 IP 프로토콜에 따라 인터넷을 가로질러 라우터에서 다른 라우터로 이동한다.

(3) TCP 프로토콜이 패킷을 원래의 형태로 조립한다.

그림 2-4 패킷 스위칭

출처: Laudon, K. C. & Traver, C. G., e-commerce, Addison Wesley, 2002

표 2-1 패킷 스위칭과 회선 교환

	패킷 스위칭(packet switching)	회선 교환(circuit switching)
내용	패킷으로 불리는 상대적으로 작은 단위의 데이터가 각각의 패킷 내에 포함된 목적지 주소로 네트워크를 통해 전달되는 교환 방식	물리적인 통신 회선(경로)이 확립되어 있어 전체 호출 시간 동안 연결이 참가자들 사이에서 지속되는 교환방식임
방식	connectionless communication (사용자의 request가 이전의 request와 무관한 새로운 것으로 간주됨)	전화가 대표적인 예임
특성	네트워크상의 다수의 사용자 사이에서 같은 데이터가 공유될 수 있음	연결되는 동안 다른 사용자는 해당 회선을 사용할 수 없음

전화와 같이 통신이 시작되어 끝날 때까지 통신의 양쪽을 연결하는 선 하나를 해당 통신이 전유하는 회선 교환circuit switching과 달리 패킷 스위칭은 다양한 경로를 통해 잘게 쪼갠 패킷을 전송한다. 이와 같이 디지털화된 정보를 패킷 단

위로 전송하는 패킷 스위칭은 네트워크를 효율적으로 활용할 수 있게 해준다.

3) 네트워크 프로토콜: TCP/IP

프로토콜protocol이란 네트워크에 접속된 두 개의 상이한 기기 간에 주고받을 메시지를 서로 이해할 수 있기 위해 서로 지켜야 할 일련의 규칙으로 정의할 수 있다. 동일한 언어를 사용하지 않으면 의사소통이 어렵듯이 인터넷에 접속되어 있는 두 컴퓨터 또한 동일한 규칙을 사용해야 통신이 가능하다. 그렇기 때문에 표준화된 통신규약인 프로토콜을 이용해야 한다. 인터넷의 핵심적인 통신규약은 TCP/IP이다.

TCP Transmission Control Protocol는 패킷의 전송과 관련된 프로토콜이다. 원래 의 메시지를 구성하는 패킷들에 일련번호를 부과하여 최종목적지에 도착했을 때 원래의 순서로 복원될 수 있도록 하는 데 사용되는 통신규약이다.

IP Internet Protocol는 패킷의 출발지와 최종목적지의 주소를 패킷에 첨부하여 네트워크를 항해하면서 최종목적지에 도착할 수 있도록 하는 역할을 수행한다. 그리고 출발지 주소 정보는 도착지에서 패킷을 원래의 순서로 복원하는 과정에서 누락되었거나 오류가 발생한 패킷이 발견될 경우 다시 요청하는 데 필요하다.

4) 기타 네트워크 프로토콜

인터넷을 이용하여 통신하기 위해서는 다양한 종류의 프로토콜이 필요하다. 다음은 인터넷의 다양한 이용을 가능하게 하는 대표적인 프로토콜들이다.

① HTTP Hyper Text Transfer Protocol

웹서버와 클라이언트의 웹 브라우저가 HTML 문서를 송수신하기 위해 사용하는 통신규약을 말한다.

② FTP File Transfer Protocol

네트워크상에서 파일의 전송(업로드, 다운로드)을 가능하게 하는 통신규약을 말한다.

③ Telnet

사용자가 원격에 있는 컴퓨터 파일과 프로그램에 접속하여 사용할 수 있게 하는 프로토콜이다. HTTP와 FTP는 원격지의 파일(정보)을 요청하는 프로토콜이지만, Telnet은 원격지 컴퓨터에 직접 로그온해 응용프로그램이나 정보를 이용할 수 있게 해준다.

e-mail 전송에 사용되는 응용 프로토콜은 다음과 같다.

① SMTP Simple Mail Transport Protocol

인터넷상에서 이메일을 전송하기 위한 프로토콜이다.

② POP3 Post Office Protocol v. 3

인터넷상에서 이메일을 수신하기 위한 프로토콜이다.

③ MIME Multipurpose Internet Mail Extension

SMTP의 확장 프로토콜로, 이메일에 첨부 파일 전송을 가능하게 해주는 프로토콜이다.

④ **S/MIME** Secure-MIME

이메일을 암호화하여 안전하게 전송할 수 있는 프로토콜이다.

5) WWW

일반적으로 인터넷과 웹(또는 WWW)을 구별 없이 쓰는 경우가 많다. 하지만 엄밀히 말하면 이 둘은 차이가 있다. 인터넷은 물리적 네트워크의 집합이지만, WWW^{world wide web}은 1989년 CERN의 팀 버너스 리^{Tim Berners-Lee}가 주도적으로 개발하여 실용화된 분산형 하이퍼텍스트 시스템이다. 즉, 웹은 HTML^{Hyper Text Markup Language}이라는 언어를 이용하여 구조화된 문서가 하이퍼링크를 통해 서로 연결되어 있는 집합체이다. 이러한 HTML 문서는 HTTP^{Hyper Text Transfer Protocol}라는 프로토콜을 이용하여 서로 주고받는다.

(1) WWW의 구성

WWW은 다음과 같은 요소로 구성되어 있다.

① **하이퍼텍스트** hypertext

하이퍼링크^{hyperlink}를 이용한 비선형 구조의 텍스트로서 사용자의 선택에 따라 자유로운 이동이 가능하다. 웹은 무수한 하이퍼텍스트로 연결되어 있다.

② **HTTP** Hyper Text Transfer Protocol

웹서버와 클라이언트가 HTML 문서를 송수신하기 위해 사용하는 통신규약이다.

③ 웹 브라우저 web browser

HTML 문서에 접근하여 다른 문서를 참조할 수 있도록 도와주는 클라이언트 프로그램이다. HTTP 프로토콜을 사용하여 웹서버에 자료를 요청하는 클라이언트 프로그램으로는 인터넷 익스플로러, 크롬, 파이어폭스 등이 있다.

(2) WWW의 연결을 위한 구성

① IP 주소

물리적인 네트워크 주소를 의미하는 것으로, 네트워크상에서 송수신하는 컴퓨터의 위치를 알려준다. 현재는 32비트인 IPv4를 주로 사용하고 있으나, 인터넷의 확산과 사물인터넷 시대의 본격적 등장으로 인해 폭발적으로 증가하는 IP 주소에 대한 수요를 감당하기 위해 128비트 주소공간을 제공하는 IPv6로의 전환과정에 있다. IPv6는 보안의 취약성 및 고속·무선 네트워크의 비효율성 등을 개선할 수 있는 것으로 알려져 있다.

IPv4: 32-bit (8bit×4), 2^{32}개(=약 40억 개)의 주소 가능
IPv6: 128-bit, 2^{128}개(=$3.4×10^{38}$개)의 주소 가능

② 도메인명 시스템

도메인명 시스템 DNS: Domain Name System 은 IP 주소를 자연언어로 표시한 것이기 때문에 IP 주소보다 사용하기 편리하다. 대신 자연언어로 표시된 도메인명을 IP 주소로 변환하는 DNS가 필요하다. 도메인명은 컴퓨터가 속한 기관이나 단체에 따라 계층적으로 구성되어 있으며, 형태는 다음 표와 같다.

표 2-2 도메인명의 구성 형태

도메인명	biz	skku	ac	kr
	호스트명	소속단체	단체성격	소속국가
IP 주소	164.124.11.2			

6) URL

URL$^{\text{Uniform Resource Locator}}$은 웹 콘텐츠$^{\text{web content}}$의 위치를 알려주기 위해 웹 브라우저$^{\text{web browser}}$상에서 사용하는 주소로서, 웹 콘텐츠가 위치한 호스트 컴퓨터 내의 구체적인 디렉토리 정보 및 리소스(문서 또는 애플리케이션) 이름까지 포함한다.

접근 Protocol://호스트 주소/문서 경로/문서 이름으로 구성되어 있음
- http://java.sun.com/applets/index.html
- telnet://ebiz.skku.ac.kr
- news://news.nownuri.net/han.comp
- mailto://leewj@skku.edu

1. 인터넷의 정의

① 네트워크들의 네트워크

② 세계 각지의 통신망들이 그물처럼 연결된 거대 네트워크

③ TCP/IP 통신규약으로 접속된 네트워크의 집합체

2. 인터넷 구성

① 백본(backbone): 대규모 전송회선

② 라우터(router): 네트워크를 연결해 패킷의 이동경로를 지정해주는 장치

③ 게이트웨이(gateway): 패킷이 전달될 수 있도록 프로토콜이 다른 네트워크를 연결하는 장치

④ ISP: 가정이나 직장에서 인터넷을 사용할 수 있도록 인터넷 접속 서비스를 해주는 회사

3. 패킷

데이터를 전송하기 위한 최소 단위로, 주소가 담긴 헤더(header)와 전달하고자 하는 원본 내용을 담고 있는 데이터(data) 그리고 에러 신호 데이터가 있는 트레일러(trailer)로 구성되어 있음

4. 프로토콜

① protocol: 무엇을, 어떻게, 언제 통신할 것인가에 대한 약속(규칙)

② TCP: 메시지를 패킷으로 나누고 목적지 도착 후에 패킷을 순서대로 복원시키는 데 필요한 프로토콜

③ IP: 패킷을 목적지에 전달하기 위한 주소 전달 프로토콜

5. WWW

분산형 하이퍼텍스트 시스템

① hypertext: 비선형 구조의 텍스트

② HTTP: hypertext를 송수신하는 데 사용되는 프로토콜

③ 웹 브라우저: HTML 문서에 접근하여 참고할 수 있도록 도와주는 클라이언트 프로그램

2. 컴퓨팅 환경의 변화

학습목표

• 컴퓨팅 환경이 어떻게 변화해왔는지
  이해한다.
• 최신 컴퓨터 환경인 사물인터넷에 대하여
  이해한다.

Key Word

• 클라이언트-서버 컴퓨팅
• 클라우드 컴퓨팅
• 유비쿼터스 컴퓨팅
• 사물인터넷

1) 컴퓨팅 환경의 변화

오늘날 우리가 컴퓨터를 광범위하게 사용할 수 있게 된 것은 컴퓨팅 능력의 향상과 네트워크의 확장이라는 두 가지 요인의 영향이 거의 절대적이다. 1960년대 중반 고든 무어$^{Gordon\ Moore}$가 발견한 무어의 법칙$^{Moore's\ law}$에 따르면, 메모리칩의 성능은 18~24개월마다 2배 향상되는 반면에 비용과 크기는 일정하다. 1960년대에는 컴퓨팅 처리가 중앙 통제 방식인 메인프레임^{mainframe} 형식으로 이루어져 많은 비용이 들었으나, 이 법칙에 의한 메모리칩 성능의 급속한 향상과 비용 감소로 인해 다양한 기기를 이용하여 저렴한 가격에 분산처리하는 것이 가능해졌다.

컴퓨팅 능력의 향상으로 개인 PC가 등장하였고, 1990년대부터는 본격적으로 인터넷이 상용화되면서 네트워크를 통한 커뮤니케이션 비용이 낮아졌다. 이러한 커뮤니케이션 비용의 절감은 네트워크 사용자의 수를 증가시켰고, 이로 인해 네트워크 내 사용자 간 정보공유와 교환의 상호작용이 활발해지면서 네트워크의 가치는 상대적으로 훨씬 빠른 속도로 높아져갔다. 이렇게 네트워크 사용자 수가 증가하면서 네트워크의 가치가 기하급수적으로 증가하는 현상을 네트워크 효과 network effect 또는 멧칼프의 법칙 Metcalfe's law이라 부른다. 네트워크 효과는 자연스럽게 네트워크 규모 증대와 성능 향상을 위한 투자를 촉진시키게 되었고, 그 결과 대용량의 멀티미디어 데이터를 초고속으로 전송·다운로드 받을 수 있는 환경이 조성되었다. 이러한 네트워크의 확장으로 인한 사용자의 가치 증가와 컴퓨팅 환경의 변화는 기업환경을 급속하게 변화시켰고, 기업들이 컴퓨터 관련 기술을 폭넓게 활용하는 계기를 마련했다.

(1) 메인프레임: 1950~1980년대

초기 컴퓨팅은 입력 터미널장치를 통해 처리해야 할 정보를 입력하고 중앙의 컴퓨터에서 자료를 처리하는 중앙 집중식 메인프레임으로 이루어졌다. 정보 입력을 위한 터미널 terminal 또는 단말기 장치의 인터페이스는 그래픽이 아닌 텍스트 형태로 이루어져 사용이 불편했으며, 여러 입력 터미널이 중앙컴퓨터에 연결되어 있어 정보처리 시간이 오래 걸렸다. 당시에 사용하던 입력 터미널장치는 중앙컴퓨터에 사용자가 처리해야 할 정보와 그에 따른 명령만 전달할 수 있을 뿐 어떠한 처리 능력도 가지고 있지 못했다.

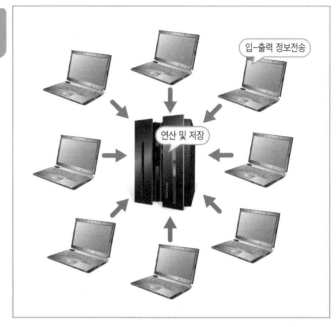

입-출력 정보전송

연산 및 저장

그림 2-5 메인프레임

출처: Applegate, L. M. et al., Corporate Information Strategy and Management, McGraw-Hill, 2002

(2) PC 기반 분산 컴퓨팅: 1980년대

1980년대 들어서면서 무어의 법칙 효과로 인하여 고성능 메모리칩 가격이 하락하면서 개인 컴퓨터^{PC}의 등장은 메인프레임 컴퓨팅 환경에서 분산 컴퓨팅 환경으로의 전이를 가져왔다. 분산 컴퓨팅은 컴퓨터 프로그램이나 데이터가 네트워크상에서 두 대 이상의 컴퓨터에 걸쳐 있는 것을 의미한다. 이는 곧 개인의 컴퓨터에서도 정보처리가 가능하고 네트워크로 연결된 중앙컴퓨터에서도 정보처리가 가능하기 때문에 효율적인 운영을 위해 정보처리의 성격에 따라 분산시킬 수 있음을 의미한다. 하지만 네트워크에 연결되어 있지 않은 PC는 모든 컴퓨팅을 자체적으로 해결해야 하기 때문에 1980년대에 주로 사용된 PC 기반의 분산 컴퓨팅은 컴퓨팅 능력에 한계가 있었다. 이전에 비하여 네트워크 연결은 쉽고 저렴하게 사용할 수 있게 되었지만 다른 지역과의 연결은 미흡했다.

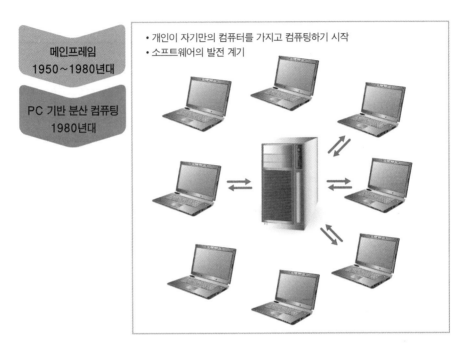

그림 2-6 PC 기반 분산 컴퓨팅

출처: Applegate, L. M. et al., Corporate Information Strategy and Management, McGraw-Hill, 2002

(3) 클라이언트/서버 컴퓨팅: 1980년대 후반 ~ 1990년대 초반

클라이언트client/서버server는 두 컴퓨터 프로그램 사이에 이루어지는 역할관계를 나타내는 것이다. 클라이언트는 다른 프로그램에 서비스를 요청하는 프로그램이며, 서버는 그 요청에 응답을 해주는 프로그램이다. 클라이언트/서버 컴퓨팅은 네트워크상에서 지역에 분산되어 있는 프로그램들을 연결시켜 사용하는 것으로, 효율적인 정보처리가 가능한 것이 장점이다. 하지만 서버와 네트워크로 연결된 클라이언트의 애플리케이션, 운영체제 환경을 연결하기 위한 소프트웨어 개발이 지속적으로 이루어져야 하기 때문에 개발과 유지 · 보수가 어렵고 비용이 많이 든다는 문제점이 있다.

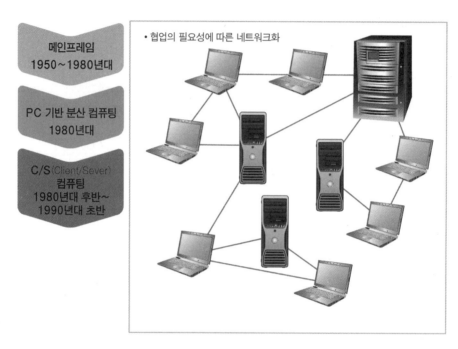

그림 2-7 클라이언트/서버 컴퓨팅

출처: Applegate, L. M. et al., Corporate Information Strategy and Management, McGraw-Hill, 2002

(4) 웹 기반 클라이언트/서버 컴퓨팅: 1990년대 중반~현재

1993년에 공개된 최초의 브라우저인 모자익MOSAIC은 1994년에 넷스케이프Netscape라는 이름으로 상업적으로 개발되면서 웹이 급속도로 확산되기 시작했다. 클라이언트 컴퓨터에 웹 브라우저만 있으면 웹서버가 제공하는 모든 컴퓨팅 서비스를 이용하는 것이 가능해졌다. 웹 기반의 클라이언트/서버 컴퓨팅은 클라이언트의 요청에 따라 홈페이지의 전송 · 검색 · 메시지를 제공하는 웹서버web server와 사용자의 입력에 따라 웹서버에게 하이퍼미디어 문서를 요청하는 컴퓨터 또는 프로그램을 의미하는 웹 클라이언트web client로 구성되어 있다. 사용자가 웹 브라우저를 통해 하이퍼링크를 선택하면, 하이퍼링크에 수반된 URL에 대해 HTTP를 이용하여 웹서버에 접근하여 해당 문서를 요청하게 된다. 웹서버가 요청받은 문서를 클라이언트에 전송하면 사용자는 브라우저를 통해 요청한 문서를 볼 수 있게 된다.

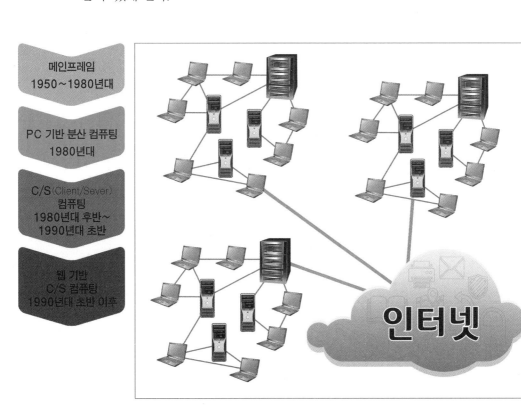

그림 2-8 웹 기반의 클라이언트/서버 컴퓨팅

출처: Applegate, L. M. et al., Corporate Information Strategy and Management, McGraw-Hill, 2002

(5) 클라우드 컴퓨팅: 재집중화

클라우드 컴퓨팅cloud computing이란 사용자가 가상공간에서 모든 정보를 공유할 뿐만 아니라 소프트웨어, 플랫폼, 기술적 인프라 등을 원할 때 빌려 쓸 수 있게 함으로써 다양한 컴퓨팅 자원을 매우 효율적으로 활용할 수 있게 해준다. 클라우드 컴퓨팅을 이용하는 사용자는 PC, 휴대폰 등 최소한의 단말기와 인터넷 접속환경만 준비되면 각종 데이터 처리, 워드 및 표 계산 등을 위한 소프트웨어나 기타 다양한 콘텐츠를 실시간으로 이용할 수 있다.

이와 같은 클라우드 컴퓨팅을 가능하게 하는 핵심기술은 가상화virtualization와 분산처리distributed processing다. 서버는 하나의 목적으로 구축되어 운영되는데, 가상화란 정보를 처리하는 서버를 더 효율적으로 사용하기 위해 용도에 따라 여러 개의 작은 서버로 분할해 동시에 여러 작업을 가능하게 하는 기술이다. 분산처리는 여러 대의 컴퓨터에 작업을 나누어 처리하고 그 결과를 통신망을 통해 다시 모으는 방식이다. 분산 시스템은 다수의 컴퓨터로 구성되어 있는 시스템을 마치 한 대의 컴퓨터 시스템인 것처럼 작동시켜 규모가 큰 작업도 빠르게 처리할 수 있다.

클라우드 컴퓨팅을 이용함으로써 그동안 PC 주도형 컴퓨팅 시스템에서 나타났던 높은 비용 문제의 근본적인 해결이 가능하다. 과거의 메인프레임 컴퓨팅 환경에서는 기술의 고도화로 비용은 절감할 수 있었으나, OS나 각종 소프트웨어를 주기적으로 업그레이드 해야 한다는 부담이 존재했고 서버 관리 같은 유지 및 보수 관리가 어려웠다.

클라우딩 컴퓨팅의 등장과 사용범위의 확대는 IT 인프라 구축의 혁신을 가져오고 있다. 클라우딩 컴퓨팅은 스마트 그리드, 에코시티 등 그린 컴퓨팅과 같이 여러 영역에서 다양한 형태로 활용되고 있고, 이를 이용한 새로운 비즈니스 모델들이 출현하고 있다. 또한 사용자의 데이터를 신뢰성 높은 서버에 안전하게 보관할 수 있고, 기기를 가지지 못한 소외 계층도 공용 컴퓨터나 인터넷에 연결되기만 하면 개인 컴퓨팅 환경을 누리는 효과를 볼 수 있으며, 개인이 가지고 다녀야 하는 장비나 저장공간의 제약이 없어진다는 장점이 있다. 반면에 클라우딩 컴퓨터의 단점은 서버가 공격당하면 개인정보가 유출될 수 있고, 재해로 서버의 데이터가 손상되면 미리 백업하지 않은 정보를 되살리지 못한다는 것이다.

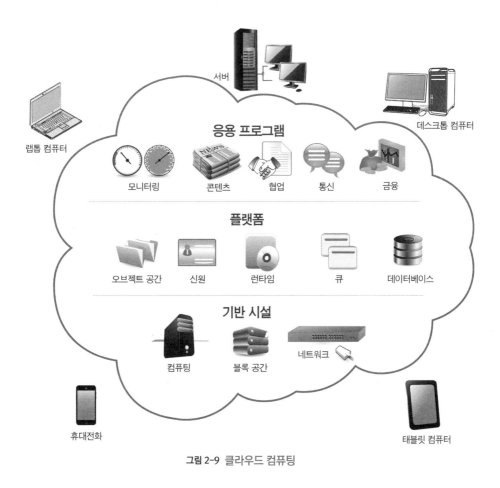

그림 2-9 클라우드 컴퓨팅

하드웨어나 소프트웨어 같은 컴퓨터 자산을 구매하는 대신 빌려 쓰는 클라우드는 어떤 컴퓨팅을 빌려 쓰느냐에 따라 소프트웨어 서비스^{software as a service},

플랫폼 서비스^{platform as a service}, 인프라 서비스^{infrastructure as a service}로 구분된다.

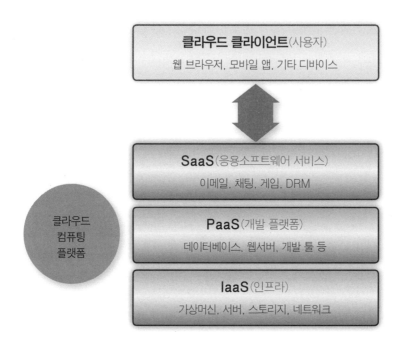

- SaaS(Software as a Service) : 최종 사용자가 클라이언트로서 응용소프트웨어(애플리케이션)를 빌려 사용하도록 서비스 제공
- PaaS(Platform as a Service) : 애플리케이션 개발에 필요한 서비스 제공
- IaaS(Infrastructure as a Service) : 서버, 스토리지, 네트워킹 등과 같은 하드웨어적 인프라를 빌려주는 서비스 제공

그림 2-10 서비스로서의 클라우드 컴퓨팅

2) 유비쿼터스 컴퓨팅

유비쿼터스^{ubiquitous}는 'eveywhere'를 의미하는 라틴어 'ubique'에서 유

래한 형용사로, '어디에서나 존재하는'이라는 뜻을 지닌다. 유비쿼터스 컴퓨팅 ubiquitous computing은 가상과 현실이라는 두 공간에 대한 컴퓨팅의 편재를 의미 하는 것으로, 언제 어디서나 시간과 장소의 구애 없이 컴퓨터와 네트워크에 연결 되어 정보를 처리할 수 있는 환경을 의미한다.

유비쿼터스라는 개념은 1988년 제록스사 팰로앨토연구소PARC의 마크 와이저 Mark Weiser에 의해 시작되었다. 마크 와이저는 유비쿼터스 컴퓨팅의 특징을 크 게 3가지로 설명했다.

첫째, 컴퓨터는 반드시 네트워크에 연결되어 있어야 한다. 둘째, 인간화된 인터 페이스calm technology로 드러나지 않아야 한다. 셋째, 가상공간이 아닌 현실 세 계의 어디서나 컴퓨터 사용이 가능해야 한다embodied virtuality.

유비쿼터스 컴퓨팅과 유사한 개념으로 모바일 컴퓨팅mobile computing과 퍼베 이시브 컴퓨팅pervaisive computing이 있다. 사용자가 이동 중에도 자유롭게 이 용할 수 있는 컴퓨팅 환경인 모바일 컴퓨팅 역시 언제 어디서나 이용할 수 있다 는 특징 때문에 유비쿼터스 컴퓨팅의 특성을 반영하고 있다고 볼 수 있다. 모바 일 컴퓨팅이 인간 사용자가 모바일 기기를 지니고 이동하면서 가상공간을 활용 하는 특성이 강조되었다면, 유비쿼터스나 퍼베이시브 컴퓨팅은 인간이 사용하는 모든 기기와 생활환경에 존재하는 모든 사물이 자동으로 정보를 수집·처리하고 서로 교환함으로써 인간의 일상생활에 도움을 주고 삶의 질을 향상시키기 위한 컴퓨팅 환경을 의미한다. 다른 관점에서 보면 정보의 가상공간과 물리적 공간의 통합을 추구하는 것이라 할 수 있다. IBM사가 제안한 개념인 퍼베이시브 컴퓨팅 은 용어 그 자체가 의미하듯이 우리의 삶에 스며들어 있다는 점을 강조하고 있고 제록스사가 제안한 유비쿼터스 컴퓨팅은 컴퓨팅 환경이 유비쿼터스, 즉 언제 어 디서나 사용이 가능하다는 편재성을 강조하고 있을 뿐이다. 이 두 개념은 다음에 설명할 사물인터넷으로 향하는 여정 속에서 동일한 기술발전의 방향성을 제시한 것으로 이해하면 큰 무리가 없을 것이다.

3) 사물인터넷

공상과학 영화에 나오는 장면을 생각해보자. 사람들이 거리를 걷고 있을 때, 광고판은 사람의 망막을 스캔하여 성별과 나이 그리고 심리상태에 따른 맞춤 광고가 보여지고, 냉장고는 유통기간이 지난 식품과 채워 넣어야 할 식료품에 대한 정보를 체크해 주인에게 알려준다. 자동차는 자신의 상태를 체크해 운전자에게 알려주며, 포크는 사용자의 식습관 정보를 기억하고 있다가 식사량과 빈도의 변화가 생기면 건강관리센터로 건강상태를 전송한다. 그런데 영화에나 나올법한 이러한 일들이 우리 앞에 현실로 다가왔다. 이러한 미래의 생활 모습에 기반이 되는 기술이 바로 '사물인터넷IoT: Internet of Things'이다.

사물인터넷은 사물들에 부착된 센서를 통해 인간의 개입 없이 사물들이 직접 정보를 수집하고 분석하여 서로 알아서 정보를 실시간으로 유/무선 네트워크를 통해 주고받는 것을 의미한다. 사물인터넷 시대가 시작되면, 우리를 둘러싼 환경을 이루는 모든 물리적인 객체인 사물들이 인터넷에 연결되어 자율적인 소통을 하게 된다.

지금까지 인터넷을 통해 사물, 즉 기기들이 정보를 주고받으려면 인간이 직접 개입해야 했다. 전자동 기기들은 사용기록을 스스로 저장할 수 있었지만, 저장된 정보를 스스로 분석하고 인터넷에 연결된 다른 기기로 전달할 수는 없었다. 하지만 사물인터넷이 등장하면서 매일 집에서 환자가 기록한 혈압 내용을 혈압기가 알아서 저장만 하는 것이 아니라 스스로 분석하여 이상 패턴이 발견되었을 때 자동적으로 주치의 컴퓨터로 전송하게 된다. 이와 같은 시스템에서 환자는 이상 소견이 발견될 때 즉시 주치의의 관리를 받을 수 있어서 건강관리의 수준이 높아지게 된다.

사물인터넷은 근래에 생긴 용어는 아니다. 사물인터넷이라는 개념이 본격적으로 등장하기 전에 먼저 시작된 것이 '사물지능통신'이라 불리는 M2Mmachine-to-machine이다. M2M은 사물에 센서, 통신 기능을 부과하여 지능적으로 정보를 수집하여 상호 전달하는 지능형 기술이다. M2M의 개념이 진화한 것을 사물인터넷이라 보기도 하지만, 사물인터넷과 M2M의 기본 개념이 크게 다르지 않고 많은 부분과 의미에서 유사하기 때문에 이 두 용어를 함께 사용하기도 한다. 사물인터넷은 프로세스, 데이터, 사물 등이 사람과 연결된다는 의미에서 만물인터넷 IoE: Internet of Everything이라 부르기도 한다.

(1) 사물인터넷의 출발

컴퓨팅 환경은 네트워크와 정보처리 기기의 발전과 함께 진화되어 우리의 생활을 디지털 환경으로 바꾸어놓은 '디지털 혁명'을 만들어냈다. IT기술과 통신 네트워크의 결합은 새로운 가치와 서비스를 창출해냈고, 정보처리 기기의 소형화 및 경량화뿐만 아니라 각종 센서 기술, 개방형 서비스 플랫폼, 상황인지 기술 등의 발전을 가져왔다. 이러한 ICT Information and Communication Technology 산업의 발전 속에서 유비쿼터스 컴퓨팅의 구체적 실현 기술로서 웨어러블 컴퓨팅 wearable computing의 확산은 사물인터넷 시대를 가시화하는 데 선도적 역할을 할 것으로 예상하고 있다. 이처럼 우리의 삶을 바꿀 사물인터넷의 출발을 살펴보자.

① 1세대: 인터넷에 연결된 PC

정보처리, 즉 컴퓨팅의 대중화는 PC의 보급과 웹 브라우저의 상용화에서 시작되었다 해도 과언이 아니다. 개인의 정보처리가 가능한 컴퓨터가 인터넷이라는 네트워크를 통해 연결되면서 단순한 정보처리에 국한되었던 PC가 사용자에게 새로운 가치를 제공하게 되었다. 인터넷에 연결된 PC를 이용하여 쇼핑을 하거나 정보를 검색하고, 이메일을 이용하여 의사소통하는 서비스 등은 우리의 삶에 혁명적 변화를 가져오게 되었다. 또한 정보기술 information technology에 통신기술 communication technology이 결합되어 새로운 가치창출이라는 시너지 효과를 내고 있다.

② 2세대: 인터넷에 연결된 스마트폰 ICT^{Information and Communication Technology}

2007년 아이폰의 등장으로 유선 네트워크에서 무선 네트워크로의 진화가 본격적으로 이루어졌다. 네트워크의 변화뿐만 아니라 컴퓨팅 기기의 소형화로 인해 웨어러블 컴퓨팅^{wearable computing}이 가능해졌다. 단순히 전화통화만 할 수 있던 핸드폰에서 정보처리를 할 수 있는 스마트폰으로 진화하여 인터넷에 연결된 모바일 기기는 기존에 경험하지 못한 다양한 서비스를 제공하기 시작했다. PC와 유선 인터넷 연결이 사용자에게 디지털 콘텐츠와 서비스를 위치 고정적인 상황에서 이용하게 했다면, 무선 인터넷과 모바일 기기는 사용자에게 더 많은 자율성을 부여하게 된 것이다. 이로써 사용자는 시공간의 제약 없이 원하는 쇼핑, 교육, 관공서 업무, 은행, 예약 등의 서비스를 이용할 수 있게 되었다. 또한 앱스토어라는 새로운 개념을 이용하여 사용자 개개인의 니즈를 충족시킬 애플리케이션을 스스로 선택하여 사용할 수 있는 환경을 제공함으로써 개인화된 서비스 기기로서의 혁신적 가치를 창출했다. 또한 1인 1기와 동적인 움직임이라는 특성을 활용한 위치기반서비스^{location-based service}는 사용자의 위치 특성에 맞는 맞춤화된 콘텐츠 및 서비스 제공을 가능케 했다. 최근에는 사용자가 몸에 부착하여 사용하는 웨어러블 기기가 등장하면서 이러한 기기들을 이용하여 자유로운 움직임 속에서 필요한 정보를 수집하고 처리하는 웨어러블 컴퓨팅 시대가 열리고 있다.

제품 혁신 ⇨ 서비스 혁신

스마트 모바일
위치
실시간
소셜
개인화
클라우드

모바일에서 웨어러블 컴퓨팅으로

그림 2-11 모바일과 웨어러블 컴퓨팅: 제품혁신에서 서비스혁신으로

③ 3세대: 네트워크에 연결된 모든 사물

언제 어디에나 존재한다는 라틴어에서 출발한 유비쿼터스 컴퓨팅^{ubiquitous} computing은 사람과 사람/서비스 그리고 환경이 서로 연결되어 정보를 주고 받아 처리할 수 있는 컴퓨팅 환경을 의미한다. 유비쿼터스 컴퓨팅과 사물인 터넷 개념이 연결되어 언제 어디서나 정보를 교환하고 처리하는 대상은 크 게 기계와 인간^{M2P: machine-to-people}, 인간과 인간^{P2P: people-to-people}, 기계와 기계^{M2M: machine-to-machine}로 구분할 수 있다. 그래서 어떤 학자 들은 기계와 기계의 정보처리를 사물인터넷으로 국한시키기도 하지만, 궁극 적으로는 기계와 인간이 서로 유기적으로 정보를 주고받고 처리하는 환경으 로 보아 만물인터넷이라고 칭하는 학자들도 있다. 즉, 궁극적으로 사물인터 넷이 지향하는 것은 현재 모바일 기기에서 진화되어 모든 사물과 환경에 심 어진 컴퓨팅 기기들이 정보를 주체적으로 수집하고, 다른 사물들과 교환하 고 처리하는 세계로의 진화라는 것이다. 현재 대중화의 출발점에 놓인 사물 인터넷의 향후 미래는 지금까지 그래왔듯 ICT 산업의 발전 속에서 사용자 가 추구하는 필요와 맞물려 진화할 것으로 보인다.

(2) 사물인터넷의 목적

사물인터넷은 네트워크에 연결된 사물 간에 실시간 정보를 상호 교환 및 분석 함으로써 문제 상황을 실시간으로 감지해내고, 이의 해결에 필요한 의사결정을 내리는 데 많은 도움이 될 수 있다. 사물인터넷은 네트워크에 연결된 사물의 상 황이나 상태에 대한 정보뿐만 아니라, 사물 이동에 따른 정보 흐름의 변화를 실 시간으로 파악할 수 있어 필요한 때에 정확하고 신속한 의사결정을 할 수 있도록 해준다.

센서가 연결되어 있는 사물[1]은 움직임을 추적하고 이동경로와 위치를 실시간으로 탐색할 수 있다. 창고의 재고 위치와 이동 그리고 현재의 재고 물량의 출발지와 도착지 등에 대한 정보를 파악할 수 있기 때문에 재고관리부터 공급사슬 관리까지 용이하게 할 수 있다. 즉, 사물의 현재 상황에 대한 인식이 가능하기 때문에 주변의 물리적 환경에 대한 정보 파악이 가능하다는 것이다. 예를 들어 저격수는 주변에서 발생하는 소리의 방향을 이용하여 목표물의 위치를 손쉽게 파악할 수 있다. 또한 실시간으로 환자의 상태를 관찰할 수 있어 환자의 상태에 따라 즉각적이고 적절한 치료 방법을 선택하는 데 필요한 정보를 제공받을 수 있다.

IoT의 목적 1 - 정보제공 및 분석을 통한 신속 정확한 의사결정

1	2	3
움직임 추적	**상황 인식**	**센서에 기반한 의사결정**
공간과 시간을 통해 사람, 물건, 데이터의 거동을 파악함	물리적 환경의 실시간 인식	심층분석과 데이터의 시각화를 통한 인간의 의사결정 보조
예: 재고와 공급망 감독·관리	예: 저격수 탐지, 소리의 방향을 이용하여 목표물의 위치 파악	예: 만성 질병의 지속적인 모니터링을 통해 의사들의 치료 의사결정을 도움

출처: M. Chui, M. Löffler, R. Roberts, "Internet of things," McKinsey Quarterly 2010

사물인터넷의 또 다른 활용목적은 자동화와 자율통제 효과이다. 인간의 개입 없이 사물 간의 상호 정보교환 및 처리가 이루어져 기업의 제조 시스템이나 교통흐름 시스템을 자동으로 통제할 수 있기 때문에 최적화된 상태에서 시스템을 운

---

1) 사물인터넷에서의 사물은 물건, 환경, 상황 등 우리 주변을 둘러싼 모든 객체를 의미한다.

영할 수 있다. 이를 통해 업무처리의 효율성을 높일 수 있고, 전기·물·에너지 등과 같은 자원소비를 최적화하는 데에도 유용하게 활용할 수 있다. 또한 자원소비와 관련된 상황과 특성을 파악함으로써 과잉 또는 과소 투여 여부를 파악하여 실시간으로 조절·통제할 수 있게 된다. PC에 바이러스가 침투하면 자동적으로 백신 프로그램이 작동해 자율적인 치료와 방어를 하는 것처럼 사물인터넷에서는 시스템 스스로가 불확실한 환경을 감시하여 스스로 통제하는 자율통제가 가능하게 된다.

IOT의 목적 2 – 자동화 및 자율 통제

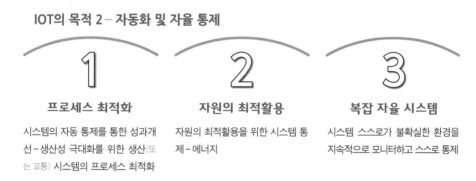

1	2	3
프로세스 최적화	**자원의 최적활용**	**복잡 자율 시스템**
시스템의 자동 통제를 통한 성과개선 – 생산성 극대화를 위한 생산(또는 교통) 시스템의 프로세스 최적화	자원의 최적활용을 위한 시스템 통제 – 에너지	시스템 스스로가 불확실한 환경을 지속적으로 모니터하고 스스로 통제

출처: M. Chui, M. Löffler, R. Roberts, "Internet of things," McKinsey Quarterly 2010

(3) 사물인터넷 적용분야

사물인터넷이 차세대 미래 기술로 주목받는 이유는 실시간으로 정확한 의사결정과 자동화 및 자율적 통제 효과를 기대할 수 있기 때문이다. 이러한 효과는 자동차산업에서부터 제조업 그리고 의료서비스에 이르는 다양하고 광범위한 산업영역에서 활용될 수 있다. 또한, 사물인터넷이 산업 전반에 폭넓게 적용되고 활용에 대한 검토가 이루어지면서 다양하게 수집된 정보가 방대해져 이를 처리하기 위한 빅데이터에 대한 관심도 커지고 있다.

지금까지 데이터의 수집과 분석은 과거의 데이터와 분석경험을 토대로 이루어졌다. 그러나 사물인터넷으로 수집된 정보와 데이터는 기존에 존재하지 않았던 새로운 형태의 데이터들임과 동시에 그 양이 매우 방대하다. 또한 기존에 없던 새로운 데이터 분석법도 필요해졌다. 그런 만큼 학계와 산업계가 갖는 빅데이터에 대한 관심은 점차 커지고 있다.

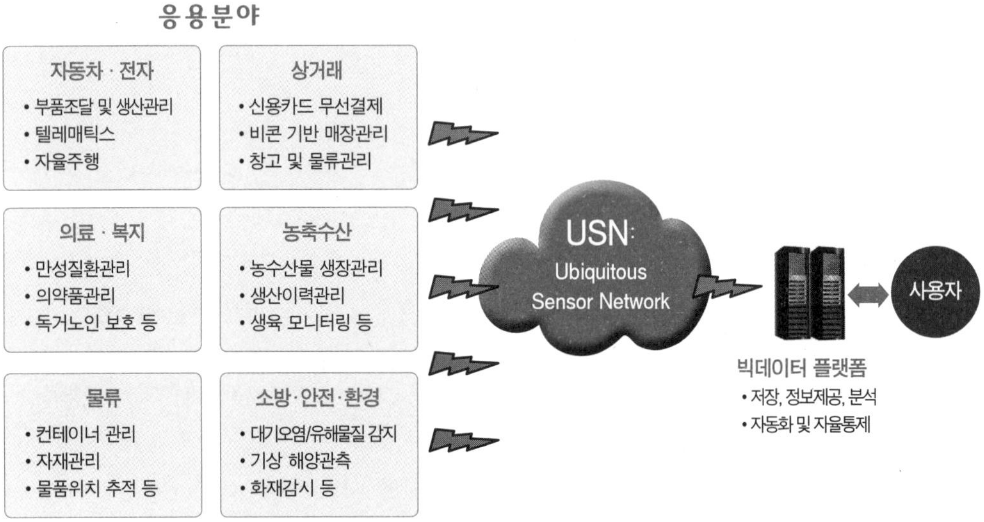

그림 2-12 사물인터넷 적용 예시

1. 컴퓨팅 환경의 변화

① 메인프레임(mainframe): 중앙컴퓨터의 정보처리 장치

② PC 기반 분산 컴퓨팅: 네트워크에 연결된 2대 이상의 컴퓨터에서 필요에 따라 분산하여 정보처리를 할 수 있는 컴퓨팅 환경

③ 클라이언트/서버(client/server) 컴퓨팅: 정보처리를 요청하는 클라이언트와 정보를 처리하는 서버 컴퓨터로 정보를 처리함. 정보처리를 요청한 컴퓨터와 정보를 처리한 컴퓨터 사이의 지속적인 동기화 필요

④ 웹 클라이언트/서버 컴퓨팅: 인터넷 네트워크상에서 연결되어 구현되는 클라이언트/서버 컴퓨팅으로 이전의 클라이언트/서버 컴퓨팅과는 달리 지속적인 동기화가 용이한 장점이 있음

⑤ 클라우드 컴퓨팅(cloud computing): 인터넷상의 서버를 통하여 데이터 저장, 네트워크, 콘텐츠 사용 등 IT 관련 서비스를 원격으로 편리하게 사용할 수 있는 컴퓨팅 환경

2. 유비쿼터스 컴퓨팅

언제 어디서나 네트워크에 접속해서 컴퓨팅하는 것

3. 사물인터넷

사물들에 부착된 센서를 통해 사물들이 인간의 개입 없이 직접 정보를 수집하고 분석하여 서로 알아서 정보를 실시간으로 유/무선 네트워크를 통해 주고받는 것을 의미하며, 다음 두 가지 목적을 가짐

① 실시간 정보제공을 통한 신속한 의사결정

② 자동화 및 자율통제

3. 웹 2.0 현상들

1) 웹 2.0

웹^{web}은 전 세계에 산재해 있는 다양한 정보를 하이퍼텍스트로 연결하는 기술로 영상, 음성, 문자 등 멀티미디어 정보를 이용하기 쉽게 제공하는 인터넷의 대표적인 응용서비스이다. 웹의 발전 초기에는 기존의 오프라인상에 존재하는 정보를 HTML을 이용하여 웹으로 공유할 수 있는 문서로 구조화하고 이들을 하이퍼링크를 이용하여 서로 연결함으로써 사람들이 브라우저를 이용하여 정보를 쉽게 공유할 수 있도록 하는 것이 주 목적이었다. 웹은 초기부터 기술적으로는 양방향 커뮤니케이션을 지향했지만, 실제로는 단방향적인 정보제공의 미디어적 특성이 강했다. 이는 정보의 제공자 그룹과 정보의 소비자 그룹이 비교적 명확히 구분되었기 때문이다. 신문, 방송 및 출판업자 같은 전통적인 미디어 기관이나 전문가 집단들이 정보의 생성 주체였고 일반 사용자들은 정보의 소비주체였다. 이와 달리 오늘날의 웹은 일반 사용자도 손쉽게 정보를 생성하고, 타인과 공유하며, 인터넷상에서 정보와 지식을 창출하는 활동에 자유롭게 참여함으로써 양방향 커뮤니케이션이 활발하게 일어나고 정보의 제공자와 소비자의 구분이 없는 환경을 만들어내고 있다. 이렇게 웹이 공급자 중심의 콘텐츠 생성에서 사용자 중심의 콘텐츠 생성 환경으로 변화한 것을 지칭하여 웹 2.0 시대가 도래했다고 한다. 따라서 **그림 2-13**에서 볼 수 있듯이 웹 2.0은 다양한 시각에서 생성되는 엄청난 양의 콘텐츠를 웹에 올리는 '나' 또는 '우리'가 콘텐츠 세계의 중심이 되고 세상의 흐름을 주도하는 주인공이 되는 시대로 정의할 수 있을 것이다.

웹 2.0의 정신은 개방, 공유, 참여로 요약할 수 있다. 웹 2.0의 기술은 웹 2.0이 지향하는 정신처럼 사용자가 자유롭게 콘텐츠를 만들고 배포할 수 있게 지원하고, 선호하는 콘텐츠를 북마크나 네트워킹을 통해 다른 사용자와 공유할 수 있도록 하며, 온라인 활동의 자유로운 참여와 상호작용이 가능하도록 지원한다. 앞으로의 웹은 시맨틱 웹$^{semantic\ web}$으로 진화하여 웹에 저장된 정보의 의미를 컴퓨터가 이해할 수 있도록 하여 인간의 개입 없이 컴퓨터가 자동으로 인간의 요청을 처리할 수 있는 인공지능적 서비스를 제공하는 것이 가능할 것으로 기대하고 있다.

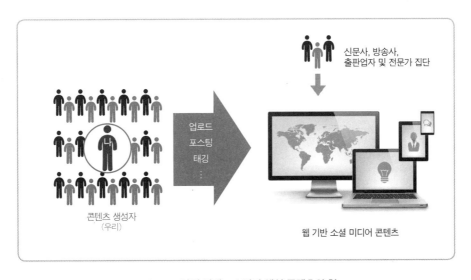

그림 2-13 나의 시대 – 소비자 생성 콘텐츠의 힘

다수가 능동적으로 참여하는 웹 2.0으로 인한 현상으로서 사용자 스스로가 콘텐츠를 만들어내는 사용자 생성 콘텐츠^{UCC: User Created Contents}, 다수의 아이디어가 집합적으로 만들어내는 집단지성^{wisdom of the crowds}, 빅데이터^{bigdata}의 출현 등을 들 수 있다. 이러한 웹 2.0 현상들의 기저에는 참여자들 간의 활발한 상호작용이 있으며, 이러한 상호작용은 강력한 네트워크 효과를 불러일으켜 더욱 많은 사람이 참여하게 되었다. 그 결과 웹은 다수의 사용자가 스스로 정보를 제공하고 서로 의견을 주고받는 소셜 미디어로서의 역할을 담당하게 되었다.

웹 2.0은 콘텐츠 생성에 사용자가 자유롭게 직접 참여할 수 있는 개방형 구조를 가지고 있어 네트워크 효과가 더욱 긍정적으로 나타나게 된다. 즉, 사용자가 네트워크 안에서 직접 가치를 계속 증가시키는 역할을 하기 때문에 웹 2.0이 사회에 커다란 변화를 일으키는 것이다.

2) 집단지성

집단지성은 통합적으로 형성하는 집단의 의견이 개인의 의견보다 더 나은 현상을 가르킨다. 일반적으로 개인의 의견은 개개인의 독특한 특성에서 기인하는 편견 또는 잡음^{noise}이 반영되어 있기 마련이다. 개개인의 의견이 집단으로 통합되어가는 과정에서 이러한 잡음들이 서로 상쇄되면서 훨씬 더 지혜로운 답으로 수렴해간다는 것이다. 물론 이렇게 집단지성이 잘 작동되기 위해서는 집단을 구성하는 개인 의견의 독립성이나 다양성이 보장되어야 할 것이다. 집단지성의 대표적인 예로서 기업들이 다수의 의견을 구하는 크라우드 소싱^{crowd sourcing}이나 다수에 의해 지식이 작성되는 위키 등을 들 수 있다.

3) 소셜 미디어

웹 2.0에서의 새로운 비즈니스 기회는 소셜 미디어$^{social\ media}$에서 만들어진다. 소셜 미디어란 다양한 미디어(사진, 동영상, 음악 등)를 통해 경험이나 생각, 의견을 공유하기 위하여 사람들이 사용하는 온라인 도구와 플랫폼을 의미한다. 사람들은 소셜 미디어를 통해 콘텐츠를 생성하고, 온라인상으로 열린 참여를 유도하며, 대중의 협력을 이끌어내 네트워크 효과를 가진다. 미디어 공유 포털$^{media-sharing\ portal}$인 Flicker와 YouTube, 음성 인터넷 프로토콜$^{VoIP:}$ $^{Voice\ over\ Internet\ Protocol}$ 애플리케이션인 Skype, 온라인 협력 애플리케이션인 encyclopedia Wikipedia, 그리고 개인 미디어인 블로그^{blog}, 사람과 사람을 이어주는 소셜 네트워킹 서비스$^{SNS:\ Social\ networking\ service}$ 등이 소셜 미디어에 해당한다.

소셜 미디어를 통한 웹 2.0 서비스의 종류는 다음과 같다.

① 블로그

사용자 중심의 환경에서 개인이 지속적으로 콘텐츠를 생성하고 개선하는 1인 미디어를 말한다.

② 위키

하나의 키워드나 주제에 대해 다수의 사용자가 자신의 전문지식을 이용하여 콘텐츠를 제공하거나 타인이 제공한 콘텐츠를 수정하거나 통합할 수 있도록 하는 온라인 백과사전 서비스이다. 콘텐츠의 생성과 지속적인 갱신은 다수의 사용자가 담당하지만, 대표적인 위키^{wiki}인 Wikipedia는 품질 보증을 위한 콘텐츠 관리와 평가, 색인 관리 등을 담당한다.

③ 소셜 네트워크 사이트

소셜 네트워크 사이트^{SNS: social networking sites}는 온라인 커뮤니티로서 사용자를 서로 연결하여 그들 간의 의사소통이 이루어지도록 하고, 개인적인 네트워크를 형성하며, 개인적 콘텐츠를 공유할 수 있도록 해준다. 소셜 네트워크 사이트의 가입자들은 다른 사람들에게 소개할 자신의 프로필을 만든다. 커뮤니티 제공자는 가입자들의 이러한 활동에 필요한 의사소통 및 탐색 기능을 제공한다. 대표적으로 Facebook, Twitter 등이 있다.

④ 소셜 북마크

소셜 북마크^{social bookmarking}는 기존의 브라우저 기반의 즐겨찾기 분류 대신에 짧은 설명 키워드인 '태그^{tag}'를 통해 자신이 즐겨 찾는 웹사이트를 북마크하여 다른 사용자와 공유하는 것이다. 이렇게 키워드 또는 태그를 이용하여 자신이 즐겨 찾는 내용을 공유할 수 있다.

⑤ 미디어 공유 플랫폼

YouTube와 Flicker가 대표적인 미디어 공유 플랫폼^{media sharing platforms}이다. YouTube는 사용자가 동영상을 제작하거나 편집하여 업로드하고, 색인을 생성하고 정보를 평가하면서 공유할 수 있도록 하는 서비스를 제공한다. Flicker는 YouTube와 달리 비디오가 아닌 사진을 공유하는 사이트이다.

⑥ 웹 기반 도구

웹 기반 도구^{web-based tools}는 다양한 서비스를 직접 웹에 접속하며 사용할 수 있도록 하여 데스크톱 애플리케이션 또는 기존 프로그램과 유사한 기능이나 맞춤화된 서비스를 제공한다. 내비게이션 데이터와 지도를 제공하는 Google 지도 또는 날씨, 이메일 알림 서비스 등이 있다. 그리고 뉴스나 블로그 포스팅 및 기타 멀티미디어 콘텐츠를 사용자가 제공자로부터 직접 제공받아 한 곳에서 다양한 콘텐츠를 사용자의 인터페이스에 맞추어 소비할 수 있게 해주는 RSS^{Rich Site Summary} 같은 서비스도 있다.

⑦ 웹 기반 데스크톱 애플리케이션

웹 기반 데스크톱 애플리케이션^{web-based desktop applications}은 플랫폼으로 웹을 사용함에도 불구하고 인터넷 브라우저를 통한 접속뿐만 아니라 로컬 컴퓨터에도 설치 및 다운로드가 가능하다. Skype는 이러한 서비스를 실용화하는 데 성공한 첫 번째 애플리케이션 중 하나이다. 이 서비스를 통해 무료로 다른 사람들과 인터넷을 통해 대화를 나눌 수 있다.

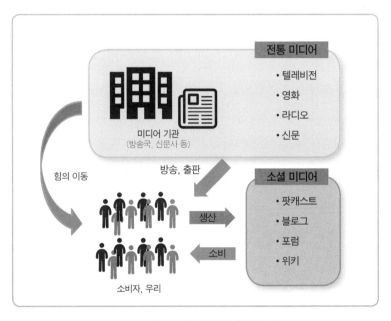

그림 2-14 매스 소셜 미디어의 출현과 성장

4) 소셜 네트워크

SNS는 웹 2.0의 개방과 공유, 참여라는 핵심 가치를 잘 반영하고 있는 의사소통 도구로서 관심사항과 친교관계 등에 의해 서로 연결된 사람들 간의 상호작용을 도와준다. 소셜 네트워크는 일대다의 의사소통을 가능하게 하고, 사회적인 협력을 이끌어내는 데 매우 효과적이다. Facebook에서 콘텐츠를 생성하여 업로드하면, 이 소식은 나와 연결된 내 친구들뿐만 아니라 친구들의 친구들에게까지 신속하게 전달되고, 이런 활동들을 통해 인맥을 넓히거나 강화시킬 수 있다. 사회적 협력은 여럿이 모여 함께 일을 도모한다는 의미보다는 서로의 의견에 대하여 사회적으로 연결된 친구나 지인들과 피드백을 주고받으면서 공통의 의견을 형성하게 되는 것이다. 이러한 것을 바탕으로 온라인에서는 구전 마케팅 같은 현상이 손쉽게 일어난다.

① 네트워크 효과

소셜 네트워크는 기본적으로 네트워크의 연결 수가 참여자 수의 증가보다 훨씬 빠른 속도로 증가하기 때문에 네트워크 효과^{network effect}가 매우 강하게 나타난다. 따라서 참여하는 친구의 수가 늘어날수록 개인 커뮤니티로서의 소셜 네트워크의 가치는 매우 빠르게 커지기 마련이다. 이러한 이유로 인해 기업이나 조직은 이 같은 커뮤니티적 가치를 활용하고자 하는 동기를 강하게 느끼게 된다. 예를 들어, Facebook의 기업 페이지^{corporate page}는 고객의 기업에 대한 충성도뿐만 아니라 고객 간의 결속력을 강화시켜 개인과 기업 간의 관계에서 한 발 더 나아가 고객 커뮤니티와 기업 간의 긴밀한 관계를 형성하고 그들에게 정보를 전달하는 데 매우 유용한 서비스이다.

② 클러스터링^{clustering}

소셜 네트워크에서는 네트워크 무리가 존재한다. Facebook에서의 나의 네트워크는 친구, 직장동료, 가족 등 네트워크 무리를 구성한다. 하나의 네트워크 무리 내에 존재하는 관계를 강한 연대$^{strong\ tie}$라고 한다. 강한 연대는 정보 및 의견 공유 수준이 높고 확산속도가 빠르지만, 네트워크 무리 안에 머무는 정보는 고착되는 현상이 나타난다. 반면에 네트워크 무리와 무리의 연결을 약한 연대$^{weak\ tie}$라고 하는 데, 약한 연대를 통해 다른 네트워크 무리로 정보가 확산된다.

③ 허브의 역할

네트워크 무리와 무리가 연결되기 위해서는 허브^{hub}의 존재가 필요하다. 두 무리의 네트워크 모두에 연결되려면 허브가 필요한데, 허브를 통해 정보나 의견이 이동하게 된다. 허브가 중간에서 네트워크들을 연결시켜 정보를 확산시키기 때문에 이들의 사회적 영향력이 크다고 할 수 있다. 인기가 높은 네트워크일수록 허브의 연결이 용이하기 때문에 정보의 확산속도가 커지게 된다.

④ 6단계 연결

6단계 연결$^{six\ degrees\ of\ separation}$은 약한 연대로, 연결된 네트워크 무리는 어떠한 경우에도 6단계만 거치면 모두 상호작용을 주고받을 수 있도록 연결된다는 것을 의미한다. 그래서 '작은 세상'이라고도 한다. 네트워크와 네트워크를 연결시켜주는 약한 연대의 역할이 중요하다.

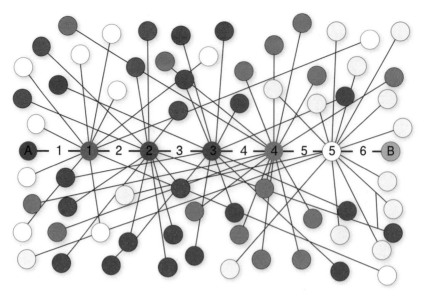

그림 2-15 6단계 연결: 6단계(링크)를 거치면 A와 B가 연결됨

5) 롱테일 현상

롱테일$^{long-tail}$도 웹 2.0의 대표적인 현상이다. 롱테일 현상은 온라인 상점에서 판매되는 품목들이 같은 시장의 오프라인 상점의 경우보다 훨씬 다양하기 때문에 발생한다. 다음 **그림 2-16**에서 보듯이, 판매량 순위에 의거하여 품목을 열거했을 때 테일^{tail}, 즉 꼬리에 해당하는 품목들은 수요가 작은 것들로서 오프라인 매장에 비치해놓을 만한 경제적인 타당성이 없는 비인기 타이틀에 해당한다. 온라인은 오프라인의 경우에 비해 꼬리가 길다는 의미의 롱테일은 결국 수요가 매우 작은 독특한 품목들이나 틈새시장도 온라인에서는 상대적으로 생존 가능성이 더 높다는 것을 의미한다. 온라인에서 이러한 현상이 발생하는 이유는 다음과 같이 요약될 수 있다.[1]

---

1) Brynjolfsson, E., Y. Hu and M. Smith, "From niches to riches: Anatomy of long tail," Sloan Management Review, Summer 2006, 67-71

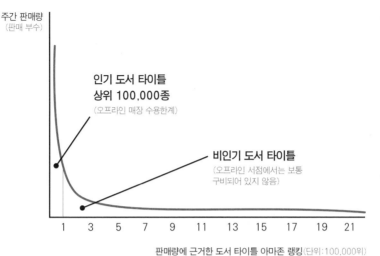

주간 판매량
(판매 부수)

인기 도서 타이틀
상위 100,000종
(오프라인 매장 수용한계)

비인기 도서 타이틀
(오프라인 서점에서는 보통
구비되어 있지 않음)

1 3 5 7 9 11 13 15 17 19 21

판매량에 근거한 도서 타이틀 아마존 랭킹(단위:100,000위)

그림 2-16 롱테일 현상

출처: E. Brynjolfsson, Y. Hu and M. D. Smith, "Consumer Surplus in the Digital Economy: Estimating the Value of Increased Product Variety at Online booksellers," Management Science 49, no. 11 (November 2003): 1580-1596

① **수요측면 요인**

    a. 검색 용이: 검색엔진 강화와 비교쇼핑 확산

    b. 추천서비스 확산: 독특한 개인 선호를 반영한 상품 추천

    c. 온라인 커뮤니티에서 타 사용자의 사용후기[review]와 평가[rating] 정보 공유: 타인의 경험을 통해 나름대로의 욕구와 필요가 개발됨

② **공급측면 요인**

    a. 조각난 지역별 수요를 통합: 온라인의 연결성으로 인해 조각난 수요를 온라인 시장으로 통합함으로써 공급자는 생산을 정당화할 수 있는 경제성을 확보함

b. 유통비용의 감소: 매장에 진열하거나 재고를 비축할 필요 없이 온라인매
   장에 정보를 제공하고 고객주문정보를 중앙창고나 공급자에 전달하여
   직접 배송하게 함으로써 유통비용을 최소화함

롱테일 현상은 특히 콘텐츠 시장에 매우 큰 영향을 주는 것으로 보인다. 스마
트폰이나 블로그 및 기타 도구를 이용하여 쉽게 콘텐츠를 생성하고 이를 SNS나
유튜브 등을 이용하여 낮은 비용으로 많은 사람에게 유통시킬 수 있다. 이로 인
해 전통적인 미디어 채널을 이용해 전달되던 콘텐츠가 중심을 이루던 콘텐츠 시
장에 과거에는 유통될 수 없었던 꼬리부분의 콘텐츠가 대중에 의해 소비되고 있
다. 그 결과 소비자는 선택의 기회가 넓어지고, 다양성의 욕구를 충족할 수 있게
된다.

1. 웹 2.0

① 누구나 콘텐츠를 제작하고 공유할 수 있는 공간으로서의 웹

② 소셜 네트워크가 형성되는 공간으로서의 웹

③ 많은 사람이 참여하여 협력하는 공간으로서의 웹

④ 웹 2.0의 주요 아이디어

    a. UCC(User Created Contents): 사용자가 창출한 콘텐츠

    b. 집단지성(wisdom of the crowds) 활용

    c. 빅데이터

    d. 참여(participation)

2. 집단지성

① 통합적으로 형성되는 집단의 의견이 개인의 의견보다 더 나은 현상

② 개인 의견의 독립성이나 다양성이 보장되어야 함

③ 대표적 예: 크라우드 소싱(crowd sourcing), 위키

3. 소셜미디어

① 온라인으로 다양한 멀티미디어 콘텐츠를 자유롭게 생성하고 공유할 수 있게 해주는 온라인 도구와 플랫폼을 지칭

② 대표적인 예로서 블로그, 위키, 소셜 네트워크 사이트, 미디어 공유 플랫폼 등이 있음

4. 소셜 네트워크 시사점

① 네트워크 효과(network effect)

    a. 네트워크 연결 수가 참여자 수의 증가보다 훨씬 빠른 속도로 증가함

    b. 커뮤니티로서의 네트워크의 가치는 개인이 느끼는 가치보다 훨씬 빠르게 증가함

② 클러스터링(clustering)

    a. 소셜 네트워크는 친구, 동료, 가족들의 묶음인 클러스터들로 구성되어 있음

    b. 강한 연대(strong tie): 클러스터 내에 존재하는 관계

c. 약한 연대(weak ties): 클러스터들을 연결하는 관계

③ 허브(hub)의 역할이 중요해짐

④ 6단계 연결(six degrees of separation)

   a. 6회의 링크를 통하면 누구하고든지 연결됨

   b. 약한 연대의 역할이 중요함

5. 롱테일 현상

① 온라인 상점에서 판매되는 품목들이 같은 시장의 오프라인 상점의 경우보다 훨씬 다양하기 때문에 발생하는 현상으로서, 특히 콘텐츠 시장에 매우 큰 영향을 줌

② 수요가 매우 작은 독특한 품목들이나 틈새시장도 온라인에서는 생존 가능성이 높음

③ 수요측면 요인: 검색 용이성, 추천서비스 확산, 사용자의 사용후기 공유

④ 공급측면 요인: 조각난 지역별 수요를 온라인 시장으로 통합, 유통비용의 감소

3장

인터넷과 정보

1. 인터넷의 기본 속성

학습목표

• 인터넷의 주요 속성에 대하여 이해한다.

Key Word

• 연결성
• 네트워크 효과
• 오픈 네트워크
• 정보의 디지털화

1) 연결성

인터넷은 기본적으로 사람들 간의 정보를 교환하고, 의사소통을 하고자 하는 사람들을 연결시켜주는 중개기술$^{mediating\ technology}$이다. 연결성^{connectivity}은 인터넷의 가장 근본적인 속성에 해당한다. 과거에는 특정 지역에 국한되어 존재하던 소규모 네트워크들이 인터넷에 의해 서로 연결됨으로써 비용과 시간 그리고 지리적 단절이라는 의사소통의 장벽이 낮아진 셈이다. 또한 인터넷의 연결성은 양방향 커뮤니케이션을 가능하게 해주는 특성을 가지고 있다. 전통적 미디어 매체인 방송이나 신문 등은 일방적 의사소통이지만, 인터넷은 TCP/IP 프로토콜을 기반으로 클라이언트^{client}와 서버^{server} 쌍방간에 정보를 주고받는 것을 가능하게 해주는 특성을 가지고 있다.

인터넷이라는 물리적인 네트워크가 지니는 연결성은 우리의 상상을 초월하는 강력한 힘이 있다는 뜻에서 초연결성$^{super\text{-}connectivity}$의 속성이라는 표현을 쓰기도 한다.

2) 네트워크 효과

앞에서 언급했듯이 네트워크 효과^{network effect}란 더욱 많은 사용자가 네트워크에 참여할수록 사용자 수의 증가속도보다 해당 네트워크의 가치가 훨씬 빠른 속도로 증가하는 것을 말한다. 이는 멧칼프의 법칙^{Metcalfe's law}으로도 불린다.

중개기술로서의 인터넷을 사용하는 사람이 많으면 많을수록 가상공간에서 사용자 간의 다대다 상호작용의 여지가 많아지기 때문에 인터넷의 가치는 기하급수적으로 증가할 수밖에 없다. 인터넷의 대표적인 응용서비스에 해당하는 웹의 발전과 진화도 네트워크 효과에 힘입은 바가 크다. 기업들은 네트워크 효과를 전략적으로 활용하여 시장을 선점하는 효과를 얻을 수 있다. 그러나 이러한 선점효과는 효과적인 진입장벽을 구축하고 전환비용을 창출하는 노력 없이는 지속되기 힘들다는 것을 인식할 필요도 있다.

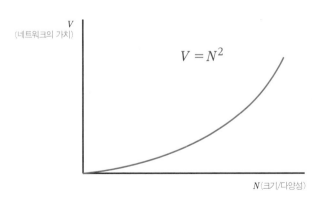

그림 3-1 네트워크 효과

네트워크 효과를 네트워크의 성장에 따라 가치가 증가하고 이에 따라 수요가 커지는 현상이라 설명한다면, 이는 네트워크 효과의 수요사이드 효과를 지칭한 것이다. 그러나 네트워크의 성장은 규모의 증가에 따른 단위당 비용의 감소라는 규모의 경제 효과를 동시에 가져오기도 한다. 따라서 온라인상에서 강력하게 발현되는 네트워크 효과는 수요사이드 효과에 수반되는 공급사이드의 비용절감 효과로 인해 겉으로 드러나 보이는 것보다 훨씬 강력한 경쟁무기가 될 수 있다.

3) 오픈 네트워크

일반적으로 특정 기술을 사용하기 위해서는 기술 표준 소유자에게 비용을 지불해야 한다. 그러나 인터넷은 인터넷 작동에 필요한 기술적 표준이 공개되어 있어 사용 비용이 낮고, 누구에게나 접근이 허용된 오픈 네트워크$^{open\ network}$이다. 또한 인터넷은 일반적으로 국가가 제공하는 사회적 기본 인프라에 해당하기 때문에 인터넷 접속이 개방되어 있을 뿐만 아니라 낮은 가격으로 접속 서비스를 이용할 수 있다. 그리고 이러한 저비용 요인들로 인해 인터넷이 급속하게 확산될 수 있었다. 이러한 인터넷의 개방성^{openness}과 함께 인터넷이 모든 사용자에게 공평한 공간이어야 한다는 망 중립성$^{network\ neutrality}$은 인터넷의 정신을 가장 잘 반영하는 두 가지 속성이라 할 수 있다.

4) 정보의 디지털화

아날로그 시대에는 제품과 제품정보를 분리하여 전달할 수 없었으며, 정보를 담기 위해서는 종이 같은 물리적인 실체가 필요했다. 이러한 정보는 실물이라는 물리적인 객체에 부착된 형태로 전달되었다. 하지만 인터넷은 정보를 디지털화시켜 네트워크를 통해 주고받을 수 있게 해주기 때문에 종이문서, 책, 제품 포장 등과 같은 물질에 정보를 담아 보내는 것과 본질적으로 차이가 있다. 이렇게 물질에서 정보를 분리해내어 네트워크를 통해 전송하면 정보의 움직임이 물질의 움직임으로부터 자유로워지고 물질의 세계와 분리된 정보의 세계, 즉 가상 공간이 형성된다. 이로 인한 효과로서 ① 효율적인 정보 교환과 커뮤니케이션, ② 무한한(가상) 공간의 수용능력capacity, ③ 지리적 거리의 극복, ④ 시간의 제약성 감소 등을 들 수 있다. 정보의 디지털화는 인터넷의 매우 중요한 속성이므로 다음 절에서 자세히 살펴보기로 한다.

1. 연결성

① 인터넷은 정보를 교환하고 의사소통을 가능하게 하는 중개기술로, 연결성은 인터넷의 가장 기본 속성임

② 사회적인 상호작용의 변화를 가져오는 속성임

    a. 양방향 커뮤니케이션(two-way communication)

      – 인터넷은 수요자(소비자) 중심의 정보 교환이 가능한 양방향성을 제공함

    b. 초연결성(super-connectivity)

      – 물리적인 네트워크의 그물망 형성은 곧 거대한 사회적인 네트워크를 형성함

2. 네트워크 효과

① 사용자 수가 증가할수록 네트워크의 가치가 기하급수적으로 증가하는 것으로, 멧칼프의 법칙(Metcalfe's Law)이라고도 함

② 네트워크의 성장은 네트워크 효과뿐만 아니라 규모의 경제 효과도 동반함

3. 오픈 네트워크

① 인터넷은 작동에 필요한 기술적 표준이 공개되어 있어 사용 비용이 낮고, 누구에게나 접근이 허용된 오픈 네트워크임

② 낮은 비용 요인들로 인해 인터넷이 급속히 확산됨

4. 정보의 디지털화

디지털화된 정보는 물질과 분리되어 네트워크를 통해 교환됨으로써 정보의 움직임이 물질의 움직임으로부터 자유로움

① 효율적인 정보 교환과 커뮤니케이션

② 물리적 실체 없이 정보만 존재하는 가상공간이 존재하며, 그 수용능력은 무한함

③ 지리적 거리의 극복 효과를 얻을 수 있음

2. 정보의 디지털화

학습목표

• 정보의 디지털화에 대하여 이해한다.
• 디지털로 변화된 정보의 속성과 의미에
  대하여 알아본다.

Key Word

• 디지털화
• 정보와 비용
• 정보의 도달성/풍요도
• 정보 과잉
• 정보의 비대칭성

1) 정보의 디지털화

물질의 일부에 부착된 상태로서의 정보를 물질에서 떼어내 디지털화하여 저장 및 활용하고, 경우에 따라서는 디지털화된 정보를 인터넷에 접속하여 주고받음으로써 개인의 삶과 기업의 환경은 많은 변화를 경험하고 있다. 디지털화한다는 것은 발신자와 수신자 사이에 전달되는 정보를 0과 1 같은 수치로 표시되는 디지털 신호로 전환하여 정보를 전달·저장·가공하는 것을 의미한다. 정보가 디지털화되면 쉽고 정확한 정보처리가 가능해진다. 또한 반복적으로 사용하거나 복사해도 원래의 정보체계가 유지된다는 장점을 가진다. 여기에서는 정보를 디지털화하고 인터넷에서 공유함으로써 정보의 속성과 의미가 어떻게 달라지는지를 알아보고자 한다.

2) 정보와 비용

개인과 기업은 정보와 관련된 비용을 생각보다 많이 지불하고 있다. 정보 관련 비용으로는 콘텐츠 생산비용과 상호작용비용을 생각할 수 있다. 전자는 정보를 수집·처리·가공하여 시장이 원하는 콘텐츠 제품을 생산하는 데 소요되는 비용이며, 후자는 제품/서비스 및 아이디어를 기업 내에서, 기업 간에, 또는 기업과 고객 간에 교환할 때마다 소요되는 시간적·금전적 비용이다.

① 생산비용

생산비용이란 디지털 콘텐츠를 생산하는 데 드는 비용을 말한다. 디지털화된 정보, 즉 디지털 콘텐츠를 생성하는 데 드는 비용은 전통적인 아날로그와는 다른 성격을 갖는다.

첫째, 정보의 생산은 규모의 경제$^{economics\ of\ scale}$ 효과를 갖는다. 디지털 정보도 아날로그와 마찬가지로 디지털 콘텐츠를 생산하는 데 드는 고정비용$^{fixed\ cost}$이 매우 높다. 그러나 가변비용$^{variable\ cost}$은 상대적으로 매우 낮다. 예를 들어 백과사전을 책의 형태로 발간하는 경우 권당 수십만 원의 가변비용이 발생하지만, 이를 CD에 담는 경우 CD당 몇백 원에 불과하고, 인터넷에서 e-book 형태로 다운받는 경우의 비용은 미미한 수준이다. 따라서 초기 생산비용은 크지만 시장의 확장 및 유통 규모가 크기 때문에 규모의 경제 효과가 매우 강력하게 작용할 수밖에 없다. 이러한 정보 생산과 관련된 규모의 경제 효과는 인터넷의 네트워크 효과와 맞물리면서 시장을 선점하기 위한 전략으로 인터넷 관련 산업 전반에 광범위하게 사용되었다. 따라서 규모의 경제와 네트워크 효과가 강력하게 발현되는 일부 산업에서는 덩치가 큰 소수의 기업이 지배하는 독과점 현상이 일어날 개연성이 매우 높은 특성도 가지고 있다.

둘째, 디지털 정보의 생산은 범위의 경제성$^{economies\ of\ scope}$을 갖는다. 디지털화된 정보는 본질적으로 모듈성^{modularity}이라는 특성을 지니고 있는데, 이 모듈성으로 인해 웹 사용자의 개인적 욕구가 비교적 용이하게 충족될 수 있다. 모듈이란 전체의 일부분이면서도 전체에서 분리되었을 때에도 독립적으로 기능을 발휘할 수 있는 하나의 덩어리로 이해할 수 있다. 하나의 웹 페이지는 그 자체로서 독립적으로 제공하고자 하는 의미를 담고 있는 정보 모듈이다. 그리고 웹 사용자는 하이퍼텍스트의 하이퍼링크를 선택함으로써 자신만의 독특한 정보 욕구를 충족시킬 수 있다. 더 나아가 사용자의 명시적 요구에 근거하거나 암묵적으로 웹 클릭스트림^{click stream}이라 불리는 웹에서의 행동데이터 분석을 통해 사용자가 선호하는 정보를 제공하는 웹 개인화 서비스가 용이해진다. 따라서 모듈성을 기반으로 한 개인의 욕구 충족 가능성은 디지털 콘텐츠의 생산이 범위의 경제성을 갖는다는 것을 보여준다.

② 거래비용

거래비용^{transaction cost}이란 기업 내에서 또는 기업과 외부 대상 사이에 제품/서비스 및 아이디어가 교환될 때마다 발생하는 비용이다. 여기서 제품, 서비스 및 아이디어의 교환이란 곧 거래를 의미한다. 일반적으로 거래란 거래 당사자 간에 다양한 종류의 상호작용이 개입되므로 거래비용을 상호작용비용^{interaction cost}이라고 부르기도 한다

거래란 일반적으로 기업과 외부의 상대(소비자 또는 기업) 간 일어나는 교환행위를 의미하는 것으로 해석하지만, 기업 내부에서도 거래가 발생한다. 예를 들어 구매부서에서 구매한 원부자재를 생산부서가 완제품으로 변환시키고 이 완제품을 판매부서가 소비자에게 판매하는 일련의 프로세스를 생각해보자. 구매부서, 생산부서, 판매부서로 이어지는 특정 기업 내 가치창출 과정에서 생산부서는 구매부서에게, 판매부서는 생산부서에게 직접 지불하지는 않지만 실질적인 거래가 발생하는 셈이다. 만약에 구매와 생산기능만 수행하는 제조기업이 판매기능을 외부의 독립된 기업에 외주를 주었다면 제조기

업은 이 외부 판매기업에 판매에 따른 수수료를 지불해야 할 것이다. 따라서 상호작용비용을 발생시키는 거래는 기업 간 또는 기업과 소비자 간의 외부거래와 기업 내부의 관련 부서 및 업무수행자 간의 내부거래 등과 같이 다양한 맥락에서 발생한다.

일반적으로 거래비용은 탐색비용$^{search\ cost}$, 계약비용$^{contracting\ cost}$, 조정비용$^{coordination\ cost}$, 모니터링 비용$^{monitoring\ cost}$으로 나눌 수 있다. 탐색비용은 적합한 제품/서비스와 거래 상대를 찾는 데 드는 비용이며, 계약비용은 거래 상대와 가격 및 인도조건에 대한 합의를 계약으로 명시하는 과정에서 드는 비용이다. 내부거래의 경우에는 채용과정에서 탐색비용이 발생할 것이며 고용 및 성과급 등과 관련된 회사와의 계약 과정에서 계약비용이 발생할 것이다. 한편, 모니터링 비용은 거래 상대자가 계약을 얼마나 잘 이행하고 있는지를 감시하는 데 드는 비용을 말한다.

조정비용은 거래를 실질적으로 수행하는 데 필요한 시간, 인력, 자본 등과 같은 자원을 적절히 배분하고 업무가 효율적으로 수행될 수 있도록 관련 부서 간 의사결정을 조정하는 데 소요되는 비용이다. 조정비용을 이해하기 위해 모든 거래의 핵심인 주문이행$^{order\ fulfillment}$ 업무를 예로 들어보자. 주문이행 프로세스는 주문접수, 생산, 배달이라는 3가지 하위업무로 구성되어 있다고 볼 수 있다. 기업은 고객의 주문을 정확하고 신속하게 처리하기 위해 각 하위업무에 어느 정도의 인력과 기타 자원을 투입하는 것이 적절한지 결정해야 한다. 그리고 고객의 주문을 접수할 때 판매부서가 구체적으로 인도시기를 결정하여 고객과 약속하게 된다. 인도시기의 결정은 생산과 배달이라는 하위업무와 직접적으로 연관되어 있기 때문에 서로 간에 정보와 의견 교환을 통해 조정되는 것이 바람직하다. 그렇지 않은 경우 약속한 인도시기를 맞추기 위하여 무리하게 초과업무^{overtime}를 하거나 불가피한 하청을 하게 되어 제품의 품질에 문제가 발생할 수 있으며, 납기일을 맞추지 못할 수도 있다. 이러한 가능성은 각 하위업무가 기업 내부에서 이루어지든 외주를 주든 간에 상관없이 적용된다. 이 과정에서 하위업무와 관련된 의사결정이 원활하게 조정되지 않으면 주문이행 업무가 효율적으로 진행되기 어렵다. 따라서 조직의 상부에서 하위업무를 조정하기 마련이고, 이로 인해 발생하는 비용이 조정비용의 한 예에 해당한다.

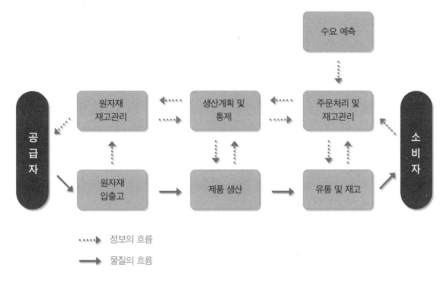

그림 3-2 주문이행 프로세스

출처: Shaw, A., McFarlane, D., Chang, Y., Noury, P., "Measuring Response Capabilities in the Order Fulfillment Process" in Proceedings 9th International Conference European Operations Management Association (EurOMA), Copenhagen, Denmark (2002)

상호작용비용 또는 거래비용의 개념을 살펴보면 해당 구성요소들이 정보의 공유 및 교환 또는 의사소통이라는 공통분모를 가지고 있고, 이 공통분모가 차지하는 비중이 상당히 크다는 것을 알 수 있다. 인터넷의 속성에서 알 수 있듯이, 인터넷으로 인해 정보의 공유 및 교환에 발생하는 비용은 큰 폭으로 감소하고 있다. 예를 들어 수익률이 가장 좋은 금융상품이 무엇인지를 전화로 알아보는 데 25분이 걸린다면 웹을 이용하면 10분, 웹에서 소프트웨어 에이전트를 이용하면 1분밖에 걸리지 않는다. 상호작용의 효율성은 전화

대신 웹을 사용하면 60%, 웹과 소프트웨어 에이전트를 같이 사용하면 96%
향상된다는 것이다(그림 3-3 참조). 이러한 상호작용이 업무의 70~80%를 차
지하는 정보작업자^{information workers}와 상호작용이 10~20%에 불과한 육
체노동자^{physical workers}의 비율이 1900년에는 17 대 83이었으나 1994년
에는 62 대 38로 크게 변화했다(그림 3-4 참조). 이는 오늘날 인터넷으로 인
한 상호작용 효율성의 증가가 상호작용비용을 얼마나 크게 감소시키고 있는
지를 이해하는 데 큰 도움을 준다.

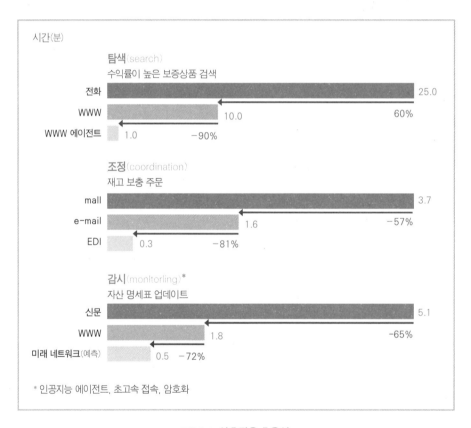

그림 3-3 상호작용 효율성

출처: Butler, P., "A revolution in interaction," McKinsey Quarterly No. 1 1997, 5-23

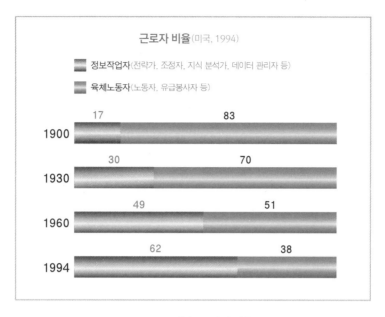

근로자 비율(미국, 1994)

■ 정보작업자(전략가, 조정자, 지식 분석가, 데이터 관리자 등)
■ 육체노동자(노동자, 유급봉사자 등)

	정보작업자	육체노동자
1900	17	83
1930	30	70
1960	49	51
1994	62	38

그림 3-4 지식근로자의 비율

출처: Bureau of the consus; Bureau of Labor; McKinsey analysis

3) 정보의 도달성과 풍요도의 관계

네트워크에 참여하여 정보를 교환하는 사람의 수를 정보의 도달성^{reach}이라고 정의한다면 정보의 풍요도^{richness}는 밀도와 상세함의 정도를 의미한다. 정보의 풍요도는 대역폭^{bandwidth}, 고객화^{customization}, 상호작용성^{interactivity}으로 구성되어 있다고 할 수 있다.[1] 대역폭이란 주어진 시간 동안에 교환할 수 있는 정보의 양을 의미하고, 고객화는 정보를 원하는 사람의 구체적인 필요에 맞게 가공함을 의미한다.

---

1) P. B. Evans and T. S. Wurster, "Strategy and the New Economics of Information," Harvard Business Review, Sept.-Oct., 1997

상호작용성을 의사소통의 양방향성과 동시성을 포함하는 개념으로 이해한다면, 이는 정보가 일방적으로 제공되는 것이 아니라 쌍방간에 시차 없이 거의 동시에 주고받을 수 있는 것을 의미한다. 즉, 많은 양의 정보가 의사소통 상대에 맞추어 거의 동시적으로 교환된다는 것이다. 예를 들어 판매사원이 PC를 구매하고자 하는 고객과의 대화를 통해 그 사람이 업무와 개인용도에 적합할 뿐만 아니라 원하는 가격대에 맞는 PC 사양을 제안하는 과정에서 교환되는 정보는 풍요도가 매우 높을 수밖에 없다. 이러한 상호작용 과정은 많은 비용을 발생시키기 때문에 다수의 사람들 사이에서 이루어지기는 매우 어렵다.

따라서 인터넷이 도입되기 전에는 정보의 풍요도와 도달성 간에 반비례관계 또는 교환관계$^{trade-off}$가 성립되었다. 그러나 이러한 반비례관계는 인터넷의 확산으로 인해 변화하고 있다. 인터넷은 저렴한 비용으로 신속한 양방향 의사소통이 가능한 기술적 기반을 제공하고 있어 과거에는 불가능했던 대규모의 사람들에게 풍요도의 정보를 제공할 수 있게 되었다. 이에 대한 그림은 다음과 같이 나타낼 수 있는데, 이는 곧 기업 내, 기업 간, 기업과 고객 간의 상호작용에 소요되는 비용이 감소함을 의미한다.

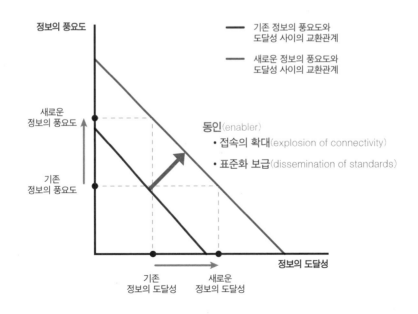

그림 3-5 정보의 풍요도와 도달성

4) 정보 과잉

'정보의 바다'라 불리는 웹과 인터넷에는 엄청난 양의 정보가 제공되고 있다. 2000년도 IBM의 추정치에 의하면 데이터베이스, 파일, PC 등을 통해 온라인으로 가용한 데이터는 1엑사바이트(exabyte=1,000,000테라바이트^{terabyte} 또는 10억 기가바이트^{gigabyte})이고, 이는 전화번호부를 쌓아 올려 지구와 달을 왕복할 수 있는 정도의 정보량에 해당한다고 한다. 이 중 극히 일부에 지나지 않는 100테라바이트 정도가 인터넷에서 활용할 수 있고, 그중에서도 극히 일부에 지나지 않는 10테라바이트 정도의 정보가 HTML 문서로 제공되고 있다.[2]

또한 매년 쏟아져 나오는 디지털 정보의 양도 대단하다. UC Berkely의 한 보고서[3]에 의하면 2002년에 5엑사바이트에 해당하는 새로운 정보가 생성되었고, 이 중 92%가 디지털 정보로 저장되고 있다. 그리고 2002년 한 해 동안 전화, 라디오, TV, 인터넷 등과 같은 전자 채널을 통해 주고받은 정보는 18엑사바이트 정도이며 매 분당 70만 건의 구글 검색이 일어나고 1억 7천만 개의 이메일이 발송되고 있다. 엄청난 양의 데이터를 소비·교환하고 있다고 할 수 있다. IBM은 2020년까지 지구 상에 40제타바이트^{zettabyte}(430조 기가바이트에 해당)의 정보가 생성될 것으로 추정하고 있다.

즉, 이렇게 많은 정보가 쏟아져 나오고 있지만 그중 극히 일부만이 인터넷에서 가용한 상태이다. 그럼에도 불구하고 많은 사용자가 원하는 정보를 찾기 위해 검색엔진에 의존하게 된다. 그러나 아쉽게도 모든 검색엔진은 전체 웹 문서의 일부분밖에 검색하지 못한다. 예를 들어 1999년 〈네이처^{Nature}〉지에 발표한 자료에 의하면 가장 성능이 좋은 검색엔진이라도 검색범위가 전체 웹 문서의 16% 정도

---

2) Chapter 4 Data Overload, B. Liautaud and M. Hammond, E-business Intelligence, McGraw-Hill, 2001

3) School of Information Management and Systems, How Much Information? 2003, UC Berkely

에 불과하다.[4]

정보의 양이 많을수록 그만큼 웹이라는 네트워크의 가치가 증가하지만, 반대로 어느 정도의 수준을 넘어서게 되면 문제가 발생한다.

① 정보의 사용자 관점

정보의 사용자나 소비자의 입장에서는 너무 많은 양의 정보는 혼란을 야기한다. 원하는 콘텐츠를 찾기 위해 사용하는 검색엔진, 가격 및 기타 속성으로 제품과 공급자를 선택할 수 있게 도와주는 비교쇼핑comparison shopping, 스팸 메일을 분류하여 걸러주는 소프트웨어 등은 이러한 정보 과잉information overload 문제를 완화시키는 데 도움이 되는 도구들이다.

② 정보의 제공자 관점

정보가 풍부하다는 것은 곧 관심attention의 부족을 의미한다. 사용자의 관심과 주의력에는 한계가 있기 마련이기 때문에 관심은 정보에 비해 상대적으로 부족한 자원인 셈이다. 따라서 일반적으로 정보제공자에 해당하는 기업의 입장에서는 사용자의 관심과 주의력을 사로잡아야 한다. 이를 위해 다음과 같은 전략을 생각할 수 있다.

a. 개인화: 범위의 경제성을 활용하여 개별 사용자 또는 고객이 원하는 정보 제공

b. 네트워크 효과: 규모의 경제성을 기반으로 가능한 한 많은 수의 사용자를 모아 사용자가 느끼는 가치를 극대화시킴

c. 신뢰: 신뢰의 구축을 통해 정보 사용자가 느끼는 불안감을 해소시켜줌으로써 사용자에게 친밀감을 형성해주고 공정하다는 이미지를 심어줌. 궁극적으로 관심과 주의력을 사로잡음. 정보의 제공자와 사용자 사이에서

---

4) "Search Engine Coverage Study," Nature, 1999

믿을 만한 제3자가 제공하는 내비게이션navigation 비즈니스 모델이 가능함

5) 정보의 협상력: 정보의 비대칭성

정보는 거래 당사자들 간에 거래 조건을 협상하는 과정에서 매우 중요한 역할을 한다. 정보를 가지고 있지 못한 쪽은 협상력이 약하기 마련이기 때문에 상거래에서 불리한 결과를 감수해야만 한다. 인터넷 시대 이전의 전통적인 상거래관계에서는 구매자가 가지고 있는 제품과 서비스에 대한 정보량이 이를 제공하는 공급자가 알고 있는 것에 비해 상대적으로 훨씬 적은 것이 일반적이었다. 이러한 정보량의 불균형 상태를 가리켜 정보의 비대칭성information asymmetry이라 한다. 정보의 비대칭성으로 인하여 협상 당사자 간의 협상력이 불균형적일 수밖에 없으며 협상 결과가 한쪽에 유리하게 나타나기 마련이었다.

그러나 인터넷의 활용으로 인해 정보가 디지털화되고 온라인으로 공유되면서 원하는 정보를 검색하고 활용하는 것이 인터넷 이전 시대에 비해 상대적으로 훨씬 용이해졌다. 이로 인해 상거래 당사자 간에 존재하는 정보 비대칭성이 완화되고 결과적으로 힘의 불균형이 해소될 수 있는 여지가 형성되었다.

공급자나 기업보다는 구매자 또는 최종소비자의 협상력이 강화되는 현상은 1차적으로 자본주의가 발달하면서 기업 간 경쟁이 심화된 데서 원인을 찾을 수 있지만, 이와 더불어 인터넷의 확산으로 인한 정보의 비대칭성 감소도 큰 역할을 하고 있다고 보아야 한다.

1. 정보의 디지털화

① 아날로그 정보를 0,1의 디지털 신호로 전환하는 것

② 정보 교환이 정확하고 쉽게 처리되며, 반복적으로 사용해도 훼손되지 않음

2. 정보의 디지털화 특성

① 정보와 비용

　a. 생산비용

　　• 정보가 디지털로 생산되는 데 드는 비용

　　• 고정비용(fixed cost)은 높고, 가변비용(variable cost)은 낮음

　　• 모듈성(modularity): 전체의 일부분이면서도 전체에서 분리되었을 때 독립적으로 작용하여 개인 욕구 충족 가능함

　b. 상호작용비용(interaction cost)

　　• 기업 내에서 또는 외부와 제품, 서비스 및 아이디어가 교환될 때마다 발생하는 비용

　　• 탐색비용(search cost): 적합한 제품/서비스 거래 상대를 찾는 비용

　　• 계약비용(contracting cost): 거래 상대와 가격, 인도조건에 대한 합의사항을 계약으로 명시하는 과정에서 드는 비용

　　• 조정비용(coordination cost): 거래를 실질적으로 수행하는 데 필요한 시간, 인력, 자본 등과 같은 자원을 적절히 배분하는 데 드는 비용

　　• 모니터링 비용(monitoring cost): 계약 준수 사항을 감시하는 데 드는 비용

② 정보의 도달성과 풍요도 관계

　a. 정보의 도달성(reach): 네트워크에 참여하여 정보를 교환하는 사람의 수

　b. 정보의 풍요도(richness): 정보의 밀도와 상세함의 정도

③ 정보 과잉(information overload)

 a. 인터넷에는 많은 정보가 생성되고 존재함

 b. 과도한 정보량의 문제로 사용자는 원하는 정보를 찾는 데 시간이 많이 걸리고, 제공자
  는 사용자의 관심을 끌기 어려움

 c. 정확한 검색을 도와주는 도구의 필요성

④ 정보의 협상력: 정보의 비대칭성

 a. 정보의 비대칭성(information asymmetry): 정보량의 불균형 상태

 b. 인터넷의 등장으로 비대칭성이 완화되어 수요자의 힘이 강화됨

3. 신뢰와 정보 프라이버시

1) 신뢰

신뢰는 개인, 집단, 사회 등 모든 관계의 기반을 형성하는 개념으로서 신뢰의 결핍은 고비용, 저효율적인 관계를 초래한다. 좀 더 그 중요성을 강조한다면, 신뢰는 거래에 있어 공기 같은 존재로 정의할 수 있다. 온라인 환경에서 기업과 고객 간의 관계도 신뢰를 기반으로 형성되기 마련이다. 인터넷을 매개로 한 거래 당사자 간의 상호작용 관계는 일반적으로 익명성^{anonymity}을 기반으로 전개되는 경우가 많을 뿐만 아니라 온라인 행위의 추적 가능성으로 인해 프라이버시^{privacy}의 노출 가능성이 높다는 특성을 가지고 있다. 이러한 본질적 특성으로 인해 신뢰의 구축은 오프라인보다 온라인 환경에서 훨씬 더 중요한 것으로 여겨진다.

온라인 환경에서의 신뢰는 다음과 같은 요소로 구성되어 있다.

① 기술적 환경에 대한 신뢰

- 신뢰도reliability: 시스템이 다운되지 않고 정상적으로 작동하리라는 믿음
- 보안성security: 시스템에 대한 접근access 권한이 없는 자가 침투해 들어 오지 못할 것이라는 믿음

② 거래 상대에 대한 신뢰

- 정직integrity: 거래 상대가 거래 전과 거래 중에 내세웠던 원칙이나 관련 법규, 계약 내용 등을 정확하고 성실하게 이행할 것이라는 믿음
- 선의benevolence: 거래 상대가 해로운 행동을 하지 않고 선의를 가지고 대 할 것이라는 믿음
- 능력competence: 거래 상대가 합의한 내용을 실행에 옮겨 결과를 낼 실력 이 있을 것이라는 믿음

이러한 의미를 담고 있는 신뢰는 매우 복합적이기 때문에 다양한 장치를 통해 신뢰를 구축하기 위한 노력을 기울여야 한다. 다음은 웹사이트들이 고객의 신뢰 를 얻기 위한 노력의 예들이다.

- 개인정보 보호에 대한 정책을 명시하거나 TRUSTe 같은 정보보호 관련 인 증을 받는다.
- Verisign.com 같은 보안인증업체로부터 인증을 받는다.
- 온라인 시장의 경우 시장 참여자의 자격을 엄격히 관리하고, 제품과 참여자 에 대한 평가 시스템을 운영하며, 시장의 신뢰가 손상이 가지 않도록 부가 적 서비스를 제공한다.

위 세 번째 항목의 대표적 예로서 www.auction.co.kr이나 www.ebay.com 같은 경매 사이트들을 들 수 있다. 경매 사이트들은 판매자와 구매자 간의 신뢰

보장을 위해 평가 시스템^{rating system}을 도입하여 신뢰할 수 있는 판매자와 구매자를 통한 거래를 가능하게 한다. 경매거래에서 반시장적 행위를 저지르면 경매 참여 자격을 박탈함으로써 시장 거래의 투명성과 안정성을 유지한다. 또한 낙찰 후에 물건과 돈을 교환하는 과정에서 시장기능이 실패하지 않도록 제3자가 제공하는 에스크로^{escrow} 서비스를 도입하여 운영한다. 에스크로 서비스는 낙찰자가 해당 금액을 제3자에게 입금시킨 연후에 판매자가 낙찰자에게 물건을 보내고, 낙찰자가 물건이 원래 설명과 차이가 없음을 제3자에 확인해주면 금액을 판매자에게 송금해주는 제도이다. 이러한 서비스를 통해 낙찰자와 판매자에게 시장이 올바르게 작동할 것이라는 신뢰를 줄 수 있다.

2) 개인정보 프라이버시

온라인 환경에서 기업은 정보기술을 이용하여 소비자의 정보를 수집하여 효율적으로 사업을 수행할 수 있다. 비대면 거래가 많은 인터넷에서 개인의 정보는 웹사이트 관리자, 네트워크 서비스 관리자, 인증 기관, 결제 기관 등에서 손쉽게 축적·저장·활용될 수 있다. 이 과정에서 개인의 정보가 수집 목적 이외의 용도로 사용될 소지가 있으며, 개인 사생활 침해 및 범죄에 악용될 수 있다.

개인 사용자는 자신이 기업에 제공한 개인정보가 어떻게 수집·활용·보관되는지에 대하여 염려하게 된다. 자신의 개인정보가 공정^{fairness}하게 다루어지는지에 대한 개인의 주관적 인식을 '개인정보 프라이버시에 대한 염려^{CFIP: concern for information privacy}'라고 한다. 개인정보 프라이버시에 대한 염려의 구성요소는 다음과 같다.

- 수집^{collection}: 너무 많은 정보를 수집한다.
- 오류^{errors}: 정보가 부정확하다.

- 제2의 사용^{secondary use}: 기업이 개인정보를 다른 목적으로 사용한다.
- 허가되지 않은 접근^{unauthorized access}: 기업이 개인정보를 보호하는 데 실패한다.

정보 프라이버시에 대한 염려를 많이 하는 사람일수록 프라이버시와 관련된 위험을 더 크게 느끼고 온라인 거래에 대한 신뢰수준이 더 낮아 온라인에서 자신을 표현하고 노출시키는 행위를 더 조심스러워하게 된다. 일반적으로 성격이 내성적이거나 과거에 온라인에서 개인 프라이버시를 침해당한 경험이 있는 사람들이 프라이버시에 대하여 많은 염려를 하는 것으로 알려져 있다.

1. 기술적 환경에 대한 신뢰

① 신뢰도(reliability): 시스템이 다운되지 않고 정상적으로 작동하리라는 믿음

② 보안성(security): 시스템에 대한 접근(access) 권한이 없는 자가 침투해 들어오지 못할 것이라는 믿음

2. 거래 상대에 대한 신뢰

① 정직(integrity): 거래 상대가 거래 전과 거래 중에 내세웠던 원칙이나 관련 법규, 계약 내용 등을 정확하고 성실하게 이행할 것이라는 믿음

② 선의(benevolence): 거래 상대가 해로운 행동을 하지 않고 선의를 가지고 대할 것이라는 믿음

③ 능력(competence): 거래 상대가 합의한 내용을 실행에 옮겨 결과를 낼 실력이 있을 것이라는 믿음

3. 신뢰 구축을 위한 노력

① 보안/정보보호 인증

② 평가 시스템 도입

4. 개인정보 프라이버시에 대한 우려

① 수집(collection): 너무 많은 정보를 수집한다.

② 오류(errors): 정보가 부정확하다.

③ 제2의 사용(secondary use): 기업이 개인정보를 다른 목적으로 사용한다.

④ 허가되지 않은 접근(unauthorized access): 기업이 개인정보를 보호하는 데 실패한다.

4장

비즈니스 환경의 변화

1. 가치사슬의 해체

학습목표

• 거래비용 감소에 따른 기업활동의 분화에
대하여 알아본다.
• 기업활동이 전문화되면서 나타나는 아웃소싱에
대하여 살펴본다.

Key Word

• 기업의 해체
• 생산 또는 구매
• 전자적 중개효과
• 전자적 통합효과

1) 기업의 해체 - 생산 또는 구매

가치사슬^{value chain}이란 최종소비자에게 제공되는 가치가 창출 및 부가되는 일련의 과정을 의미한다. 가치사슬은 1985년 마이클 포터^{Michael Porter}가 제시한 개념으로서 기업이 수행하는 활동들 중에서 고객에게 제공하는 가치의 창출에 직접적으로 연관된 주 활동^{primary activities}과 간접적으로 관련된 보조 활동^{support activities}으로 구성되어 있다.

주 활동에 해당하는 것으로는 생산, 물류, 마케팅, 판매 및 서비스 활동들이 있다. 보조 활동은 기업 인프라, 인적자원관리, 기술개발, 자원조달 등과 같이 주 활동을 잘 수행할 수 있도록 지원하는 역할을 담당한다. 기업은 주 활동과 보조 활동을 구성하는 소단위의 각 활동들이 창출하는 가치와 여기에서 발생하는 비용을 체계적으로 분석함으로써 경쟁에서 우위를 점하고 차별화할 수 있는 전략을 찾아낼 수 있게 된다. 가치사슬의 모형은 다음 그림과 같다.

그림 4-1 가치사슬

출처: Porter, Michael, Competitive Advantage, 1985

가치사슬 모형은 가치창출과 관련된 모든 활동을 기업이 자체적으로 수행하는 것을 암묵적으로 전제하고 있다. 그러나 기업은 그중 일부를 외부 시장에 의존할 수 있다. 예를 들어 '생산 또는 구매make or buy'라는 기업의 전통적인 의사결정 문제를 고려해보자. 이는 기업이 내부에서 생산할 것인지 아니면 외부 시장에서 구입해올 것인지에 대한 고민을 생산비용과 거래비용의 비교를 통해 결정하는 것이다. 시장이 발달하지 않았던 과거에는 기업들은 주로 외부 시장에서 경쟁력 있는 대안을 찾기가 어려웠기 때문에 구입buy하는 것보다 내부에서 생산make하는 것이 더 현명한 선택이었다. 따라서 전통적으로 기업들은 고객이 원하는 가치창출을 위해 기업이 수행해야 할 모든 활동을 자체적으로 수행하게 되었고, 이러한 과정에서 많은 범주의 활동을 스스로 관리할 수 있는 위계구조hierarchy의 기업조직을 선호하게 되었다.

자본주의의 발달에 따라 시장은 발전했고, 특히 최근에는 IT의 급속한 발전으로 인해 거래비용이 감소함으로써 기업들은 내부 기능의 일부를 포기하는 대신에 외부 시장으로부터 구매할 동기가 점차 강해지고 있다. IT 발전에 따른 거래비용의 하락과 정보의 비대칭성 감소로 인해 기업들은 원하는 조건에 거래할 수 있는 거래 당사자를 쉽게 탐색하여 거래할 수 있게 되었다. 더구나 IT의 발전으로 인해 시장의 작동과 거래의 성사에 필요한 모든 정보가 투명하게 공개되고, 이러한 정보가 제품과 서비스의 가격 형성에 고스란히 반영되기 때문에 거래의 효율성이 극대화된다는 효율적 시장 가설efficient market hypothesis이 설득력을 얻어가고 있다. 이러한 변화는 결국 기업이 내부에서 생산make하는 것보다는 외부 시장에서 구매buy함으로써 시장 기능에 의존하는 경향을 강화시키고 있다고 볼 수 있다.

경제학에서 출발한 효율적 시장 가설에 따르면 시장에는 모든 정보가 공개되어 있으며, 이는 가격에 실시간으로 반영되기 마련이므로 가격에는 의사결정에 필요한 모든 정보가 녹아들어 있다고 본다. 따라서 가격정보에 기반을 둔 거래행위는 그 자체로서 매우 효율적일 수밖에 없다. 특히 IT의 등장으로 거래비용이 낮아지고, 정보의 비대칭성이 줄어들면서 기업은 원하는 조건에 거래할 수 있는 거래 대상자를 쉽게 탐색하고 거래할 수 있게 되었다.

예를 들어, 대부분의 전자 쇼핑몰이 주문품을 물류시스템을 갖추어 고객에게 배달하는 것을 스스로 처리하는 대신에 외부 택배업체에 맡기는 것을 거래비용의 관점에서 이해할 수 있다. 다시 말해, 기업이 직접 하는 것보다 전문가를 통해 수행할 때 더 잘하고 비용이 절감된다면 굳이 직접 수행하는 것보다는 외부에 비용을 지불하고 맡기는 것이 더 낫다.

이와 같이 가치사슬의 일부분을 자체적으로 수행하는 대신에 외부 시장에 의존하게 되는 경향을 기업의 해체로 표현하기도 한다.[1] 모든 활동을 기업 내부에서 수행하던 것에서 일부분의 업무를 외부에 맡기는 기업의 해체는 곧 기업 활동 범위의 축소를 야기한다. 물론 기업의 해체에는 거래의 경제성 외에도 기업의 핵심역량이라는 전략적 요소와 신뢰, 통제 가능성 같은 거래관계의 비경제적 측면 등도 작용하고 있음을 기억할 필요가 있다.

---

1) Hagel III, J. and M. Singer, "Unbundling the Corporation," Harvard Business Review, vol. 77, 1999, 133-140

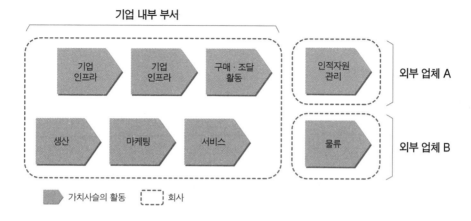

기업 내부 부서

| 기업
인프라 | 기업
인프라 | 구매·조달
활동 |
| 생산 | 마케팅 | 서비스 |

| 인적자원
관리 | 외부 업체 A |
| 물류 | 외부 업체 B |

▰ 가치사슬의 활동　　⌐¬ 회사

그림 4-2 가치사슬의 해체

2) 기업의 해체현상 – 전략적 집중

거래비용 이론에 따르면, 전통적 기업은 기업운영과 관련된 모든 활동은 내부에서 모두 수행할 때 가장 효율적이며, 경쟁력을 확보할 수 있다고 보았다. 그러나 기업이 전통적인 조직을 다시 생각할 필요가 있고, 인터넷을 통해 거래비용을 낮출 수 있게 되면서 자신의 핵심 비즈니스(또는 핵심 가치활동)을 재구성해야 할 필요를 인식하게 된다. 기업의 '해체^unbundling' 현상은 다음과 같은 3가지 핵심 비즈니스 영역을 축으로 전개된다.[2]

① 제품 혁신
제품 혁신^product innovation은 고객이 가지고 있는 문제의 해결책에 대한 창의적인 아이디어를 끊임없이 제시하고 이를 빠른 시간 내에 시장에 출시하기

---

2) Treacy and Wiersema, "Customer intimacy and other value disciplines," Harvard Business Review, 1992

위한 활동들을 포함한다.

② 인프라관리

인프라관리infrastructure management는 고객이 원하는 서비스와 제품을 제공하는 데 필요한 생산 설비, 유통망 및 기타 인프라를 효율적으로 관리하여 비용면에서의 경쟁우위를 확보하기 위한 활동들을 말한다.

③ 고객관계관리

고객관계관리customer relationship management는 기업과 고객 간 상호작용의 관리를 통해 고객과의 관계를 강화시키는 것이다. 이는 마케팅, 판매 및 서비스 영역에서 고객의 선호도에 맞는 상호작용을 제공하는 것을 의미한다.

이 3가지 핵심 비즈니스 영역의 이질성은 다음 표에 요약되어 있듯이 경제원리, 경쟁논리, 문화특성의 3가지 영역에 걸쳐 지니고 있는 서로 상반된 속성에서 기인한다.

표 4-1 핵심 비즈니스 영역의 이질적 특성

	제품 혁신	고객관계관리	인프라관리
경제 원리	**속도** 초기 시장 진입자들이 가격 프리미엄과 시장점유율 상의 우위를 차지함	**범위의 경제** 신규 고객 확보 비용이 높아지므로 고객당 수익을 높이는 게 효과적임	**규모의 경제** 높은 고정비 투자로 제품당 비용을 낮추는 대량생산이 필수적임
경쟁 논리	**인재전쟁** 진입장벽이 낮아지고 다수의 소규모 업체들이 경쟁	**범위확장 경쟁** (소수의 대형 업체들이 지배)	**규모확장 경쟁** (소수의 대형 업체들이 지배)
문화 특성	**직원 중심** 창의적 인재가 필수적	**고객 중심** 서비스 지향적	**비용 중심** 표준화, 예측능력, 효율성 강조

출처: Hagel III, J. and M. Singer, "Unbundling the Corporation," Harvard Business Review, vol. 77, 1999, 133-140

이러한 핵심 비즈니스의 이질성으로 인하여 전략적으로 특정 비즈니스 영역을 선택하여 내부에서 직접 수행하고 나머지는 외부 시장으로부터 조달하게 된다. 이렇게 기업이 전략적 선택에 따라 기업 업무의 일부분을 외부의 제3자에게 위탁하는 것을 아웃소싱^{outsourcing}이라 한다. 이는 기업이 아웃소싱을 통해 보다 자신의 전문적인 가치창출 활동에 집중할 수 있고, 직접 수행하지 않아도 되는 부분에 대해서는 낮은 거래비용으로 외부에서 이용할 수 있어 경영활동의 효과 및 효율을 극대화할 수 있기 때문이다. 기업은 전략적 목표달성을 위해 아웃소싱 기업과 한 기업처럼 신뢰에 기반을 둔 파트너십을 형성해야 할 것이다.

3) 수평적 통합

앞 절에서 언급한 기업의 해체^{unbundling} 현상은 전통적으로 기업들이 가치사슬상의 어느 특정 위치를 담당하다가 그 위치를 중심으로 전방이나 후방 쪽 인근 영역을 인수하여 확장함으로써 통제력과 규모의 경제 효과를 강화하는 수직적 통합^{vertical integration}과 대비되는 현상이다. 가치사슬의 특정 부문에 집중함으로써 전문성을 강화시킨 기업들은 시장의 확대와 규모의 경제 효과를 실현시키기 위해 인근 산업으로 진출하여 규모를 키우려는 시도를 할 것이다. 이러한 현상을 재묶음^{rebundling}이라 부른다. 이는 기업의 수평적 통합^{horizontal integration} 현상의 대표적 예로서 해체된^{unbundled} 기업이 자신의 전문성을 기반으로 횡적 확장을 꾀하는 것으로, 가치창출의 특정 단계에 집중하여 유사한 가치창출이 요구되는 산업으로 진출하는 효과를 얻을 수 있다.

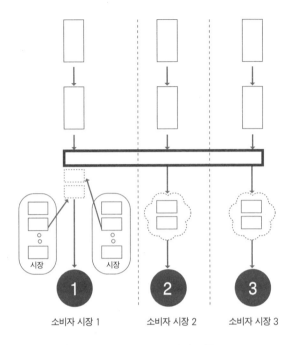

그림 4-3 수평적 통합

4) 가치 웹

시장 환경 변화와 기업의 요구에 따라 가치사슬 활동, 즉 기업 활동의 구성은 IT를 통해 전략적 선택을 하거나 활용할 수 있다. 앞서 설명한 것처럼 가치사슬의 해체로 인한 기업 규모의 축소는 거래비용 절감을 불러 효율적 거래를 가능하게 한다. IT는 e-마켓플레이스$^{e-marketplace}$ 등과 같은 전자적 중개^{electronic} ^{brokerage} 장치를 이용하여 원하는 거래 파트너를 쉽고 빠르게 탐색하고 거래할 수 있도록 함으로써 거래의 효율성을 높여준다. 또한 IT는 파트너들 간의 긴밀한 커뮤니케이션 통합으로 전략적으로 친밀한 관계를 갖는 공급자와 기업의 경계선을 넘어선 의사소통과 협업을 효율적으로 수행할 수 있도록 도와준다. 이렇게 기업은 IT를 활용하여 전자적 통합^{electronic integration}을 이루고 이는 기업 간, 거래 파트너들 간의 협력^{collaboration}을 강화시켜준다.

이러한 외부 파트너들 간의 긴밀한 통합적 협력은 웹이라는 인프라를 기반으로 활용되기 마련이기 때문에 최근에는 이 같은 협력 구도를 가치 웹^{value web}이라고 한다. 가치 웹에서는 이에 참여하는 기업들이 공동으로 가치를 창출하고, 이 과정에서 IT를 이용하여 밀도 높은 의사소통과 조정을 이루어낸다(그림 4-4 참조). 가치 웹은 가치사슬보다 더 고객 중심이며, 비선형적으로 운영되는 특징이 있다.

가치 웹이라는 현상에서 발견할 수 있는 사실은 낮은 거래비용으로 인해 시장이 효율적이라고 하더라도 항상 시장의 형태로 거래가 이루어지는 것은 아니라

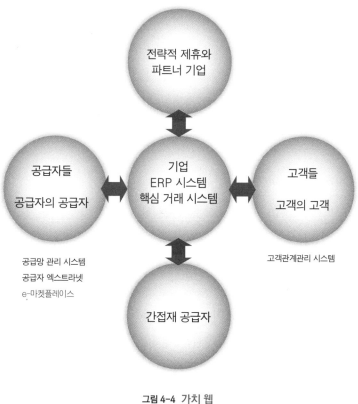

그림 4-4 가치 웹

는 것이다. 기업은 자신이 처한 상황에서 추구하는 전략에 가장 효율적이고 효과적인 방법으로 활동하기 때문에 항상 시장의 논리에 따라 거래가 이루어지지는 않는다. 개념적으로 시장이란 정보의 투명성을 가정하고 있기 때문에 어느 특정 시점에 최적의 거래 파트너를 쉽게 찾아낼 수 있고, 최적의 거래 파트너는 항상 달라질 수 있음을 전제로 하고 있다. 하지만 현실적으로 최적의 파트너는 단순히 가격만으로 결정되는 것이 아니라 다양한 요소에 달려 있다. 특히 기업과 기업 간 거래 중 전략적 가치가 높은 거래는 장기적으로 쌓아온 기업 간 신뢰 및 기타 인프라를 바탕으로 이루어진다.

예를 들어 거래의 효율성을 높이기 위한 투자의 '자산특이성asset specificity', 고도의 기술력이 요구되는 '제품의 복잡성product complexity', 제품의 '거래빈도transaction frequency' 등이 높을 때는 외부에서 조달하기 쉽지 않을 뿐만 아니라 이러한 제품의 생산과정은 통제가 어렵고 기업의 핵심역량과 밀접한 관련이 있기 때문에 외부 조달이 전략적으로 위험할 수 있다. 이러한 경우 기업은 자신이 직접 관련된 모든 활동을 수행하거나 긴밀한 관계를 형성하는 소수의 파트너와만 거래하게 된다. 이처럼 기업은 제품이나 기업의 특성에 따라 한정적인 거래 파트너와 거래하게 된다. 기업들은 완전한 시장에서 항상 자유롭게 다수의 거래 파트너를 고려하는 것이 아니라 전략적으로 적정한 수의 파트너와 협업적 관계를 맺고 거래하게 된다.

다음 **그림4-5**에서 볼 수 있듯이 기업 간 전자적 커뮤니케이션electronic communication은 다수의 기업들이 모여 전자시장을 형성하는 중개효과brokerage effect를 주기도 하고, 다른 한편으로는 전략적으로 긴밀한 협력관계를 유지하는 소수의 파트너 기업들과의 협력체제를 강화하는 통합효과integration effect를 주기도 한다. 효율적 시장 가설에 따라 시장에 의존하는 다수의 기업 간 관계가 대세를 이룬다는 초기의 예측에도 불구하고 현실에서는 제품개발, 재고관리 및 고객서비스 등의 다양한 영역에 걸쳐 기존 거래 기업들과의 협업의 깊이를 심화시키기 위해 전자적 통합에 적극적인 투자를 아끼지 않는 경향을 볼 수 있다.

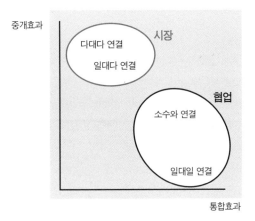

그림 4-5 전자적 커뮤니케이션의 효과

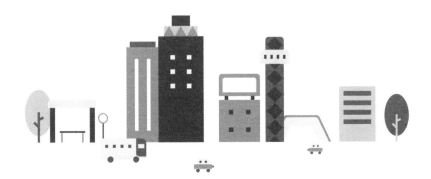

1. 가치사슬 구조 변화

① IT로 인해 거래비용이 낮아지면서 직접 생산하는 비용보다 외부에서 아웃소싱하는 비용이 낮아짐

② 기업 내부에서 수행하던 일의 일부분을 기업 외부에서 낮은 비용으로 저렴하게 할 수 있게 되면서 전문화 영역에 집중하게 되는 기업의 해체 현상이 발생함

③ 효율적 시장 가설: 시장은 효율성(낮은 비용)을 선호함

    a. 거래비용의 저하로 인해 시장을 선호할 동기를 부여함

    b. 전자적 커뮤니케이션은 중개효과(brokerage effect)로 인해 시장의 발전을 가져왔지만, 통합효과(integration effect)로 인해 기업 간 기존의 관계를 강화시키는 방향으로도 작동됨

④ 창출되는 가치가 일련의 활동이 아닌 비선형적이고 복합적인 네트워크 구조인 가치 네트워크로 발전하게 됨

2. 아웃소싱

① 경제적인 측면에서 거래비용 하락으로 아웃소싱이 쉬워짐

② 비경제적 측면에서 아웃소싱의 이점

    a. 기업의 핵심역량에 집중

    b. 신뢰 및 통제의 가능성

    c. 가치창출의 파트너십 형성

2. 유통채널의 변화

학습목표

• 인터넷 등장으로 인한 기업 유통채널의
  변화에 대하여 이해한다.
• 변화된 유통채널에서 중개자의 역할과 종류에
  대하여 이해한다.

Key Word

• 중개자 소멸
• 정보 중개자
• 보완적 중개자
• 새로운 중개자

전통적인 유통채널에서는 기업이 생산한 제품이 소비자에게 전달되기까지 도매, 소매 등과 같은 유통업자를 거쳐야 한다. 소비자에게 전달되기까지 거치는 유통 경로는 제품의 특성과 경우에 따라 그 복잡한 정도가 다르다. 많은 단계를 거쳐야 하는 유통 구조에서 제조자는 최종소비자의 욕구[wants]와 필요[needs]에 대한 정보 수집이 어렵고, 이는 곧 수요 예측의 어려움을 야기하게 된다. 뿐만 아니라 여러 단계를 거치면서 유통채널 유지비용이 발생하고, 이 비용은 고스란히 원가에 포함되어 소비자가격을 상승시킨다. 하지만 인터넷의 등장으로 인한 디지털화는 유통단계를 축소시켜 기업과 소비자 간의 직거래가 가능해졌을 뿐만 아니라 온라인을 통한 새로운 중개자를 등장시키기도 했다. 유통 경로는 제품이 전달되는 경로임과 동시에 제품정보를 전달해주는 통로이다. 기존의 유통 경로에서는 물질의 형태로서 정보가 분리될 수 없었지만, 인터넷은 정보의 디지털화로 물리적 형태의 제품에서 정보를 분리시켜 따로 유통이 가능하게 했다. 제품과 정보가 분리되면서 유통채널에 새로운 변화가 나타났다.

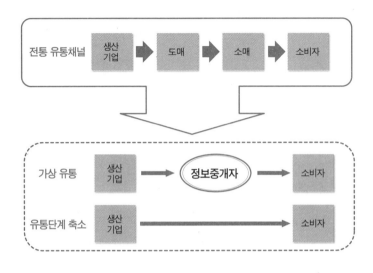

그림 4-6 유통채널의 변화

1) 중개소멸

제품을 제조하는 기업은 중개상을 거치지 않고 인터넷을 통해 직접 소비자와 접촉하여 판매할 수 있게 되었다. 이렇게 생산자가 중간 유통업자를 건너뛰어 직거래하는 것을 중개소멸dis-intermediation 현상이라 부른다. 예를 들면, 제조업체가 자신의 웹사이트를 통해 소비자에게 제품을 직접 판매하는 것은 기존의 도소매라는 유통단계를 건너뛰는 것이다. 기업은 소비자와의 직거래를 통해 재고와 리드타임의 감축으로 원가를 절감하고, 시장변화에 대한 대응력이 좋아지며, 시장과 고객에 대한 정보를 직접적으로 확보할 수 있게 됨으로써 시장 이해력market intelligence이 향상되고, 고객과의 관계가 개선되는 효과를 기대할 수 있다. 하지만 이와 같은 장점에도 불구하고 기존의 유통채널이 있고 그들의 교섭력이 강한 경우에는 소비자와의 직거래를 가능케 하는 인터넷이라는 새로운 채널의 등장이 기존 채널 간의 갈등 문제를 야기할 수 있다. 따라서 유통 과정에서 인터넷을 도입할 경우 유통채널 간의 갈등을 해소하기 위한 전략이 필요하다.

2) 재중개 re-intermediation

인터넷은 중개자를 소멸시키기도 하지만 새로운 중개자를 등장시키기도 한다. 인터넷이라는 새로운 유통채널이 생기면서 온라인 환경에서 활동하는 중개자가 등장한 것이다. 인터넷에 새로이 등장한 중개자를 정보중개자infomediary라고 한다. 정보중개자란 정보information와 중개자intermediary의 합성어로서, 정보를 이용하여 가상공간에서 거래의 쌍방을 엮어주는 중개자 역할을 수행하는 기업을 칭한다. 각종 포털 사이트와 B2C 및 B2B 시장 등이 정보중개자에 속한다고 볼 수 있다. 이러한 정보중개자에는 두 종류가 있다.

① 오프라인 중개자와 경쟁관계 또는 보완관계

인터넷 이전 시대에 이미 가치사슬상에 존재하던 오프라인의 중개자를 대신replace하거나 오프라인 중개자의 업무를 보완complement한다. 중개자는 많은 정보를 보유할수록 거래 성사 가능성이 높아지지만, 기존 오프라인 중개자는 보유하고 있는 제품의 수에 해당하는 만큼의 정보만 가지고 있었을 뿐이다. 따라서 상대적으로 많은 정보를 가지고 있는 정보중개자는 이러한 상대적 이점을 활용하여 기존의 중개자 자리를 대신 차지할 수 있다. 이러한 경쟁관계는 YES24와 교보문고 매장과의 관계에서 볼 수 있다. 교보문고는 온라인 교보문고서점을 만들어 오프라인과 온라인의 보완적 관계를 만들어 넘으로써 변화하는 경쟁환경에 적극적으로 대응한다. 최근의 추세로 나타나고 있는 O2Oonline to offline라는 개념은 둘 간의 보완관계의 중요성을 강조하는 것으로 이해할 수 있다.

② 새로운 중개영역 창출

이는 중개자가 가상공간에서 길잡이navigator 역할을 수행하는 경우에 해당한다. 보완관계가 유사한 영역의 중개정보를 모아 대신하거나 대체하여 제공하는 것이었다면, 새로운 중개자는 소비자가 원하고 필요로 하는 정보를 쉽게 찾을 수 있도록 안내하는 역할을 수행한다. 대표적인 예가 다음, 네이버, 야후 같은 검색엔진을 기반으로 한 온라인 포털 사이트들과 에누리닷컴 같은 가격비교 사이트들로서, 이들은 기존 오프라인의 물질적 가치사슬에서는 불가능했던 체계적인 정보수집과 의사결정 지원decision support을 가능하게 해준다.

3) I-D-R 사이클

인터넷의 등장으로 기존 오프라인 중개상을 대체하는 온라인 중개인들이 새로이 출현하면서 기존 오프라인 중개자는 경쟁에서 밀려나게 되었다. 특히 1990년 후반 인터넷 쇼핑몰이 등장하면서 유통의 대표라고 할 수 있는 백화점은 인터넷이라는 새로운 환경변화 앞에서 대처가 늦었다. 인터파크, 옥션 등과 같은 온라인서점이라는 새로운 유통 중개자가 온라인 환경에서 앞서나갔다. 하지만 늦게나마 이미 가지고 있던 경험과 자산을 활용하여 혁신에 성공한 기존의 유통업자들이 온라인으로 진출하면서 순수 온라인 중개자들과의 경쟁이 치열해졌고, 그 중 충분히 기반을 확보하지 못한 온라인 중개자들은 시장에서 밀려나는 현상이 나타났다. 기존 오프라인 유통업자들이 브랜드 네임이나 오프라인의 노하우 그리고 규모 등의 이점을 살려 온라인 유통업자들을 추격하여 다시 온라인에서도 파워를 발휘하게 된 것이다. 초기 인터넷 환경에서 온라인 도서시장은 YES24나 알라딘 같은 중개자들이 강세였으나 이제는 교보문고 같은 오프라인 강자가 서적시장에 대한 이해와 온-오프라인의 조화를 통해 온라인서점과 경쟁하고 있다.

이를 I-D-R 사이클 현상이라고 한다.

- 중개^{intermediation}: 새로운 웹상의 중개자 출현
- 탈중개화^{dis-intermediation}: 기존 경쟁자가 밀려남
- 재중개화^{re-intermediation}: 기술혁신을 통해 기존 경쟁자가 다시 등장함

1. 유통채널의 변화

가치사슬에서 흐르는 정보가 인터넷을 통해 물체와 분리되면서 유통채널에서 전통적인 중개자가 사라지거나 정보를 기반으로 하는 새로운 중개자가 등장함

2. 중개소멸

① 인터넷을 통해 제조사가 중개상을 거치지 않고 직접 소비자와 접촉하여 판매가 가능해짐

② 유통단계 축소

    a. 소비자와의 직거래

    b. 재고와 리드타임의 감소

    c. 고객정보 획득과 관계개선

    d. 시장이해력 및 예측력 향상

3. 재중개

① 인터넷상에서 새로운 서비스를 가지고 새로운 형태의 중개를 하는 중개상

② 정보를 이용하여 가상공간에서 거래의 쌍방을 엮어주는 새로운 중개 활동을 하는 정보 중개자 등장

③ 정보중개자의 종류

    a. 오프라인 중개자와 경쟁관계

     – 기존 오프라인 가치사슬에서 존재하던 중개자를 대신함으로써 경쟁관계 형성

    b. 새로운 중개영역 창출을 통한 보완관계

     – 인터넷 이전 시대에 이미 가치사슬상에 존재하던 오프라인 중개자를 대신하거나 보완하는 역할

     –기존 오프라인 가치사슬에서 존재하지 않는 새로운 중개

3. 인터넷과 경쟁환경

학습목표

- '전략'과 '운영의 효율성'의 차이를
  통해 '전략' 본연의 의미를 알아본다.
- 산업에서의 기업의 위치 및 수익성을 알 수
  있는 포터의 5가지 힘 전략을 이해한다.

Key Word

- 전략
- 차별화
- 전략적 포지셔닝
- 활동의 일관성
- 5가지 힘 분석의 필요성

1) 전략과 경쟁우위

경영학 분야에서 '전략'만큼 즐겨 사용하는 단어는 드물다. 전략은 매우 보편적인 개념이기 때문이다. 그러나 자주 사용하는 빈도만큼 의미에 대해 잘 알지 못하고 사용하는 경우가 많다. 전략이란 기업의 장기적인 목표의 결정과 그 목표를 달성하기 위한 행동을 결정하고 경영자원을 배분하는 것이다.[1] 즉, 기업이 보유하고 있는 희소한 경영자원을 효과적·효율적으로 배분하여 경쟁우위를 창출·유지시키는 의사결정이다. 이러한 전략적 의사결정을 위해서는 보유하고 있는 경영자원들 간의 상충$^{trade-off}$관계를 잘 이해해야 한다.

마이클 포터$^{Michael\ Porter}$에 의하면 전략은 운영을 잘하는 것^{operational} ^{effectiveness}(운영 효과성)과 구별되어야 하며, 전략의 핵심은 차별성의 구축에 있

---

1) Alfred D. Chandler, Strategy and structure, MIT Press, Cambridge, MA: 1962

다고 한다.[2] 기업들이 차별성의 구축을 통해 경쟁우위를 확보하는 것이 전략의 요체이다. 인터넷 환경에서의 전략을 살펴보기 위해서는 우선 '운영 효과성'과 전략의 차이 및 차별화를 통한 '경쟁우위 확보'에 대해 살펴볼 필요가 있다.

기업이 경쟁우위를 점하는 방법으로 운영 효과성OE: operational efficiency의 확보와 전략적 포지셔닝strategic positioning이 있다. 운영 효과성이란 제품/서비스를 제공하기 위해 기업이라는 시스템을 운영하는 데 요구되는 많은 활동들을 효과적으로 수행하는 것을 말한다. 운영 효과성이 높다는 것은 그만큼 동일한 집합의 활동을 수행하는 동종의 경쟁기업들에 비해 제품/서비스의 비용이 낮고 가격 경쟁력이 있다는 것을 의미한다.

효과적으로 운영한다는 것은 주요 프로세스에서 가치를 부가하지 못하는 부분을 제거하고, 종업원들에게 동기를 부여하며, 관리자들이 좀 더 현명한 의사결정을 내리는 것 등을 포함한다. 하지만 이러한 종류의 노력을 통해 운영 효과성을 높이는 방법은 장기적인 경쟁우위를 보장하지 못한다. 일반적으로 경쟁력이 떨어지는 기업들은 해당 산업의 베스트 프랙티스best practice를 벤치마킹benchmarking하는 방법으로 운영의 효과성을 제고하기 위해 노력한다. 이러한 노력의 결과, 운영에 관한 한 산업의 대부분의 기업들은 모방을 통해 매우 비슷해지기 마련이다. 이러한 현상을 마이클 포터는 경쟁적 수렴competitive convergence이라 부른다. 경쟁적 수렴은 운영 효과성의 제고가 지속적인 경쟁우위를 제공하지 못한다는 것을 시사한다.

경쟁전략이란 어떻게 하면 '차별성'을 확보할 수 있느냐에 관한 것이다. '차별성'은 경쟁기업과는 다른 나름대로unique의 가치를 제공하는 것을 의미한다. 이를 위해 기업들은 의도적으로 경쟁자와 다른 활동activities을 수행하는 것을 선택하게 되고, 이를 통해 경쟁우위를 확보한다. 전략적 포지셔닝이라 부르는 것이 경쟁전략의 요체이다.

---

2) M. E. Porter, "What is strategy?" Harvard Business Review, November-December 1996, 61-78

여기서 활동들이란 가치사슬을 구성하는 기본 단위로 생각하면 이해에 도움이 된다. 이 활동들은 고객이 원하는 가치 및 기업의 차별적 능력^{distinctive} capabilities과 일치해야 하며, 전략적으로 선택한 활동들 간에는 일관성이 있어야 한다. 이렇게 활동들 간에 일관성이 있고 이들이 고객가치, 차별적 능력과 일치할 때 기업은 경쟁우위를 갖게 될 뿐만 아니라 경쟁기업들이 쉽사리 흉내 낼 수 없게 되며, 지속 가능한^{sustainable} 경쟁우위를 확보할 수 있게 된다.

사례: 사우스웨스트항공(SWA)과 컨티넨털항공 간의 경쟁

① SWA의 전략: 단거리 운송, 저렴한 가격으로 편리한 서비스 제공

② SWA의 활동시스템(그림 4-7 참조)

③ 컨티넨털항공: 풀서비스 항공사

   a. SWA에 경쟁하기 위해 'Continental Lite'라는 저가 상품을 출시했으나 참담한 실패로 끝남

   b. 이유: 양립할 수 없는 활동들

     풀서비스 제공자로서의 컨티넨털항공은 본질적으로 SWA가 제공하는 저렴한 서비스에 맞출 수 없음. 예를 들어 SWA는 공항이용료가 저렴한 대도시 주변의 소형공항을 이용하는데, 유지보수의 용이성을 위해 하나의 항공기종만을 이용하는 저비용 구조에 컨티넨털항공이 대응할 수 없음

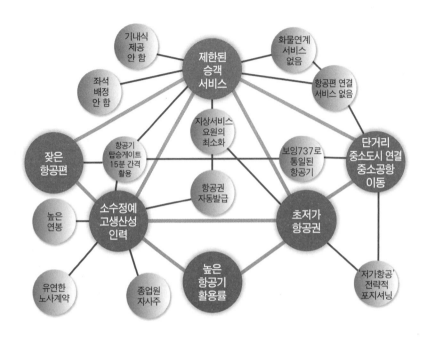

그림 4-7 사우스웨스트항공의 활동 시스템

출처: Michael Porter, "What Is Strategy?", HBR, 1996

위 그림은 SWA의 주요 활동들이 서로 어떻게 일관성 있게 연결되어 있는지를 개념적으로 보여준다. 초저가 서비스를 제공하기 위해 SWA는 주로 대도시 주변에 있는 중소도시의 공항을 연결하는 항공편을 연결 서비스 없이 일대일point-to-point로 제공하고, 기내식 및 좌석배정 같은 기내 및 탑승 서비스를 최소화했다. 대신에 기종을 보잉 737로 통일하여 유지보수를 단순화시키고, 고가인 항공기의 활용률을 최대한으로 높였으며, 높은 연봉과 종업원 자사주 같은 정책으로 종업원을 소수정예 고생산성 인력으로 만들어 활용했다. SWA는 자신이 보유한 경영자원들에 대한 철저한 분석을 기반으로 과감한 전략적 의사결정을 했고, 이를 통해 자원의 효율적 활용과 전략적 차별성을 확보하여 경쟁우위를 얻을 수 있었다. SWA의 이러한 활동들은 서로 간에 일관성이 있고, SWA가 고객에게 제공하고자 하는 가치와 일치하고 있음을 볼 수 있다. 그러나 컨티넨털항공이 SWA 와 경쟁하기 위해 출시한 저가 서비스 상품인 Continental Lite는 풀서비스 full service를 제공하는 컨티넨털항공이 보유하고 있는 경영자원으로는 구조적으로 성공시킬 수 없는 상품일 수밖에 없는 것으로 평가된다.

2) 마이클 포터의 5가지 힘 이론

기업의 수익성을 결정짓는 두 가지 기본 요소는 산업구조와 지속 가능한 경쟁 우위이다. 산업구조는 해당 산업에 속한 기업들의 평균적 수익률을 결정지으며, 경쟁우위는 보통 경쟁자보다 더 좋은 수익 창출을 가능케 한다.

마이클 포터에 의하면 어느 산업이든 간에 그 산업이 얼마나 매력적인가는 다음 그림과 같이 5가지 힘에 의해 결정된다. 마이클 포터의 5가지 힘은 구매자(소비자)의 협상력, 공급자의 협상력, 대체재의 위협, 진입장벽, 산업 내 경쟁으로 구성되어 있다.

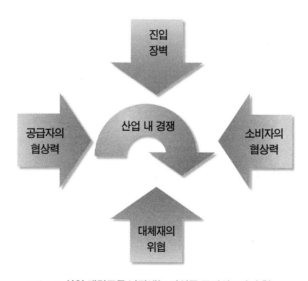

그림 4-8 산업 매력도를 나타내는 마이클 포터의 5가지 힘

구매자의 협상력은 기업이 제품을 판매할 수 있는 판매자가 많을 때 강력한 힘을 발휘하며, 판매자가 적으면 협상력이 약화된다. 즉, 소수의 구매자에게 물건을 판매해야 하기 때문에 물건을 구매해주는 구매자의 요구에 따라가게 되어 협상력이 약화된다는 것이다. 반면에 기업은 자신이 선택할 수 있는 공급자가 많으면 많을수록 공급자에 대한 협상력이 높아지게 되지만, 필요한 물품을 납품해줄 공급자가 적으면 적을수록 공급자의 조건에 따라가게 됨으로써 공급자에 대한 협상력이 약화된다. 즉, 기업은 구매자에 대한 협상력은 강해지고, 공급자에 대한 협상은 약화되길 원하게 된다.

대체재의 위협은 기업이 시장에 판매하고자 하는 혹은 판매하고자 하는 제품이나 서비스를 대체할 수 있는 것이 많다면, 자신의 제품을 판매할 기회가 줄어들기 때문에 시장에 들어가 활동하기 어려워진다는 것이다. 따라서 기업은 제품만이 가지고 있는 독특한 가치를 부과하여 대체재의 위협을 낮추려고 노력한다.

진입장벽은 말 그대로 시장에 들어가기 얼마나 어려운가를 뜻한다. 시장에 들어가는 데 높은 비용 또는 특별한 기술력이 필요하거나 시장의 규제/제도, 기존 제품의 강력한 브랜드 파워 등이 존재하면 시장의 진입이 어렵고, 그 시장에서 성공하기도 어렵다. 예를 들어 반도체산업은 독점적인 기술력도 필요하고, 필요한 인적·기술·자본 자원에 대한 높은 비용을 필요로 하며, 기존 브랜드(삼성, 인텔 등) 파워가 강력한 높은 진입장벽을 가지고 있다.

산업 내 경쟁은 이미 형성된 현 시장에 있는 기업들 간의 경쟁 정도가 치열할수록 그 힘이 강해지고, 기업들 간의 경쟁이 약하면 그 힘도 약화된다. 근래에 들어 산업 내 경쟁은 정도의 차이는 있지만 모든 산업에서 심화되고 있다. 앞서 진입장벽이 높은 반도체시장에서 1, 2위를 다투고 있는 삼성과 인텔의 경우도 기업 간 경쟁이 매우 치열하다. 이처럼 기업은 새로운 산업에 진출하기 위해 혹은 현재 산업에서의 위치를 확고히 하기 위해 '산업의 경쟁도를 약화시킬 수 있는가?', '대체재를 줄일 수 있는가?', '진입장벽을 뚫을 수 있는가? 혹은 강화시킬 수 있는가?', '구매자/공급자의 협상력에서 유리한 위치에 있을 수 있는가?', '산업 경쟁에서 우위를 점할 수 있는가?'에 대한 질의를 통해 산업의 매력을 가늠해 볼 수 있으며, 이는 대표적 경영전략 중 하나이다. 하지만 마이클 포터의 5가지 힘은 기업이 공급자·구매자와 협력하여 함께 성장할 수 있음에도 불구하고 이 들을 경쟁자로만 인식한다는 단점이 있다. 또한 5가지 힘이 함께 동적으로 작용 하는 것으로 보기보다는 하나씩 따로 떼어서 정적인 분석을 하고 있다는 단점도 있다.

(1) 마이클 포터의 5가지 힘이 인터넷 산업환경에 끼치는 영향

인터넷은 새로운 산업을 창출하기도 하지만 기존 산업의 구조를 바꾸기도 한다. 인터넷이 산업구조에 미치는 영향의 구체적 내용을 다음과 같이 요약 할 수 있을 것이다. 아래의 +/− 기호는 해당 산업의 수익성 증감을 의미한다.

① **산업 내 경쟁**rivalry among existing competitors
   a. (−) 경쟁자 간 차별성의 감소
   b. (−) 가격경쟁으로 이동
   c. (−) 지역적 한계를 넘어 경쟁자 수 증가. 그러나 시장이 넓어지는 긍정적 인 효과도 있음
   d. (−) 고정비에 비해 변동비가 낮아져 가격할인 압력이 커짐

② **진입장벽**entry barrier
   a. (−) 판매 인력과 채널 및 기타 물적 자산의 필요성 감소. 진입장벽 낮 아짐
   b. (−) 신규 진입자가 인터넷 애플리케이션을 쉽게 얻어 활용할 수 있음
   c. (−) 수많은 신규 진입자가 많은 산업에 진입함(온라인 벤처들)

③ **대체재** substitute products/services**의 위협**

　　a. (+) 시장 효율성의 개선을 통해 시장 규모를 확대할 수 있음

　　b. (-) 인터넷 활용을 통해 다양한 대체재 개발이 가능함

④ **공급자의 협상력** bargaining power

　　a. (+) 인터넷 구매로 공급자의 협상력이 낮아짐

　　b. (-) 더 많은 수의 구매자에게 접근이 가능함

　　c. (-) 중간 유통상을 배제한 최종소비자와의 직거래로 협상력이 낮아짐

　　d. (+) 인터넷 구매와 e-마켓플레이스의 활용으로 인해 다양한 공급자에
　　　　대한 접근이 용이해짐

　　e. (+) 인터넷 구매와 e-마켓플레이스는 표준화된 제품의 구매로 집중되는
　　　　경향이 있어 공급자의 협상력이 낮아짐

⑤ **구매자의 협상력**(위 공급자의 협상력과 반대로 생각하면 됨)

　　a. 유통채널: (+) 강력한 채널을 없애거나 기존 채널에 대한 협상력을 개선
　　　　시킬 수 있음

　　b. 최종소비자의 협상력

　　　- (-) 협상력이 최종소비자에게로 이동함

　　　- (-) 변환비용 switching cost 을 낮춤

이와 같이 경쟁의 5가지 힘은 동일한 힘의 경우에도 인터넷의 도입으로 인해 상황에 따라 해당 산업의 수익성을 증가시킬 수도 있고 반대로 감소시킬 수도 있다. 이는 산업과 시점에 따라 다를 수 있다.

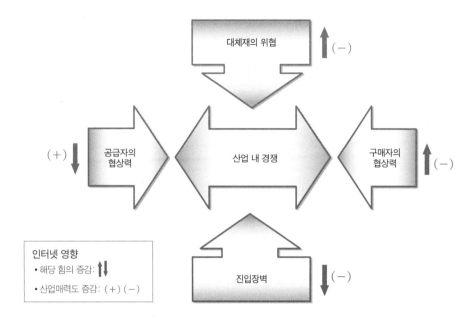

그림 4-9 5가지 힘의 변화 – 인터넷의 영향

출처: Porter, M. "Internet and the strategy," Harvard Business Review, 2001

사례: **서적시장**

① 산업 내 경쟁: 온라인서점의 등장으로 가격경쟁이 심화됨(−)

② 진입장벽: 물리적 점포가 필요 없다는 면에서 진입장벽이 낮아졌으나, 실제로 요구되는 정교한 물류 인프라의 구축은 자본과 노하우가 필요하며, 이미 경쟁에 필요한 규모를 확보하기에는 시장이 굳었다고 볼 수 있음. 특히 소규모로 진입하는 것은 더욱 어려움

③ 대체재의 위협: e-book이 잠재적으로 대체재로 발전할 가능성이 있음. 또한 웹(web) 자체가 콘텐츠(책에 담긴 내용)를 유통시키는 채널로 사용된다는 측면에서 볼 때 웹의 콘텐츠를 대체재로 볼 수 있음

④ 구매자의 협상력: 최종소비자는 인터넷의 속성으로 인해 점점 더 강한 힘을 갖게 됨

⑤ 공급자의 협상력: 더 많은 수의 구매자에게 접근이 가능함. 그러나 전체적으로 온라인서점들의 성장은 최종소비자에게 힘이 쏠리고 있으며, 이로 인해 최종소비자와 더 멀리 있는 공급자의 협상력은 약화되기 마련임

1. 전략이란

① 전략의 핵심은 기업의 가치사슬을 구성하는 기업 활동들이 일관성을 지니고, 차별적 능력을 갖추어 지속 가능한 경쟁우위를 창출하는 것

② 전략이 갖는 의미는 전략적 포지셔닝(strategic positioning)의 개념으로 이해
  a. 차별성 확보: 독특한 가치 제공을 통한 '전략적 포지셔닝'
  b. 고객이 원하는 가치와 기업의 차별적 능력의 일치
  c. 전략적으로 선택한 활동들에 대한 일관성이 요구됨

2. 마이클 포터의 5가지 힘 전략

① 마이클 포터의 전략이론으로, 기업이 수익을 창출하기 위해서는 고객에게 제품 또는 서비스의 제공 비용 이상의 가치를 부여할 수 있는 제품 또는 서비스를 제공해야 함

② 이러한 수익을 창출하는 것을 방해하는 5가지 힘이 있고, 이 5가지 힘의 영향에 따라 기업의 수익이 영향을 받는다고 주장함

③ 마이클 포터의 5가지 힘이 인터넷 산업환경에 끼치는 영향
  a. 공급자: 인터넷은 기업과 공급자 사이에 존재하는 정보의 불균형을 줄여줌으로써 기업과 공급자의 협상력 위치를 평등하게 함
  b. 구매자: 인터넷이 기업과 공급자 사이에서 기업에 힘을 부여하는 것과 같은 이유로 인터넷은 고객에게 기업에 대한 협상력을 더 강하게 해줌
  c. 경쟁강도(=현존 경쟁자 간의 경쟁구도): 인터넷은 광범위성이라는 속성으로 경쟁자 수를 증가시키는가 하면, 시장의 확대로 경쟁 정도를 줄여줌
  d. 진입장벽: 인터넷의 발전은 많은 정보의 공유로 새로운 시장 진입을 용이하게 하여 기존 기업들의 이윤을 감소시킴
  e. 대체재: 인터넷은 가격과 대체재 속성의 정보를 다양하게 제공하여 고객이 그것을 쉽게 찾을 수 있게 하기 때문에 기업에 대한 위협이 높아짐

5장

인터넷 비즈니스 모델

1. e-비즈니스 기술을 이용한 가치창출

학습목표

• e-비즈니스에서의 가치창출 방식과
  그 특성에 대하여 알아본다.
• e-비즈니스에서 가치가 창출되는 과정을 인터넷
  기술과의 관련성을 통해 이해한다.

Key Word

• 연결 기술(linked tech.)
• 가치 전문점(value shop)
• 가치 네트워크(value network)

1) 가치창출구조와 e-비즈니스

전자상거래$^{e-commerce}$가 인터넷을 통한 상거래 활동을 의미하는 데 반하여, e-비즈니스는 전자적 네트워크를 이용한 기업의 활동을 의미한다. 즉 전자적 네트워크를 통하여 기업 내부의 생산, 운영, 마케팅 등의 업무뿐만 아니라 원자재를 공급하는 기업 및 거래하는 외부 기업과의 연관된 모든 활동에 전자적 네트워크를 활용하는 것을 의미한다. e-비즈니스 기술은 e-비즈니스 활동을 지원하는 기술로서, 1장에서 언급한 인프라층과 응용층과 관련된 모든 기술을 총칭하는 것으로 이해하면 될 것이다.

기업은 e-비즈니스 기술을 통해 새로운 가치창출 활동을 할 수 있다. 가치창출구조$^{value\ configuration}$는 기업이 가치를 부가하여 고객으로 하여금 돈을 지불하게 만드는 방식을 의미한다. 모든 사업의 중심에는 가치창출구조가 있으며, 이를 토대로 수익을 창출하고, 경쟁기업 및 경쟁제품과의 차별성을 가질 수 있다. 여기서는 스타벅스를 통해 오프라인 기업 활동에서의 가치창출구조를 살펴보자.

스타벅스가 등장하기 전 미국사람들이 즐겨 마신 커피는 연한 블랙커피로, 현재 '아메리카노 커피'라고 불리는 커피이다. 스타벅스는 커피를 마시는 것이 아니라 즐기는 것으로 새로운 가치를 부가하고자 했다. 이를 위해 유럽사람들이 즐겨 마시는 카페오레, 에스프레소 등 커피의 종류를 다양하게 확대했고, 매장에서뿐만 아니라 언제 어디서나 유럽 스타일의 커피를 즐길 수 있도록 했다. 이는 단순히 제품의 확대, 매장, 인테리어의 변화만을 추구하던 것에서 한 발 더 나아가 고객 대응과 서비스까지 확대함으로써 전체 시스템을 새로운 가치제언^{value} ^{proposition}에 맞게 바꾸었다.

e-비즈니스 기술을 활용하여 가치를 창출할 수 있는 방법은 크게 3가지로 분류할 수 있다(그림 5-1 참조).

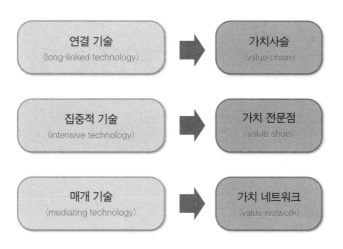

그림 5-1 e-비즈니스 기술을 활용한 가치창출

첫 번째는 인터넷 기술이 가지고 있는 '연결성'이라는 속성을 통해 기업 간의 연결된 활동의 효율화를 추구하는 가치창출 방법인 '가치사슬$^{value\ chain}$'이다. 두 번째는 하나의 문제를 연관된 여러 전문분야의 전문가들이 협력하여 해결해

주는 '가치 전문점'이 있고, 마지막으로는 '가치 네트워크'로 시장의 메커니즘을
활용하여 가치를 창출하는 것이다.

　기업이 e-비즈니스 기술을 활용하여 새로운 가치를 만들어내는 방법을 좀 더
상세히 살펴보도록 하자.

① e-비즈니스의 '연결 기술'을 통한 가치창출: 가치사슬

　　먼저 e-비즈니스의 연결 기술^{long-linked technology} 활용의 목적은 '기업 활
동의 효율화'이다. **그림 5-2**에서 보듯이 기업 내 다양한 부서들 간의 상호작
용과 기업의 경계선을 넘어선 기업 간 상호작용 과정을 거치면서 시장에 제
공하고자 하는 가치가 완성된다. 따라서 기업의 활동들은 독립적인 것이 아
니라 상호 의존적이며, 다른 활동들과의 연계 속에서 일어난다. 기업은 혼자

• 기업의 내부 가치사슬

• 가치사슬이 연속적으로 연결된 공급망

그림 5-2 가치사슬

서 모든 것을 해결할 수 없다. 기업은 외부의 공급업자를 통해 제품 생산에 필요한 원자재를 구매하고 이를 토대로 제품을 생산한다. 또한 생산된 제품은 직접 유통시키거나 유통전문기업의 도움을 받아 소비자에게 전달되도록 한다. 제품을 생산하여 소비자에게 전달되는 데 연관되는 기업들 간의 관계가 원활하게 이루어졌을 때 소비자에게 만족스러운 제품의 전달이 가능해진다. 시공간의 제약 없이 원활한 정보교환이 가능하도록 연결해주는 e-비즈니스의 기술적 특성을 통해 기업 활동에 있어 상호의존적인 업무가 순차적으로 잘 수행될 수 있도록 도와준다. 즉, 가치사슬에 연결된 활동이 효율적으로 이루어질 수 있도록 기업 내 정보시스템과 통합된 기업 간 정보시스템 IOS: Interorganizational Information System을 활용하여 기업 간 및 기업 내의 업무를 원활하게 지원한다.

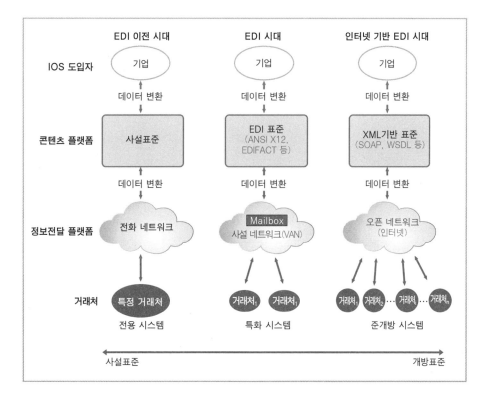

그림 5-3 기업 간 정보시스템의 기술적 진화 - 가치사슬 효율화

출처: Zhu, K., K. Kraemer, V. Gurbaxani and S. Xu, "Migration to open-standard interorganizational systems: Network effects, switching costs, and path dependency," MISQ 30, 2006, pp. 515-539

'연결 기술'은 즉각적으로 필요한 정보전달을 가능하게 해줌으로써 업무처리의 효율성을 높인다. 즉, 기업은 인터넷이라는 기술을 통해 정보 교환에 필요한 비용을 절감할 수 있고, 프로세스의 효율화를 가져올 수 있다. 대표적인 '연결 기술'은 EDI^{Electronic Data Interchange}로서, 기업 간 정보시스템 IOS의 대표적인 예에 해당한다. 전자적으로 문서를 교환하는 기술로서, 기업과 기업 간 정보를 교환할 때 필요한 정보를 컴퓨터가 읽을 수 있는 표준화된 형태로 전자적인 통신망을 통해 전달하는 것이다. 기업은 EDI를 통해 교환할 문건이 표준화된 구조로 작성되면 정보 교환에서의 오류를 줄일 수 있으며, 문서 작성과 우편 메일 전송 비용을 절감할 수 있다. EDI는 General Electric, Sears, Wal-mart 등과 같은 기업에서 사용하기 시작한 것이 점차 확대되었다. 하지만 EDI는 VAN^{Value-Added Network}이라는 사설 네트워크를 이용한다는 문제점이 있었다. VAN을 사용하기 위해 기업과 기업 간에 직접 물리적인 네크워크로 연결되어야 하기 때문에 거래 기업의 확대가 어렵다. 또한 전송 네트워크에서의 보안관리가 어렵고, 이를 관리해주는 업체에 거래비용당 월 사용료를 지불해야 하기 때문에 월 고정비용이 발생했다. 뿐만 아니라 EDI는 표준화된 문서 형태를 통해 정보를 전달하는데, 각기업이 사용하고 추구하는 EDI 표준 형태가 달라 거래 파트너들과의 문서 형태/형식에 대한 협약이 어려웠다. 특히 EDI를 실행하기 위해서는 컴퓨터와 소프트웨어 그리고 VAN 사업자에 대한 가입과 네트워크 연결 등 실제로 높은 비용이 요구되는 것이 EDI 확장의 큰 장애가 되었다.

하지만 인터넷 기반의 EDI가 발전하면서 과거 사설 네트워크에 기반을 둔 EDI의 문제점이 많이 해소되고 있다. 공개 네트워크^{open network}로서의 인터넷은 사용료가 낮을 뿐만 아니라 XML 기반 공개 표준들이 개발되면서 전송하는 문건의 표준화가 훨씬 용이해졌다. 따라서 인터넷 기반의 EDI를 이용하면 기업 간 문건의 교환이 편리해지고, 이로 인해 기업들은 기업 간 거래에서 정보의 비대칭성을 완화시키고 거래비용을 절감할 수 있는 기회를 얻을 수 있다.

② E-비즈니스의 '집중적 기술'을 통한 가치창출: 가치 전문점

가치 전문점^{value shop}은 제품 생산이 중심이 아니라 소비자가 실제로 원하는 것을 찾아서 해결해주는 것을 의미한다. 이는 서비스의 관점에서 소비자가 해결해주기를 원하는 문제를 정확하게 이해하고, 이를 해결하기 위해 문제의 대상(소비자의 문제)과 해결자(서비스를 제공하는 기업)의 상호작용 속에서 '집중적 기술^{intensive technology}'을 반복적으로 적용시켜 문제를 해결함으로써 가치를 창출하는 것을 의미한다. 일반적으로 고객이 가지고 있는 문제는 종합적인 것이기 때문에 단편적인 시각에서 접근하는 것을 지양하고 종합적 시각에서 대책을 강구해야 한다. 따라서 가치 전문점은 다양한 연관분야의 전문가들이 상호 협력을 통해 문제를 이해하고 해결책을 찾아야만 목표를 달성할 수 있음을 기억하는 것이 매우 중요하다. 가치 전문점의 형태로 가치를 창출하는 대표적인 예로는 법률서비스, 건축설계, 프라이빗 뱅킹^{private banking}, 병원, 컨설팅 등이 있다.

가치 전문점의 가치창출 방식은 다음과 같은 순서로 진행된다(그림 5-4 참조).

- 문제 이해: 고객의 요구 내에서 문제의 본질을 결정하는 작업
- 문제해법 찾기: 해결 방안과 실행 계획을 실질적으로 생성하는 작업
- 대안 선택: 여러 대안들을 평가하고 선택하는 작업
- 실행: 선택한 대안의 타당성을 검토하고 팀을 조직화하여 실행
- 조정과 평가: 문제 해결 여부 및 만족도 평가

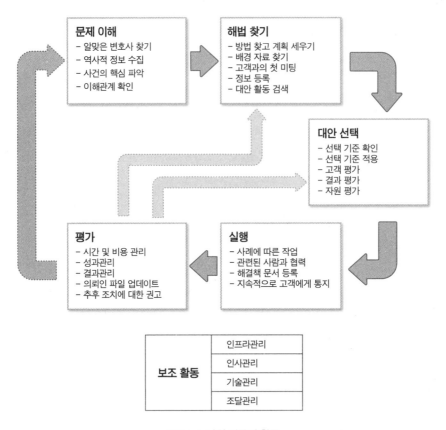

문제 이해
- 알맞은 변호사 찾기
- 역사적 정보 수집
- 사건의 핵심 파악
- 이해관계 확인

해법 찾기
- 방법 찾고 계획 세우기
- 배경 자료 찾기
- 고객과의 첫 미팅
- 정보 등록
- 대안 활동 검색

대안 선택
- 선택 기준 확인
- 선택 기준 적용
- 고객 평가
- 결과 평가
- 자원 평가

평가
- 시간 및 비용 관리
- 성과관리
- 결과관리
- 의뢰인 파일 업데이트
- 추후 조치에 대한 권고

실행
- 사례에 따른 작업
- 관련된 사람과 협력
- 해결책 문서 등록
- 지속적으로 고객에게 통지

보조 활동	인프라관리
	인사관리
	기술관리
	조달관리

그림 5-4 가치 전문점 활동

출처: Afuah, A. & Tucci, C. Internet Business Models and Strategies: Texts and Case, McGraw-Hill/Irwin; 2 edition, 2002

③ E-비즈니스의 '매개 기술'을 통한 가치창출: 가치 네트워크

가치창출에 있어 가치사슬과 가치 전문점이 기업 스스로 직접 활동하여 가치를 창출했다면, 가치 네트워크^{value network}는 e-비즈니스의 매개 기술 mediating technology을 통해 거래 당사자들 간에 필요한 가치를 연결해주는 것이다. 이는 중개 역할을 통한 가치창출을 일컫는다. 가치 네트워크의 가치창출구조는 중개^{brokering}와 중개를 위한 인프라 구축·운영, 중개의 결과 (계약)관리가 핵심 활동이다.

이러한 가치 네트워크를 통해 가치창출 활동을 하기 위해서는 적정한 수준의 네트워크 크기로 성장시키는 것과 거래자들이 네트워크에서 이탈하지 않고 지속적으로 거래할 수 있도록 하는 전략이 필요하다. 고객이 원하는 제품이나 서비스를 제공하는 기업들이 가치 네트워크에 많이 연결되어 있을수록 가치 네트워크의 가치가 커지기 때문이다. 이는 규모가 큰 네트워크일수록 고객이 인식하는 가치가 커진다는 네트워크 효과로, 규모가 작은 네트워크보다는 자신이 원하는 가치를 가지고 있는 거래 상대자들이 많아 적정한 거래 대상자를 찾기 쉽기 때문이다.

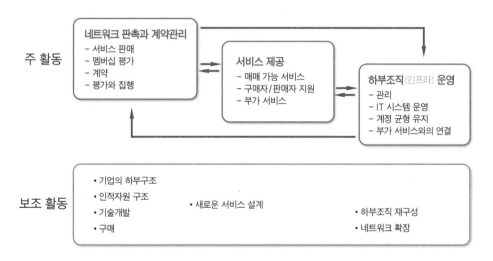

그림 5-5 가치 네트워크 구조

출처: Afuah, A. & Tucci, C. Internet Business Models and Strategies: Texts and Case, McGraw-Hill/ Irwin; 2 edition, 2002

인터넷의 활동으로 시공간의 제약이 사라지면서 거래 대상자를 확보하여 가치 네트워크를 쉽게 확장할 수 있다. 하부구조 운영은 네트워크의 규모를 확대시킬 수 있고, 더 많은 고객에게 서비스가 가능하도록 해준다.

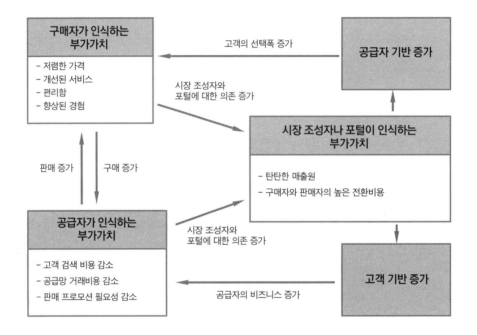

그림 5-6 가치 네트워크의 성장 - 네트워크 효과

출처: Afuah, A. & Tucci, C. Internet Business Models and Strategies: Texts and Case, McGraw-Hill/Irwin; 2 edition, 2002

e-비즈니스 기술을 이용한 가치창출 방식의 특징을 3가지로 정리해 비교해보았다.

표 5-1 가치창출 방식의 특성

특징	가치사슬	가치 전문점	가치 네트워크
가치창출	투입에서 산출로의 변환	의뢰인과 고객의 문제 해결	의뢰인과 고객을 서로 연결
작업 형태	순차적 생산	통합적이고 집중적인 문제 해결	거래 당사자 그룹들을 동시다발적으로 연결
정보시스템	생산 효율화	지식 작업의 고부가가치화	IT 기반 시설을 활용하여 일어나는 네트워크 참여자들 간의 상호작용 지원
예	종이공장	법률회사	통신회사

2) 기업의 가치창출구조

기업 활동에 대한 대가를 고객이 적극적으로 지불할 수 있는 가치를 제공하기 위해서는 기업 활동과 가치창출구조의 일관성이 요구된다. 즉, 기업전략적 결정은 기업의 가치 구조에 맞는 기업 활동을 수행해야 한다는 것이다. 아메리칸에어라인AA: American Airline의 사례를 살펴보자.

경쟁환경의 변화에 따라 AA의 가치창출구조는 가치사슬 방식에서 가치 전문점, 가치 네트워크로 변화해감을 볼 수 있다. 가치창출구조의 진화 방향은 정해진 규칙 없이 환경의 변화 그리고 이에 맞물린 기업의 전략과 비즈니스 모델에 따라 다른 모습으로 나타날 것이다.

사례: **AA의 SABRE**

• American Airline사의 예약 프로세스를 지원하는 내부 정보시스템으로 시작(가치사슬, EDI 이전 시대)

- 1960년대: 여행사travel agent에게 컴퓨터 터미널을 무상 지급
- 터미널은 AA의 내부 예약시스템에 직접 연결됨
- 예약 프로세스를 단순화시킴. 효율적이며 정확함

- 1978년: 항공산업에 대한 미 정부의 규제 해제
  - 1978년 이전
    · 단순한 가격 및 항공 루트 체제
    · 여행사의 역할은 미미
  - 1978년 이후
    · 가치 전문점에 적합한 환경 조성
    · 시장수요 변화에 따라 가격, 항공 루트 등을 자유롭게 바꿀 수 있음
    · 복잡하고 수시로 변하는 항공편 관련 정보로 인해 여행사의 역할이 중요해짐

- SABRE의 등장과 경쟁
  - 기존 예약시스템을 업그레이드시킴
  - 더 많은 여행사들에 터미널을 무상 지급하고 SABRE에 연결시킴
  - United Airline은 APOLLO 예약시스템 개발, 터미널을 무상 지급하고 APOLLO에 연결시킴
  - 다른 항공사와 전략적으로 제휴, SABRE에 참여시킴
  - 1980년대에 이르러 SABRE와 APOLLO는 항공권, 호텔, 렌터카 예약에 필수적인 플랫폼이 됨. 80% 이상 활용
  - 가치 전문점으로서의 여행사

- 변화
  - SABRE의 분사
  - 제3자 정보제공자와의 제휴를 통해 지속적인 시장지배력 행사 www.travelocity.com(가치 네트워크)

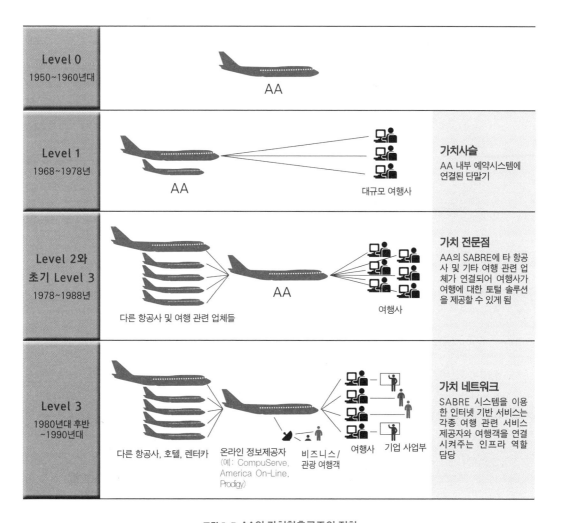

그림 5-7 AA의 가치창출구조의 진화

1. 가치사슬 – 연결 기술

① 인터넷 기술을 이용하여 연결된 상호 의존적인 작업/업무가 순차적으로 수행되도록 함

② 저비용 또는 제품 차별화를 위한 활동을 실행하는 여러 가지 기능을 의미하며, 제품 자체보다는 프로세스, 차별화보다는 저비용에 초점이 맞춰져 있음

2. 가치 전문점 – 집중적 기술

① 대부분의 복잡한 문제해결형 서비스 업무가 이에 해당하며, 고객과 문제해결 서비스 제공자 간 상호작용 과정에서 전문 지식과 기술을 집중적으로 적용시켜 문제를 해결함

② 가치 전문점의 주요 활동은 문제해결 주기를 반복적으로 적용하는 특징이 있음

3. 가치 네트워크 – 매개 기술

① 기술을 이용하여 거래 쌍방을 연결시켜주는 단순 중개 역할 수행. 서비스 중에서 브로커나 중개자들이 이에 해당

② 가치 네트워크의 가치창출구조는 중개(brokering)와 중개를 위한 인프라 구축과 운영, 중개의 결과 및 계약관리가 핵심 활동임

2. 비즈니스 모델이란

- 비즈니스 모델 개념에 대하여 알아본다.
- 기업 활동에서 비즈니스 모델이 갖는 의미를 비즈니스 모델 구성요소를 통해 이해한다.

Key Word
- 비즈니스 모델
- 가치제언
- 고객인터페이스
- 가치창출구조
- 비용 및 수익구조

1) 비즈니스 모델의 개념

'비즈니스 모델'이란 용어는 벨먼[Bellman] 등의 연구(1957)에서[1] 처음 사용된 뒤 e-비즈니스의 등장으로 인해 그 의미가 더욱 부각되고 있다. 인터넷이 등장하면서 새로운 사업의 기회를 실현시키는 데 많은 시행착오를 거쳐 '비즈니스 모델'에 관심이 집중되었다.

비즈니스 모델이란 하나의 조직이 목표로 삼는 고객에게 어떠한 가치를 어떻게 상품화하여 편리하게 제공하고, 어떻게 마케팅하며, 어떻게 수익을 내겠다는 아이디어를 논리적으로 설명하는 것이다. 비즈니스 모델은 수익 모델과 달리 수익창출 방법뿐만 아니라 수익이 창출되는 기업 전반적인 활동 원리를 설명할 수

---

1) Bellman, R., Clark, C. E., Malcolm, D. G., Craft, C. J. and Ricciardi, F. M. (1957), "On the construction of a multi-stage, multi-person business game", Operations Research, Vol. 5 No. 4, pp. 469-503

그림 5-8 비즈니스 모델 캔버스

출처: Osterwalder, A. and Pigneur, Y. Business Model Generation, John Wiley and Sons, 2010

있어야 하며, 특히 지속성을 갖는 가치창출에 대한 내용이 포함되어 있어야 한다. 비즈니스 모델은 한 회사의 조직 구조, 가치창출 프로세스, 수익 구조, 운영체계 등을 한눈에 알 수 있는 전략적 청사진의 역할을 한다.

오스터왈더와 피그누어는 비즈니스 모델의 구성요소를 구체화한 '비즈니스 모델 캔버스'라는 틀을 제안했다.[2] 위 그림에서 볼 수 있듯이 캔버스의 중심에는 비즈니스 모델의 핵심에 해당하는 가치제언이 있다. 그리고 오른쪽에는 가치를 필요로 하는 고객과 관련된 구성요소를, 왼쪽에는 가치창출을 실현하는 데 요구되는 구성요소를 두었다. 고객이 원하는 가치를 이해하고 이를 원하는 고객 세그먼트, 고객과의 관계, 고객과의 접촉 경로인 채널 등을 이해하는 것은 고객에 대한 깊은 공감empathy이 있어야 가능하다. 반대로 가치를 창출하고 이를 제공하는 데 필요한 활동, 자원 및 파트너십 형성 문제들은 매우 치밀한 계산이 필요한 논리적 이슈이

---

2) Osterwalder, A. and Pigneur, Y., Business Model Generation, John Wiley and Sons, 2010

다. 따라서 비즈니스 모델을 수립하는 것은 감성과 가치를 관장하는 우뇌적 사고와 효율성과 이성을 관장하는 좌뇌적 사고가 조화를 이루는 과정으로도 볼 수 있다.

2) 비즈니스 모델의 구성요소

여기서 소개하는 비즈니스 모델의 구성요소에 대한 설명은 아래 표[3]에 요약되어 있다. 비즈니스 모델은 단순히 기업이 무엇을 사고팔고 돈을 어디에서 버는가와 같은 표면적 이슈에 대해서만 설명하는 것이 아니라 기업이 실제 사업을 수행하는 논리를 설명하고 있으며, 이러한 논리를 설명하기 위해서는 다음과 같은 구성요소에 대한 이해가 필요하다.

표 5-2 비즈니스 모델의 구성요소

대분류	BM 구성요소	설명
상품 (product)	가치제언 (value proposition)	제품과 서비스 묶음을 통해 제공하고자 하는 가치
고객 인터페이스 (customer interface)	목표고객 (target customers)	가치제공 대상 고객 세그먼트
	유통채널 (distribution channels)	고객과 접촉할 수 있는 채널
	고객관계 (customer relationships)	고객 세그먼트별로 형성하고자 하는 관계
인프라관리 (infrastructure management)	가치창출구조 (value configuration)	가치창출을 위한 활동들과 자원의 구성
	파트너 네트워크 (partner network)	가치를 획득하는 데 필요한 파트너 기업들과의 협력적 네트워크
재무 (financial aspects)	비용 구조 (cost structure)	비즈니스 모델 실행비용 발생 구조
	수익 모델 (revenue streams)	수입의 원천과 흐름

3) Osterwalder, A., Y. Pigneur, and C. L. Tucci, "Clarifying business models: Origins, present, and future of the concept," Communications of AIS, Vol. 16, 2005, 1-38

상품은 기업이 해당 비즈니스 모델을 이용하여 제공하고자 하는 가치이며 이 가치는 고객에게 제공될 구체적 상품, 즉 제품과 서비스 묶음의 모습으로 변환되어야 한다. 고객 인터페이스는 이 가치를 어떤 고객에게 어떤 경로를 통해 제공하고, 이 과정에서 그들과 어떠한 관계를 맺을 것인가를 정의한다. 인프라관리는 고객에게 제공될 가치를 창출하는 데 요구되는 활동과 자원의 배합구조와 가치창출 과정에서 필요한 외부 기업과의 협력관계를 설명하는 구성요소이다. 마지막으로 재무 관점에서 비즈니스 모델의 실행 과정에서 발생하는 비용 요인들과 수입의 원천에 대한 이해를 바탕으로 비즈니스 모델의 지속 가능성을 진단한다.

(1) 상품과 가치제언

가치제언value proposition은 기업이 제공하고자 하는 가치에 대한 구체적인 선언이다. 가치제언이 개념적인 수준에서의 선언이라면, 이를 특정 고객 세그먼트에게 전달할 때에는 매우 구체적인 상품product의 모습으로 변환되어야 할 것이다. 상품은 이렇게 가치제언이 구체화된 제품/서비스 묶음으로서 고객의 문제를 해소해주고 이를 통해 고객에게 가치를 창출해주는 해결책이다.

4장의 기업해체 현상에서 살펴보았듯이 가치창출 영역은 크게 운영의 수월성operational excellence, 고객 친밀도customer intimacy, 제품 리더십product leadership으로 나누며 이러한 가치창출 활동을 통해 시장 리더십을 확보할 수 있다. 다른 관점에서 보면 가치는 생산성, 불량률 속도 등과 같은 양적인 특성과 디자인, 고객경험 등과 같은 질적인 특성을 동시에 지니는 것으로 설명할 수도 있다.

일반적으로 보면, 전략에 부합하는 가치제언을 수립하는 것이 비즈니스 모델을 구축하는 데 핵심임과 동시에 가장 어려운 부분이다. 그 이유는 고객이 가지고 있는 문제의 본질이 무엇이고 무엇을 필요로 하는지를 이해하는 것은 고객의 입장에서 깊이 공감할 수 있는 역량 없이는 불가능에 가깝기 때문이다. 만약 고객의 입장에서 충분히 공감하여 그들이 원하는 것을 이해하였다 하더라도 이를 제품과 서비스의 묶음으로 구체화시키는 논리적 사고와 고민의 단계를 거쳐야한다. 이 과정에서 얻은 고객의 생각과 마음에 대한 이해는 비즈니스 모델의 다른 구성요소를 디자인하는 데 길잡이 역할을 한다.

(2) 목표고객

목표고객target customers은 모든 비즈니스 모델의 핵심으로, 한 기업이 접근해 거래하고자 하는 집단을 의미한다. 기업이 거래하고자 하는 고객은 하나의 집단일 수도 있고 여러 개의 세그먼트segment로 구분되기도 한다. 비즈니스 모델은 기업의 전략이 목표로 삼는 고객 세그먼트에 속하는 사람들의 구체적인 니즈에 대한 깊은 이해를 기반으로 디자인되어야 할 것이다. 고객 세그먼트를 찾아내는 기준은 연령대, 성별, 교육 및 소득수준 같은 인구통계학적 요인뿐만 아니라 소비패턴 및 라이프 스타일 등과 같은 행동학적 요인 등 매우 다양하다. 특히 정보기술의 발달로 인해 수집되는 데이터의 양과 종류가 많아지고 깊이가 더해지면서 목표고객군을 데이터마이닝data mining 같은 과학적 기법을 이용해 판별해내는 기업들이 늘어나고 있다.

(3) 채널

채널channels은 기업이 어떻게 고객 세그먼트에게 가치제언을 전달하고 그들과 커뮤니케이션하고 있는지를 설명한다. 채널의 일반적 기능은 고객이 기업의 제품/서비스에 대해 인지하고, 기업의 가치제언을 평가하는 데 도움을 준다. 또한 특정 제품/서비스의 구매를 촉진하도록 하며, 구매 후 고객 지원 활동을 제공한다. 따라서 채널은 의사소통의 채널이자 정보와 제품의 유통채널이기도 하며, 고객과의 서비스 및 접촉과정에서 기업이 고객과 상호작용하는 접점touch points이기도 하다. 따라서 채널은 고객 경험을 형성하는 데 과거 어느 때보다도 전략적으로 훨씬 중요한 역할을 한다. 이러한 관점에서 고객서비스 경험과 관계관리의 최적화를 위한 다채널multichannel의 통합적 관리에 대한 이해는 매우 중요하다. 그리고 근래에 관심의 대상이 되고 있는 온라인 및 오프라인 채널의 상호보완적 활용을 강조하는 O2Oonline-to-offline 서비스도 채널과 관련된 중요한 의사결정 요소로 볼 수 있다.

(4) 고객관계

특정 고객과 어떤 형태의 관계를 맺을 것인가를 의미하며, 고객과의 관계는 각각의 고객 세그먼트별로 특정적으로 확립되고 유지된다. 고객관계customer relationships 형성의 종류는 다양하며, 여러 종류가 특정 고객 세그먼트에 대해 공존할 수 있다. 매우 전통적인 고객관계에 대한 시각은 대량생산 시장mass market에 형성되는 거래 중심적 관계transactional relationship에서 고객의 선호에 대한 학습과 이해를 바탕으로 제공되는 매우 개인화된 관계personalized relationship에 이르기까지 다양하다. 또한 테크놀로지의 발전과 경쟁의 심화로 인해 자동화와 셀프서비스 같은 관계가 확산되고 있으며, 다른 한편으로는 웹을 이용한 개인화 기술의 진화에 힘입어 온라인 서비스에 대한 만족도가 오프라인의 대인 서비스에 못지 않은 수준까지 높아지는 경향을 보이기도 한다. 또한 고객의 참여가 만족도와 경험의 주요 요인으로 자리 잡으면서 고객과 서비스 제공자가 공동으로 참여하여 가치를 창출value co-creation하는 것은 개방형 비즈니스 모델 open business model이라는 새로운 추세의 핵심 요소이면서 웹 2.0이나 소셜 미디어 같은 현상에 반영된 고객관계의 모습이라 볼 수 있다.

(5) 가치창출구조

가치창출은 반드시 종업원의 가치창출 활동^{activity}에 의해서만 가능하며, 여기에는 자원^{resource}의 소비가 뒤따르기 마련이다. 기업이 가치를 창출하는 방법은 가치창출을 위한 핵심활동들의 패턴과 이를 지원하는 데 사용되는 핵심자원에 따라 달라진다. 이러한 가치창출을 위한 핵심활동과 자원의 조합을 가치창출구조$^{value\ configuration}$라 한다. 전통적으로는 기업의 주요 자원을 물리적 자원, 인적 자원, 자본 등으로 분류해왔지만, 오늘날에는 지적재산권, 브랜드 및 정보 등과 같은 무형자원의 중요성이 강조되고 있다. 자원이 매우 중요한 구성요소이지만, 핵심활동 패턴이 가치창출구조의 큰 얼개를 결정짓는 것으로 보인다.

가치창출구조의 종류는 앞 절에서 논의한 3가지 가치창출 방식, 즉 가치사슬, 가치 전문점, 가치 네트워크의 관점에서 생각하는 것이 편리하다. 가치사슬이 가치창출 과정에서 필요한 활동들이 순차적으로 이루어지는 구조를 의미한다면, 가치 전문점은 문제의 이해, 해결 대안의 모색, 선택 및 실행 그리고 평가 등과 같은 문제해결의 과정이라는 활동패턴을 보인다. 가치 네트워크는 네트워크 가입자 확보 및 멤버 관리활동, 구성원 간의 니즈에 맞는 상대를 연결해주는 중개활동, 연결된 당사자들 간 거래에 필요한 서비스를 제공하는 활동의 3가지 핵심활동패턴을 가지고 있다.

(6) 핵심 파트너십

비즈니스 모델을 원활히 작동시켜줄 수 있는 '공급자-파트너' 간의 네트워크를 의미한다. 특정한 활동들은 외부의 파트너십을 통해 수행하며(아웃소싱), 일부 자원 역시 조직 외부에서 얻을 수 있다. 파트너십을 맺음으로써 규모의 경제를 통한 비용의 최적화 효과를 얻을 수 있으며, 공동으로 위기에 대처할 수 있어 위험 분산 및 불확실성을 낮출 수 있다. 또한 비즈니스 모델의 실행에 필수적인 자원을 자체적으로 보유하지 못한 경우에는 이를 해결하기 위해 다른 기업과 전략적인 파트너 관계를 형성할 수 있을 것이다.

(7) 수입원과 비용 구조

수입revenue은 각 고객 세그먼트로부터 들어오는 현금수입의 흐름을 지칭한다. 각 세그먼트가 어떠한 가치에 대해 진정으로 지불할 의사가 있는지를 이해하는 것이 핵심으로, 각 수입원은 고정가격, 옥션 등과 같은 각기 다른 가격 메커니즘을 활용할 수 있다. 수입은 횟수에 따라 일회성 거래수입과 반복성 거래수입으로 구분할 수 있다. 일회성 거래수입은 거래당 고객이 지불하는 금액이며, 반복성 수입은 가치제언이나 구매 후 지원에 대해 반복적으로 고객이 지불하는 것을 의미한다. 수입창출 타당성을 지닌 비즈니스 모델을 구축하는 데에는 일회성 수입보다는 반복성 수입 구조를 갖는 것이 유리할 것이다. 수입원의 종류는 다음 절에서 좀 더 자세히 살펴보기로 한다.

비용 구조cost structure는 비즈니스 모델을 운영하는 데 소요되는 주요 비용 요인의 구성을 의미하며, 가치제언, 고객관계관리, 수입의 창출, 핵심자원의 확보, 핵심활동의 수행 등은 모두 비용을 수반한다. 비즈니스 모델의 비용 구조는 비용주도cost-driven와 가치주도value-driven로 구분할 수 있다. 비용주도형은 가치제언에서 비용 절감에 초점을 둔 것이다. 대표적인 예로는 항공산업에서의 저가항공을 들 수 있다. 가치주도형은 개인맞춤 서비스처럼 프리미엄 가치를 제공하는 것과 관련이 있다. 대부분의 비즈니스 모델은 이 두 가지 비용 구조의 중간 정도에 위치한다.

일반적으로 비용 구조를 구성하는 주요 요소로서 생산량에 관계없이 발생하는 고정비와 생산량에 비례해 발생하는 변동비가 있다. 그리고 비용 구조는 규모의 경제와 범위의 경제 원칙을 어떻게 전략적으로 활용할 것인가에 따라 그 구체적인 내용이 달라질 것이다. 규모의 경제를 적극적으로 활용하는 비즈니스 모델은 인프라에 대한 대규모 투자를 통해 단위당 총비용에서 고정비가 차지하는 비중이 낮은 비용 구조를 이용하여 경쟁하기 마련이다. 이와 달리 범위의 경제를 추구하는 비즈니스 모델은 유연한 인프라를 구축하여 다양한 제품의 생산에 따르는 변동비의 증가를 최소화하는 형태이다. 이를 위해서는 하나의 인프라를 이용하여 다양한 제품을 생산할 수 있는 설비와 인력의 유연성을 갖추어야 할 것이다.

3) 비즈니스 모델과 전략

전략은 기업의 전반적인 활동을 체계적으로 수행하기 위한 방향을 제시하는 것임과 동시에 다른 기업과 어떻게 다른가, 즉 차별성을 나타내는 것이다. 이는 '비즈니스 모델'의 개념과는 다른 개념이다. 기업이 산업환경 변화에 따라 어떠한 방향으로 나아갈 것인가를 전략을 토대로 방향성을 설정하면 '비즈니스 모델'은 기업전략의 원활한 실행 및 구현할 수 있는 틀의 기능을 수행한다. 다시 말해, 전략이 다른 기업과는 다른 우리 기업만이 가지고 있는 차별성이라고 한다면, 비즈니스 모델은 그 차별성을 구체적으로 실행하는 방법과 관련된 것이다.

GM의 온스타^{OnStar} 사례를 살펴보자. 1995년에 설립된 온스타는 자동차 내비게이션, 도난방지 및 성능분석 등과 같은 일종의 텔레매틱스 서비스를 제공하고 있다. GM은 서비스 비즈니스 전략을 수립하여 자동차 서비스 중심의 온스타를 설립한 것이다. GM의 전략적 목표는 GM 자동차 구매고객에 대한 새로운 서비스를 제공하는 것으로, 이를 실행시킬 수 있는 구체적인 비즈니스 모델로서 온스타를 만들었다. GM은 온스타가 서비스할 수 있는 자동차의 범위를 GM에서 생산한 모든 자동차를 대상으로 했고, 외부의 아웃소싱으로 운영하는 것이 아니라 내부의 인적 자원을 활용하여 서비스 콜센터를 운영했다. 이렇듯 GM은 직접 고객과 대면하여 서비스를 제공함에 있어 직접 처리함으로써 서비스의 질을 높이고자 했지만, 비용적인 측면을 고려하기 위해 온스타에서 서비스를 처리하기 위한 소프트웨어 개발을 아웃소싱한 것이다.

또 다른 예를 살펴보자. 온라인에서 장난감을 판매하는 이토이즈$^{e-toys.com}$는 급속한 성장세를 보였지만, 1999년 크리스마스에 주문량의 폭주로 인한 사이트 다운 사태가 발생해 적절한 서비스 제공에 문제가 발생했다. '비즈니스 모델'을 구성하는 요소인 물류처리에서도 '주문이행'이 원활하게 이루어지지 못했다. 이는 시기별 주문량의 증가에 따른 재고 물량 확보를 위한 물류창고 시스템의 수용능력^{capacity}을 충분히 고려하지 못했기 때문이다.

이처럼 비즈니스 모델은 전략이 실제로 실행되는 구조를 설명하고 있기 때문에 현실에서 발생할 수 있는 문제들의 구성요소를 중심으로 충분히 포괄적으로 고려해 모든 솔루션을 확보해야 한다.

이토이즈의 사례와는 달리, 기업이 추구하는 전략적인 목표 없이 비즈니스 모델 구축에만 초점을 두어 실패한 사례도 있다. 미국의 대표적 포털 사이트인 Yahoo는 기업이 어떤 방향으로 나아갈 것인가에 대한 방향 기준을 갖지 못하고 새로운 가치창출에만 초점을 두어 서비스 확대를 위한 비즈니스 모델을 구성했다. 그래서 검색, e-mail, 주식 및 시장정보, 연하장, 지도 등 서비스의 다양성만 추구하면서 진정한 수익을 창출하지 못하고 2001년까지 적자를 기록하게 된다. Yahoo는 가치창출 요소와 가치창출 대상에만 초점을 두었을 뿐, 가치를 어떻게 획득할 것인가에 대한 조망은 하지 못했던 것이다. 이와 같은 실패를 경험한 뒤 Yahoo는 수익성을 개선할 수 있는 가치 획득 방법을 모색해 유료 음악 다운로드, 온라인 게임, 구인구직, 프리미엄 이메일 등 고객이 원하는 가치 제공을 통해 실패를 극복할 수 있었다.

1. 비즈니스 모델 개념

① 구성요소들과 그들 간 관계를 포함하는 일종의 개념적 틀로서, 기업의 사업 논리를 담고 있음

② 비즈니스 모델 구성요소: 가치제언, 목표고객, 채널, 고객관계, 가치창출구조, 파트너 네트워크, 비용 및 수입 구조 등으로 구성되어 있으며, 이를 이용해 기업의 비즈니스 모델을 구체화할 수 있음

③ 이성과 감성의 조화: 고객과 관련된 구성요소에 대한 고려는 공감력과 감성적 사고를 요구하고, 실행과 관련된 구성요소는 효율성과 철저한 논리적 사고가 요구됨

2. 비즈니스 모델의 실행에 대한 고려사항

① BM은 전략적 목표를 달성하기 위한 실행의 틀로서 전략과 구별되어야 함

② BM 모델의 구성요소들이 포괄적으로 고려되어야 함

③ 가치 획득이 없는 가치창출을 지양함

3. 비즈니스 모델의 유형과 역동성

학습목표

• 비즈니스 모델의 다양한 분류 체계와
  그 특성을 알아본다.
• 비즈니스 모델의 변화하는 역동성을 이해한다.

Key Word

• 수익 모델
• 거래 참여자에 따른 유형
• 가치사슬 관점에서의 유형
• 비즈니스 모델의 진화

1) 거래관계에 따른 비즈니스 모델 분류

비즈니스 모델은 여러 가지 기준으로 분류할 수 있다. 가장 일반적인 방법은 거래관계에 따라 분류하는 것이다. 누구와 거래하느냐에 따라 B2B, B2C, C2B, C2C의 형태로 구분되며 여기에 정부government를 추가하여 분류폭을 확대하기도 한다.

구매자

	기업	소비자
판매자 기업	B2B	B2C
소비자	C2B	C2C

그림 5-9 거래관계에 따른 비즈니스 모델 분류

(1) B2B

B2B^{Business-to-Business}는 거래관계에 있어 공급자와 구매자가 모두 기업이다. 즉, 기업 간 거래 활동 형태를 의미하는 것이다. B2B에서는 기업의 원자재에서부터 업무처리에 필요한 사무용품에 이르는 기업 활동에 직간접적으로 필요한 제품 및 서비스가 이루어진다. 기존의 기업 간 거래는 폐쇄적이고 정형화된 형태로 EDI^{Electronic Data Interchange}를 통한 거래가 대부분이었으나 인터넷의 보급과 확산으로 다양한 형태의 기업 간 거래가 이루어지고 있다. B2B 모델은 기업간 거래의 종류가 산업과 제품의 종류에 따라 매우 다양한 형태로 이루어지고 있기 때문에 이를 정형화하는 것이 어렵다. B2B 시장은 구매자 중심 시장, 판매자 중심 시장, 중립적 시장으로 나눌 수 있다.[1] 거래 제품의 특성(간접재, 직접재)과 거래관계(단기적, 전략적)에 따라 구분하기도 한다.

(2) B2C

B2C는 인터넷을 이용한 거래의 가장 보편적인 형태로, 제품이나 서비스 공급자가 기업이고 구매자가 일반 소비자인 형태를 말한다. B2C 비즈니스 모델로는 다음과 같은 것이 있다.

① 포털 portal

검색, 뉴스, 채팅, 음악 다운로드, 동영상, 일정 관리 등과 같은 서비스와 콘텐츠를 통합된 패키지 형태로 제공하는 형태를 말한다. 일반적으로 광고나 가입비 그리고 거래수수료를 통해 수입을 얻는다. 우리나라의 대표적인 포털 사이트로는 다음과 네이버가 있다.

---

1) B2B 시장에 대한 자세한 내용은 7장 참조

② 온라인 소매상

오프라인 소매상의 온라인 형태로 볼 수 있다. 고객이 언제 어디에서나 제품 구매가 가능한 서비스를 제공한다. 일반적으로 제품 판매를 통해 수입을 얻는다. 우리나라의 대표적인 온라인 소매상^{e-tailer}으로는 인터파크, G마켓, 11번가 등이 있다.

③ 콘텐츠 제공자 content provider

뉴스, 스포츠, 엔터테인먼트 등의 최신 정보를 사용자에게 제공하는 형태로 광고비, 가입비, 제휴 추천비 등으로 수입을 얻는다. 대표적으로 신문, 게임 등의 사이트가 해당된다.

④ 거래 중개자 transaction broker

전문적인 온라인 거래 절차를 제공하는 것으로, 여행사나 증권사 같은 거래 대행 역할을 한다. 거래수수료를 통해 수입을 창출하며, 소비자는 싸고 빠르게 제품을 구매할 수 있다.

⑤ 시장 조성자 market broker

인터넷 기술을 이용하여 구매자와 판매자가 만나는 시장을 형성하는 것으로, 거래수수료를 통해 수입을 얻으며 대표적인 예로는 옥션이 있다.

⑥ 서비스 제공자 service provider

제품이 아닌 서비스를 제공하여 수입을 창출하는 형태로, 서비스 판매로 수입을 창출한다.

⑦ 커뮤니티 제공자 community provider

공통의 관심사를 가진 사람들이 모일 수 있는 온라인 공간을 제공하는 형태로, 광고비, 가입비, 제휴 추천비 등을 통해 수입을 창출한다. 대표적으로 싸이월드, 프리챌 등이 이에 해당한다.

(3) B2G

B2G는 기업과 정부기관 간의 거래관계를 의미한다. 정부기관은 거래의 공정함과 투명성 확보 및 거래비용 감소를 통한 조달행정의 효율성 극대화 등의 이점을 위해 e-비즈니스를 이용해 정부가 필요한 물품을 구매하고 있다. 조달청에서 관장하는 국가종합 전자조달 시스템인 나라장터$^{g2b.go.kr}$가 이에 해당한다.

(4) C2C

C2C$^{Customer-to-Customer}$는 개인과 개인 간의 일대일 거래가 이루어지는 형태로, 고객이 공급의 주체임과 동시에 수용의 주체가 되어 인터넷을 매개로 거래 활동이 이루어지는 형태이다. 일반적으로 옥션 같은 경매 사이트가 대표적이다. 경매 사이트는 소비자에게 직거래를 할 수 있는 장을 마련해주고, 이를 통해 수수료를 부과함으로써 이익을 얻는다. 경매 사이트는 거래 당사자인 개인들의 거래를 연결해주는 서버를 통해 거래 활동이 이루어진다.

(5) P2P

또 다른 개인과 개인 간의 거래 유형인 P2P$^{Peer-to-Peer}$는 인터넷에 연결된 개인이 컴퓨터에 저장해둔 데이터와 파일을 서버 없이 서로의 컴퓨터를 통해 직접 자료를 공유하고 정보를 나누는 형태이다.

2) 수입원에 따른 비즈니스 모델 분류

비즈니스 모델을 수입원revenue source에 따라 분류하면 그 특징이 쉽게 파악된다는 점에서 유익하다. 수입원에 따른 분류는 크게 다음과 같이 7가지로 구분된다. 분류된 7가지 모델은 주요 특성을 중심으로 세부적인 비즈니스 모델로 분류할 수 있다.

대부분의 비즈니스 모델은 7가지 비즈니스 모델 중 하나만을 대상으로 구성하고 있지 않고 몇 가지 비즈니스 모델을 조합하여 자신만의 비즈니스 수입 모델을 갖고 있다. 예를 들어 구글은 주로 광고비를 통해 수입을 창출하지만, 제휴 프로그램affiliate program을 이용해 수입을 올리기도 한다. 일반 쇼핑 사이트 경우는 물건을 판매한 것에 대한 판매수입뿐만 아니라 광고를 통한 수입도 창출할 수 있다. 이처럼 하나의 비즈니스 수입 모델을 가지고 있는 것이 아니라 필요에 따라 다양한 수입 모델을 복합적으로 구성할 수 있다.

(1) 수수료 기반 모델

수수료 기반commission based 모델은 제3자(중개인)에 의해 징수되는 수수료를 기반으로 한 비즈니스 모델이다. 이 모델은 거래에 따라 수입이 창출되기 때문에 지속적으로 유지되기 위해서는 잦은 거래 혹은 거래 품목 가격이 높아야 한다. 중개인이 연관되기 때문에 중개자 모델(intermediary model 또는 brokerage model)로 불리기도 한다.

(2) 광고 기반 모델

광고 기반advertising-based 모델은 웹사이트 운영자가 협조받거나 무료인 콘텐츠, 서비스 또는 제품을 사용자에게 제공하고, 사용자에 대한 광고를 주 수입원으로 하는 비즈니스 모델이다. 광고 기반 모델이 성공하기 위해서는 가능한 한 많은 사람들과 광고를 필요로 하는 사람들에게 광고를 노출할 수 있어야 한다. 그러기 위해서는 가능한 한 많은 사용자를 확보하여 보는 사람의 규모를 극대화 하는 것과 특정 타깃 소비자를 대상으로 광고 효과를 극대화하는 방법이 있다.

(3) 이윤 기반 모델

이윤 기반markup based 모델은 생산보다 판매에 부가가치를 더하는 이윤을 주 수입원으로 하는 비즈니스 모델이다. 이윤의 크기가 지속 여부를 결정하는 주된 요소가 된다.

(4) 제품 생산 기반 모델

제조업 모델manufacturing model이라고도 불리며, 인터넷을 통해 직접 고객 또 는 최종 사용자와 거래하는 비즈니스 모델이다. 이 모델은 제품 생산으로부터 창 출되는 수입에 기반을 둔 전형적인 제조업자/생산자/조립업자/생산 부가가치 모 델과 그 맥락을 같이한다. 즉, 기업은 원자재를 높은 부가가치가 있는 제품으로 변형시켜 판매하는 것이다.

(5) 추천 기반 모델

추천 기반referral-based 모델에서 기업은 방문자를 다른 기업의 웹사이트로 이 동 방문하게 함으로써 얻는 수수료를 수입원으로 하게 된다. 이러한 수수료는 주 문체결pay-per-order 시, 웹사이트 클릭pay-per-click 시, '리드' 확보pay-per-lead 시 얻어질 수 있다. 웹사이트에서 클릭을 통하여 제휴사의 사이트에 연결되기 때 문에 제휴 모델형affiliate model이라고도 불린다.

(6) 정액제 모델

정액제^{subscription-based} 모델은 일정 기간 동안 서비스를 제공하는 조건으로 사용자에게서 받는 일정액을 주 수입원으로 한다. 매월 청구되는 전화요금 같은 원리이다. 이 모델을 기반으로 하여 서비스를 제공받는 사용자가 일단 예약 사용 금액을 지불하면, 사용자는 보통 때보다 훨씬 더 많이 사용하려는 경향이 있어 사용자의 웹사이트 활동이 활발해진다. 기업은 가치 있는 콘텐츠를 지속적으로 인터넷에 올려야만 지속적인 수익 창출이 가능해진다.

(7) 종량제 모델

종량제^{fee-for-service-based} 모델은 공과금^{utility} 모델이라고도 불리며, 이 모델을 사용하는 기업은 사용자의 활동량을 계산하여 요금을 책정하고, 사용자는 자신이 서비스를 사용한 만큼 지불하는 모델이다. 이 모델을 통해 수입을 창출하기 위해서는 사용자로 하여금 서비스를 집중적으로 쓰도록 유도하거나 많은 사용자를 확보하는 것, 또는 두 가지 방법을 동시에 활용해야 한다.

3) 가치사슬에 따른 비즈니스 모델 분류[2]

가치창출이 나타나는 가치사슬^{value chain} 관점에서 네트워크를 통한 비즈니스 모델의 틀을 구분할 수 있다. 네트워크를 기반으로 한 비즈니스 활동 전체에서 가치가 전달되는 과정을 근거로 하여 생산자^{producer}와 유통업자^{distributer} 그리고 포털^{portal}의 연결 형태로 분류하는 것이다.

---

2) Applegate et al., 2005

그림 5-10 가치사슬에 따른 비즈니스 모델 분류

먼저 네트워크를 기반으로 활동하는 것과 네트워크를 제공하는 두 개의 층으로 비즈니스 활동을 분류한다. 이 두 층은 모두 생산자, 유통업자, 포털로 구성되어 있다. 먼저 네트워크를 기반으로 활동하는 비즈니스 모델에서 생산자는 유형 또는 무형의 제품이나 서비스의 생산을 담당한다. 유통업자는 생산자가 생산한 제품이나 서비스를 유통할 수 있도록 구매자와 공급자를 연결시켜주는 역할을 한다. 또한 구매자와 판매자가 거래할 수 있도록 해주거나, 필요에 따라 구매자가 쉽게 구매할 수 있도록 생산자가 생산한 제품이나 서비스를 모으는 역할을 수행한다. 포털은 소비자가 필요한 제품이나 서비스를 찾아서 이용할 수 있도록 관문적 역할을 수행한다. 이러한 비즈니스 활동을 지원하는 네트워크의 인프라 제공 층은 네트워크를 활용하여 비즈니스를 수행하는 층보다 고도의 기술력을 필요로 한다. 그 이유는 이 층이 네트워크 비즈니스를 수행할 수 있도록 해주는 H/W, S/W 등을 생산·유통·제공하기 때문이다. 각 층에서 활동하는 비즈니스 모델의 유형을 자세히 살펴보면 다음과 같다.

	생산자(producers)	전문 유통업자 (focused distributors)	포털(portals)
네트워크 기반 비즈니스	1. 제조업자 2. 서비스 제공자 3. 교육/훈련 4. 광고업자 5. 정보 및 뉴스 제공자	1. 소매업자 2. 마켓플레이스 3. 통합 및 정보중개자 4. 교환시장	1. 수평적 포털 2. 수직적 포털 3. 취미/관심 포털

	인프라 생산자 (infra. producers)	인프라 유통업자 (infra. distributors)	포털(portals)
네트워크 제공 비즈니스	1. 장비/부품 제조업자 2. 소프트웨어업자 3. 시스템 통합업자 4. 인프라 서비스 제공자	1. 인프라 소매업자 2. 인프라 마켓플레이스 3. 인프라 통합/중개자 4. 인프라 교환시장	1. 수평적 인프라 포털 2. 수직적 인프라 포털

그림 5-11 가치사슬에 따른 비즈니스 모델의 종류

출처: Applegate, L. M., R. D. Austin and F. W. McFarlan, Corporate information strategy and management, McGraw-Hill/Irwin, 2002

4) 비즈니스 모델의 진화

(1) 비즈니스 모델의 진화 방향

비즈니스 모델은 역동적인 환경 속에 존재하기 때문에 시간의 흐름과 함께 환경의 변화와 경험의 누적으로 인해 생존과 경쟁력 강화를 위해 진화할 수밖에 없다. 일반적으로 진화는 개선^{enhancement}, 확장^{extension}, 확대^{expansion}, 퇴출^{exit}의 4가지 방향으로 이루어진다고 볼 수 있다.

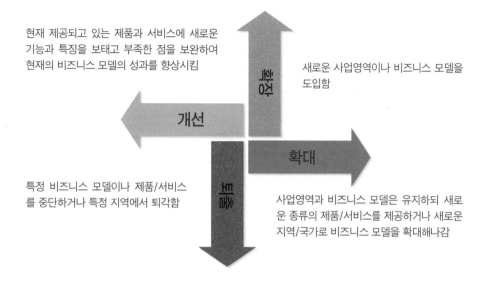

현재 제공되고 있는 제품과 서비스에 새로운
기능과 특징을 보태고 부족한 점을 보완하여
현재의 비즈니스 모델의 성과를 향상시킴

새로운 사업영역이나 비즈니스 모델을
도입함

확장

개선

확대

특정 비즈니스 모델이나 제품/서비스
를 중단하거나 특정 지역에서 퇴각함

퇴출

사업영역과 비즈니스 모델은 유지하되 새로
운 종류의 제품/서비스를 제공하거나 새로운
지역/국가로 비즈니스 모델을 확대해나감

그림 5-12 비즈니스 모델의 진화

출처: Applegate, L. M., R. D. Austin and F. W. McFarlan, Corporate information strategy and
management, McGraw-Hill/Irwin, 2002

① **개선** 현재 제공되고 있는 제품과 서비스에 새로운 기능과 특징을 보태고
부족한 점을 보완하여 현재 비즈니스 모델의 성과를 향상시킨다.

② **확장** 새로운 사업영역이나 비즈니스 모델을 도입한다.

③ **확대** 사업영역과 비즈니스 모델은 유지하되 새로운 종류의 제품/서비스를
제공하거나 새로운 지역/국가로 비즈니스 모델을 확대해나간다.

④ **퇴출** 특정 비즈니스 모델이나 제품/서비스를 중단하거나 특정 지역에서
퇴각한다.

(2) Amazon.com의 비즈니스 모델 사례

대부분 온라인 비즈니스 모델들은 정도와 범위의 차이는 있지만 이러한 4

가지 방향의 진화가 끊임없이 이루어지고 있다. 이에 대한 이해를 돕기 위해 Amazon.com의 비즈니스 모델 사례를 살펴보기로 하자. 1995년에 도서 가상소매점$^{e-retailer}$으로 시작한 Amazon.com은 다음과 같은 변화를 통해 진화했다.

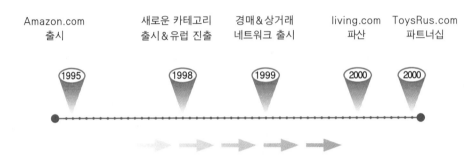

그림 5-13 Amazon.com 비즈니스 모델의 변화와 관련된 주요 사건들

출처: Applegate, L. M., R. D. Austin and F. W. McFarlan, Corporate information strategy and management, McGraw-Hill/Irwin, 2002

① 개선　도서 가상소매점의 비즈니스 모델을 개선시키기 위해 협업 필터링 collaborative filtering 기법을 활용한 당신을 위한 추천^{your} ^{recommendation}을 비롯해 위시 리스트$^{wish\ list}$, 이카드$^{e-Card}$ 등의 추가 서비스를 제공했다.

② 확장　Amazon auction과 Sotheby.com과의 연계 등을 통해 옥션 비즈니스 모델을 도입하였을 뿐만 아니라 zShops.com을 통해 소규모 소매점들을 모아놓은 신디케이터 비즈니스 모델과 Drugstore.com, WeddingChannel.com 등과의 제휴를 통해 중개하는 모델을 도입했다.

③ **확대** 유럽으로 지역을 확대하거나 음악, DVD, 전자제품, 주방용품, 어패럴
          및 액세서리 등으로 비즈니스 모델을 확대시켰다.

④ **퇴출** Living.com의 도산

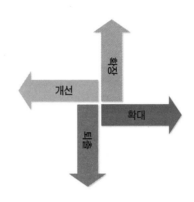

가상 소매 비즈니스 모델	교환 비즈니스 모델	마켓플레이스 비즈니스 모델	ASP 비즈니스 모델
U.S. Books Music Video/DVD Electronics Kitchen Lawn & Patio Home Improvements Amazon.com Europe	Amazon Auctions Sotheby's.com	Drugstore.com WeddingChannel.com Greenlight.com Cars.Direct.com Webvan.com IMDb.com zShops.com	Toys "R" us Babys "R" us AT&T Wireless All-clad Borders Catalog City Circuit City Egghead Target Waterstone Wusthof

그림 5-14 Amazon.com 비즈니스 모델의 진화

출처: Applegate, L. M., R. D. Austin and F. W. McFarlan, Corporate information strategy and management, McGraw-Hill/Irwin, 2002

1. 비즈니스 모델 분류 기준

① 거래관계에 따른 분류: 거래 상대자에 따른 분류로서 B2B, B2C, C2B, C2C 등이 있음

② 수입원에 따른 분류: 수입을 창출하는 방식에 따른 분류
대부분의 비즈니스 모델은 하나의 특정 방식만을 사용하는 것이 아니라 다양한 수입원을
조합하여 수입을 창출함

③ 가치사슬에 따른 분류
가치사슬을 구성하는 생산자(producer)와 유통업자(distributer)의 관점에 따른 분류
a. 생산자: 인터넷상에서 제품/콘텐츠를 생산하는 주체
b. 유통업자: 인터넷상에서 제품/콘텐츠를 유통시키는 주체
c. 포털: 인터넷상에서 제품/콘텐츠를 어디에서 찾을 수 있는지에 대한 정보를 포괄적으
로 제공하는 주체

2. 비즈니스 모델의 역동성

비즈니스 모델의 진화 방향
① 개선: 현재 제품이나 서비스의 더 나은 제공을 위해 그 기능이나 성능을 향상시키는 것
② 확장: 현재 하고 있는 사업과는 다른 새로운 영역이나 비즈니스로 진출
③ 확대: 현재의 사업방식이나 사업영역을 넓히기 위해 제품과 서비스의 다양성을 확보하거
나 새로운 지역으로 나아감
③ 퇴출: 현재의 비즈니스 중 특정 사업방식 또는 제품/서비스를 중단하거나 특정 지역에서
퇴각함

6장

인터넷 비즈니스 모델의 지속전략

1. 인터넷 비즈니스 모델의 지속전략

1) 온라인 비즈니스 전략

비즈니스 모델의 핵심 요건 중 하나는 지속 가능성이다. 특히 인터넷이라는 기술을 기반으로 하고 있다는 특성으로 인해 인터넷 비즈니스 모델들에게 지속 가능성은 오프라인 비즈니스 모델에 비해 훨씬 중요한 의미를 담고 있다. 인터넷 도입 초기에 인터넷 관련 기술은 상당한 경쟁적 우위를 제공했지만, 그 기술 자체가 주는 우위가 계속되지 못한다는 것은 2000년대 초 인터넷 비즈니스의 '거품붕괴 현상'에서 입증된 바 있다. 인터넷 기술이 경쟁우위를 지속적으로 제공하지 못하는 이유는 무엇이며, 어떻게 하면 경쟁우위의 상실을 방지하고 비즈니스 모델을 지속 가능케 할 수 있는가를 살펴볼 필요가 있다.

어떻게 하면 경쟁우위를 지속하는 것이 가능한지를 이해하기 위해서는 보완적 자산 모델Complementary Asset Model에 대해 알아보는 것이 효과적이다. 다음 그림에서 볼 수 있듯이, 보완적 자산 모델은 기술의 모방 가능성imitability과 보완적 자산이라는 두 가지 개념을 이용하여 경쟁우위의 지속 가능성을 설명하고 있다. 모방 가능성은 기술이나 새로운 발명을 모방하는 것이 얼마나 용이한지를 나타내는 개념이다. 지적 재산이 법으로 보호받거나, 모방하는 데 필요한 능력을 경쟁자들이 가지고 있지 못하거나, 기술과 발명을 보호하려는 전략이 존재한다면 경쟁자들의 모방이 어려워질 수 있다.

보완적 자산이란 고객에게 가치를 제공하는 데 필요한 자산으로서, 기술과 결합되었을 때 시너지를 내게 된다. 즉, 기업이 보유한 자산에 적합한 방식으로 인터넷 기술을 적용시킴으로써 고객이 원하는 가치를 더욱 경쟁력 있게 제공하는 것이 가능해진다. 보완적 자산은 기업과 그 기업이 속해 있는 산업에 따라 다르기 마련이다. 일반적으로 보완적 자산에 해당하는 것으로서 브랜드, 유통망, 생산 또는 마케팅 능력, 고객 또는 공급자와의 관계 등을 들 수 있다.

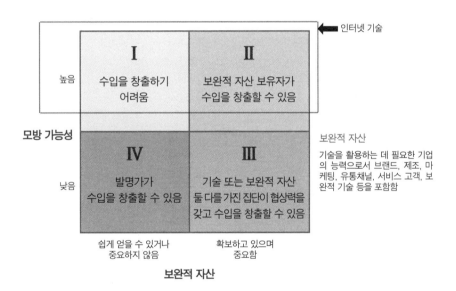

그림 6-1 보완적 자산 모델

출처: Afuah, A. & Tucci, C. Internet Business Models and Strategies: Texts and Case, McGraw-Hill/Irwin; 2 edition, 2002

보완적 자산 모델의 내용은 **그림 6-1**로 정리될 수 있다. 인터넷 환경은 저비용으로 표준화된 기술을 활용할 수 있어 기술적 모방이 쉽다. 초창기 인터넷 비즈니스 환경에서의 비즈니스 모델들은 이러한 모방 가능성에 취약할 수밖에 없었다. 온라인에서 성공했다 하더라도 오프라인의 강자가 온라인으로 진출하게 되면 경쟁에서 이기기 어려웠는데, 이는 오프라인 강자는 모방이 쉬운 인터넷 기술을 활용한 인터넷 비즈니스에 쉽게 진출할 수 있으며 기존 오프라인에서의 브랜드 인지도, 즉 보완적 자산을 가지고 있었기 때문이다.

그러나 시간이 흐르면서 순수 온라인에서 시작한 온라인 쇼핑몰의 예에서 보듯이 스스로 끊임없는 개발과 강화를 통해 보완적 자산을 형성한 기업(예: 인터파크, YES24 등)은 인터넷 비즈니스 활동을 지속시킬 수 있었다(**그림 6-2** 참조). 즉, 인터넷 비즈니스는 모방이 쉽기 때문에 지속적인 비즈니스 활동을 하기 위해서는 인터넷과 잘 결합된 보완적 자산이 반드시 필요하다.

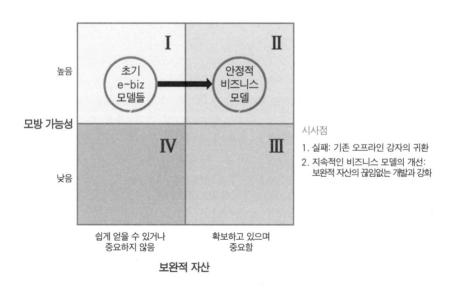

그림 6-2 인터넷 환경에서의 보완적 자산 모델이 갖는 시사점

2) 보완적 자산 모델에 따른 기업전략

기업이 지속적인 비즈니스 모델을 유지하기 위해 선택할 수 있는 전략을 보완적 자산 모델을 통해 살펴보고자 한다. 기업이 선택할 수 있는 전략은 크게 4가지로 분류할 수 있다. 첫 번째는 보완적 자산을 보유한 기업으로서 모방 가능성imitablity과 대체 가능성substitutability이 낮은 경우로, 기업의 경쟁우위를 지속시키기 위한 전략이다. 두 번째는 봉쇄전략block strategy으로 시장에서 자신을 모방하지 못하게 하거나 새로운 시장진입을 하지 못하게 하는 전략이고, 세 번째는 경주전략run strategy으로 시장에 진입한 경쟁자가 자신을 따라오지 못할 정도의 역량을 갖춰나가는 전략이다. 마지막 협력전략team-up strategy은 여러 가지 형태로 다른 기업과 자원을 공유하여 경쟁우위를 확보하는 전략이다. 이러한 전략을 보완적 자산 모델을 통해 자세히 살펴보면 다음 그림과 같다.

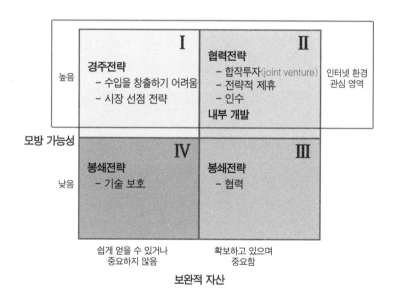

그림 6-3 지속 가능을 위한 기업전략

각 사분면 기업이 선택한 전략에 대하여 그 의미를 좀 더 살펴보자. 3사분면과 4사분면은 기술의 모방 가능성이 낮으므로 기술 자체를 지속적으로 경쟁우위의 원천으로 활용할 수 있다. 이러한 경우에는 기술을 시장에서 모방하지 못하게 하거나 새로운 시장진입을 하지 못하게 하는 봉쇄전략block strategy이 효과적이다.

그러나 인터넷 기술 자체는 모방이 용이하기 때문에 인터넷 비즈니스의 관점에서는 1사분면과 2사분면이 관심의 대상이다. 1사분면에 위치한 기업들은 기술을 모방하기 쉽고 기술을 활용하는 데 특별한 능력이 필요하지 않기 때문에 그들이 속해 있는 산업은 경쟁이 심하고 이윤을 창출하기 어렵다는 특성이 있다. 이러한 상황에서 경쟁력을 지속적으로 유지하기 위해서는 앞선 기술력으로 경쟁자에 앞서 기술혁신을 주도해나가는 경주전략이 유효할 것이다. 경주전략은 시장에 진입한 경쟁자가 자신을 따라오지 못할 정도의 역량을 갖춰나가는 전략으로서, 근본적으로 시장 선점 전략으로 해석할 수 있다.

2사분면에 속한 기업들 중에서 궁극적으로 경쟁우위에 서는 기업은 보완적 자산을 소유한 기업이다. 인터넷 초기의 벤처기업들 중에서 보완적 자산의 구축에 성공한 이들은 매우 강한 경쟁자로 성장한 사례에 해당한다. 그렇지 못한 벤처기업들은 인터넷 기술을 습득하여 온라인으로 진출한 오프라인 강자들의 반격을 이겨내지 못하고 사라질 수밖에 없다. 이렇게 보완적 자산을 습득하여 기술과 조화를 이룬 온라인 벤처와 이미 소유하고 있는 보완적 자산을 새로이 학습한 온라인 기술을 결합시킨 오프라인의 기존 강자 간 경쟁은 1990년대 말에서 2000년대에 쉽게 발견할 수 있었다. 이러한 스토리는 모바일 컴퓨팅, 빅데이터, 사물인터넷 등의 이름으로 계속되는 기술혁신으로 인한 기회를 포착한 벤처기업들의 진입과 경쟁우위를 놓치지 않으려는 기존 강자 간 경쟁구도에서도 반복되고 있다.

2사분면에 속한 기업으로서 이렇게 서로 경쟁하는 대신에 협력전략team up strategy을 구사하여 기술과 보완적 자산으로 상호 보완하는 것은 그들이 가지고 있는 바람직한 전략적 옵션 중 하나이다. 협력전략은 많은 온라인 비즈니스들이 적극적으로 추구하는 전략으로서, 여러 가지 형태로 다른 기업과 자원을 공유하여 경쟁우위를 확보하는 방법이다.

1. 보완적 자산 모델

① 보완적 자산 모델(Complementary Asset Model)은 기술의 모방 가능성(imitability)과 보완적 자산이라는 두 가지 개념을 이용하여 경쟁우위의 지속 가능성을 설명함

② 보완적 자산(complementary asset)

    a. 고객에게 가치를 제공하는 데 필요한 해당 기술 이외의 모든 자산을 의미함

    b. 기업과 그 기업이 속해 있는 산업에 따라 다르며, 일반적으로 브랜드, 유통망, 생산 또는 마케팅 능력, 고객 또는 공급자와의 관계 등이 해당됨

2. 보완적 자산 모델에 따른 비즈니스 모델의 지속성을 위한 전략

① 경쟁우위의 지속성

    모방 가능성(imitablity)과 대체 가능성(substitutability)이 낮은 경우

② 전략

    a. 봉쇄전략: 시장에서 자신을 모방하지 못하게 하거나 새로운 시장진입을 하지 못하게 하는 전략

    b. 경주전략: 시장에 진입한 경쟁자가 자신을 따라오지 못할 정도의 역량을 갖춰나가는 전략

    c. 협력전략: 여러 가지 형태로 다른 기업과 자원을 공유하여 경쟁우위를 확보하는 전략

2. 온라인 비즈니스 진출전략

학습목표

• '시장 선점 전략'에 대하여 이해한다.
• 온라인 채널과 오프라인 채널 간 갈등문제의 해결방법에 대해 알아본다.
• 분리전략과 통합전략에 대하여 살펴본다.

Key Word

• 네트워크 효과
• 변환비용
• 채널 간의 갈등
• 유통채널 전략

1) 선점전략

선점$^{GBF: Grow Big Fast}$전략은 시장 조성 초기에 최대한 빠른 속도로 성장하여 시장을 선점한다는 의미에서 '덩치 키우기 전략'으로 표현하기도 한다. 이는 온라인 비즈니스의 초기 전략으로서 매우 인기가 있었다. 그러나 초기에 시장을 선점한 기업들 중에서 그 위치를 지속적으로 유지하고 있는 경우는 많지 않고, 그 중 일부는 아예 역사 속으로 사라져버렸다. 따라서 GBF 전략에 의한 선점효과를 지속시킬 수 있는 방법에 대한 고민이 매우 중요하다. GBF 전략은 다음과 같은 전제조건이 성립할 때 효과적인 것으로 나타나고 있다.

① 규모의 경제 효과가 강할 때
② 네트워크 효과가 강할 때
③ 고객 유지$^{customer\ retention}$가 쉬울 때: lock-in 효과와 변환비용^{switching}

cost이 큰 경우

    a. 학습비용이 너무 클 때

    b. 보완재가 양립하기 어려울^{imcompatible} 때

    c. 네트워크 효과가 클 때

    규모의 경제 효과는 전통적인 경제학적 개념으로서, 규모가 커지고 수량이 늘어나면 고정비가 많은 수량에 분산되어 단가가 낮아지는 현상을 의미한다. 일정한 비용을 들여 개발한 소프트웨어를 사용하는 사람이 많으면 많을수록 많은 수의 참여자로 인해 고정비가 분산되어 그 소프트웨어의 단가는 낮아질 것이다. 즉, 규모의 경제 효과로 인해 비용상의 이점이 생기는 것이다. 특히 인터넷 비즈니스를 위한 디지털 인프라는 확장성^{scalability1)}이라는 속성을 가지고 있어 오프라인 인프라보다 규모의 경제 현상이 더 강력하게 나타난다. 따라서 GBF 전략은 이러한 의미에서 온라인 비즈니스 전략으로서 중요성을 찾을 수 있다.

    이미 앞에서 학습하였듯이, 네트워크 효과는 특정 네트워크에 참여하는 자의 수가 증가할수록 해당 네트워크의 가치가 기하급수적으로 급격하게 증가하는 현상을 의미한다. 온라인 콘텐츠의 경우, 전문가가 기고한 글들이 주는 가치는 네트워크 효과와 별 상관이 없지만 가입자나 방문자들이 스스로 글을 올리고 이에 대한 댓글을 통해 콘텐츠가 창출되는 사이트의 경우는 네트워크 효과가 매우 크다. 온라인의 role-playing 게임들도 네트워크 효과가 매우 큰 경우에 해당한다. 온라인 시장들은 대체적으로 네트워크 효과가 강하며, 특히 시장참여자(구매자, 판매자)들 각각이 매우 이질적인 경우에 더욱 강하다. 비슷한 상품을 판매하는 판매자들이 모여 있는 시장은 참여한 판매자들의 수가 매우 많더라도 구매자의 입장에서 별다른 가치를 느끼지 못할 가능성이 매우 높다.

    네트워크 효과가 강하면 고객 유지^{customer retention}가 용이하기 마련이다. 네

---

1) 사용자의 상호작용 성능(interactive performance)을 떨어뜨리지 않으면서 많은 수의 동시 사용자를 처리하는 것

트워크에 참여하는 것 자체가 그만큼 많은 가치를 주기 때문이다. 이는 곧 변환비용으로 인해 고객이 다른 경쟁 사이트로 이탈하기가 어려워짐을 의미한다. 이와 같이 변환비용은 네트워크 효과에 의해 발생하기도 하지만, 학습비용과 보완재와의 불일치로 인해 발생하기도 한다. 새로운 사이트(제품/서비스)로 전환하면서 새로이 학습해야 할 것이 생겨나고, 이 새로운 것을 학습하는 데 소요되는 노력·시간으로 인한 비용으로 전환을 꺼리게 된다. 경우에 따라서는 전환한 후에 새로운 사이트(제품/서비스)가 고객이 연관된 소비활동과 일치하지 않는 경우 여러 가지 불편으로 인한 비용이 발생하기도 한다. 예를 들어, 사용하고 있는 OS를 Windows에서 리눅스로 바꾸고자 하여도 Windows에서 이용하고 있는 애플리케이션들이 리눅스에서 작동하지 않기 때문에 보완재와의 불일치로 인해 리눅스로 바꾸기가 어려울 것이다.

이렇게 GBF를 통해 획득한 많은 수의 가입자·고객은 네트워크 효과와 규모의 경제 효과가 큰 경우에 의미가 있다. 하지만 만약 그들을 계속해서 유지하지 못한다면 GBF를 통해 시장을 선점한 의미가 없을 것이다. 고객의 유지는 네트워크 효과 자체에서 비롯되기도 하지만, 변환비용 개발을 통해 고객을 유지하는 것이 뒷받침되어야만 GBF가 효과적일 것이다.

2) 유통채널 전략

기존 오프라인 기업이 온라인으로 진출할 때 고려해야 할 대표적 이슈인 유통채널의 측면을 살펴보기로 한다. 현실적으로 볼 때 운영 차원 중에서 가장 핵심적 이슈로 부각되고 있는 것이 바로 유통채널이다. 기존의 오프라인 기업이 온라인으로 진출한다는 것은 또 다른 소비자와의 판매채널이 생긴다는 것을 의미하기 때문에 기존의 오프라인에 확고히 자리 잡고 있는 오프라인 유통채널의 반발이 있을 수밖에 없다. 이를 '유통채널의 갈등' 현상이라 부르며, 많은 기존 오프라인 기업은 유통채널 갈등을 해소하기 위한 전략을 고안해야 하는 숙제를 안고 있다. 특히 오프라인 유통채널을 직접 소유·운영하고 있는 경우에는 덜하지만, 그렇지 않고 유통을 제3자에 의존하고 있다면 문제는 복잡해진다.

유통채널 간의 갈등을 해소하기 위한 전략의 핵심은 어떻게 갈등 구조를 제로 섬 게임인 제살 깎기^{cannibalization}가 아닌 상생$^{\text{win-win}}$의 관계로 발전시켜나가느냐는 것이다. 아래는 갈등 문제에 대해 상반된 대응을 보이는 한두 개의 사례로서 시사하는 바가 크다.

사례 1: **Levi Strauss & Co.**
- 1998년 Levi's의 청바지와 Dockers를 Levi.com과 Dockers.com을 통해 온라인으로 판매하기로 결정
- 3,000개의 소매점에게 Levi's 제품을 온라인으로 판매하는 것을 금지시킴
- JC Penny, Macy's 등을 포함한 소매상들이 항의와 함께 집단행동에 들어감
  - 매출액과 이윤의 감소에 직면한 Levi's는 온라인으로 판매하는 것은 소매점들의 사이트에 국한하기로 합의함
  - 전통적으로 유통채널에 비해 상대적으로 약한 위치에 놓여 있는 경우에 해당함

사례 2: **Ethan Allen**
- 온라인으로 직판하기 위해 웹사이트 개설
- 곧 310개의 독립적인 소매점포의 중요성을 인식함. 배달·서비스 지원
- 파트너십의 형성
  - 소매점포에게 배달 및 서비스 명목으로 매출액의 25%를 제공함
  - 어떠한 형태로 개입한 적이 없어도 매출액의 10%를 할애함

위 두 사례가 시사하는 바는 온라인 판매로 발생하는 이득을 공유$^{\text{gain sharing}}$하는 것이 중요하다는 것이다.

온라인과 오프라인 채널의 갈등을 피하는 전략적 대안으로서 차별화를 시도할 수 있으며, 다음과 같은 사례가 이에 해당한다.

사례 3: **제품/서비스 차별**

- 자동차회사가 특이한 색상이나 온라인용 모델만 웹사이트에서 판매함
- 화장품
  - 저가 브랜드만 판매함
  - custom-made 화장품을 판매함(예: P&G로부터 분사된 reflect.com)

3) 오프라인 기업의 온라인 비즈니스 진출전략

기존의 오프라인 기업이 온라인 비즈니스에 진출하는 데는 전략이 필요하다. 앞 절에서 살펴보았듯이 특히 한 기업이 오프라인에서의 현재 비즈니스와 유사하거나 동일한 비즈니스를 똑같이 온라인에서 한다면, 한 시장에 하나의 기업이 경쟁하게 되는 셈이다. 즉, 기업이 하나의 비즈니스 모델을 가지고 한 시장에서 각기 다른 채널을 통해 경쟁하는 형태가 될 수 있다는 것이다. 예를 들면, 교보문고가 오프라인 매장을 두고 온라인서점을 운영하게 되면 똑같은 서적시장에서 도서를 판매하는 것으로 교보문고는 온라인이라는 새로운 채널을 통해 신규 고객을 유치할 수도 있지만, 기존 오프라인 매장의 고객을 온라인으로 이동시키게 된다. 결과적으로 이러한 전략은 오프라인 매장의 축소를 야기할 수 있다. 이처럼 동종·유사 시장으로의 온라인 비즈니스 진출은 기존 채널의 잠식 및 혼란 초래, 기업 이미지에 대한 부정적 영향, 기업 문화 및 성과/인센티브제에 대한 혼선, 기업 내 기존 사업부와 온라인 사업부 간 비생산적인 견제와 경쟁 유발 등 부정적인 결과를 가져올 수 있다. 반면, 기존 시장에서 형성된 인프라 및 인지도 등을 활용할 수 있는 이점도 있다. 이러한 점 때문에 유사·동종 시장으로의 온라인 진출뿐만 아니라 기존의 오프라인과 전혀 다른 이종 시장으로 온라인 비즈니스를 진출할 때에도 기대되는 효과와 잠재적인 문제들을 고려해야 한다.

온라인 비즈니스 진출전략은 진출하고자 하는 온라인 시장이 기존의 시장과 얼마나 유사한가에 달려 있다. 예를 들어 두 개의 시장 간 유사성이 낮으면 기존

비즈니스와 분리하는 전략을 선택한다. 분리전략을 통해 온라인 비즈니스는 기존 비즈니스 활동에 얽매이지 않고 시장환경에 유연하게 대처할 수 있으며, 전략적 독립성을 가지고 적극적인 혁신을 추구함으로써 새로운 비즈니스에 집중할 수 있다.

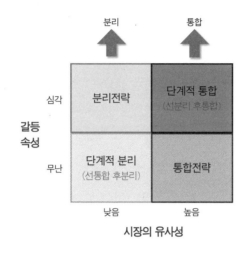

그림 6-4 상황론적 접근에 따른 온라인 시장 진출전략

분리전략 separate strategy 이 성공하기 위해서는 기존 비즈니스와의 독립적인 운영과 재무적 자율성 그리고 문화적 독립성이 허용되어야 한다. 이는 온라인이라는 급변하는 시장환경에서 신속하고 유연하게 대처할 수 있어야 하기 때문이다. 기업 활동의 운영적·문화적 독립성과 자율성은 허용하되 모회사의 내부인사를 자회사의 CEO로 임명함으로써 모회사의 통제 영역에서 관리 및 인센티브 제도 등과 같은 부분은 동일하게 제공하는 것이 필요하다. 또한 위험수준에 대한 관리를 위해 모회사와 협력해야 한다.

통합전략 integration strategy 은 기존 비즈니스 활동과 온라인으로 진출하려는 비즈니스가 동일한 시장에서 이루어질 때 추진되는 전략으로, 기존 비즈니스의 인프라와 활동을 활용하는 것이 필요하다. 온라인으로의 진출이 기존 비즈니스의 시장 확대 및 성장의 기회가 될 수 있기 때문이다. 기업은 통합전략을 통해 운영에 있어 기존 비즈니스 체제를 그대로 활용함으로써 비용절감 및 효율성을 높이고, 전략적 조화 및 정보/경영 활동의 노하우를 공유함으로써 시너지 효과를 얻을 수 있다. 또한 온라인에서 기존의 브랜드 인지도를 활용함으로써 즉각적인 수입을 얻을 수 있다는 이점이 있다. 하지만 기존 비즈니스 모델과 전략이 새로운 비즈니스에 대한 의사결정을 억누르지 않도록 조심해야 한다. 새로운 비즈니스가 기존 비즈니스 전략에 따라 움직이게 되면 급변하는 온라인 시장에 대한 신속성과 유연성이 떨어질 수 있기 때문이다.

이러한 통합전략은 온라인으로 진출하려는 시장이 오프라인 시장과의 유사성이 높고, 시장 갈등이 심각하지 않을 때 유리하다. 만약 시장의 유사성이 높으면서 시장 내에서 심각한 갈등을 초래할 가능성이 높다면, 일단 분리시켜 시장에 진출한 다음에 시간이 지나면서 자연스러운 절차를 밟아 하나의 비즈니스로 통합시키는 것이 현명한 방법이다.

1. Grow Big Fast 전략

① 덩치 키우기 전략 또는 시장 선점 전략

    a. 확장성(scalability)으로 인해 오프라인의 인프라보다 규모의 경제가 더 강하게 작용함

    b. GBF 전략의 효과성과 지속 가능성에 대한 고민이 필요함

② 성공의 전제조건

    a. 네트워크 효과가 클 때

    b. 고객 유지가 쉬울 때: lock-in 효과 및 변환비용이 큰 경우

2. 유통채널 전략

① 온라인 비즈니스 진출 시 운영 차원에서 핵심적 이슈임

② 유통채널 간의 갈등

    a. 기업에서 운영하는 기존의 오프라인 채널과 새로이 도입하는 온라인 채널과의 갈등

    b. 갈등 구조를 해결하지 못하면 제로섬 게임으로 온라인/오프라인 채널 모두 실패함

③ 온라인/오프라인 채널 간 상생전략: 이득공유

    a. 상생전략(win-win)

    b. 제품/서비스 차별화

3. 온라인 비즈니스 진출전략

① 온라인 비즈니스 진출의 문제

    동일 · 유사 시장에 두 개의 비즈니스 모델 공존이 야기하는 문제

② 상황론적 접근에 따른 온라인 진출전략

    a. 전략적 선택: 온라인 진출 사업영역과 현 사업영역이 비슷하면 온라인을 오프라인과 통합하고 그 반대의 경우에는 분리함

    b. 통합전략의 장점은 효율성과 시너지 효과

    c. 분리전략의 장점은 유연성, 신속성 및 전략적 집중 효과

3. 플랫폼 비즈니스

학습목표

• 플랫폼의 정의에 대해 알아본다.
• 다면 플랫폼과 상인의 차이를 알아본다.
• 다면 플랫폼의 성공 요건을 이해한다.

Key Word

• 플랫폼
• 다면시장
• 상인모형
• 네트워크 효과

1) 플랫폼의 개념

플랫폼platform이란 용어는 오늘날 많은 사람의 관심을 끌고 있다. 관심이 많은 만큼 매우 다양한 맥락에서 사용되고 있기 때문에 그 개념을 좀 더 면밀하게 살펴볼 필요가 있다. 플랫폼 하면 우선 기차 플랫폼을 연상할 수 있겠지만, 자동차 플랫폼이나 기반시설로서의 플랫폼, 소프트웨어 플랫폼 등이 우리의 관심 대상이다. 자동차 플랫폼은 자동차의 하부구조로서 엔진의 힘을 바퀴의 회전동력으로 변환시키는 역할을 하며, 개발에 많은 시간과 자본의 투자가 필요한 장치이다. 따라서 자동차회사들은 소수의 플랫폼을 개발하여 다수의 자동차 모델에 적용시킴으로써 비용을 통제하면서도 다양한 제품을 시장에 제공하는 전략을 취하는 것이 오늘날의 추세이다. 이는 시장의 변화에 대한 자동차회사들의 생존전략이기도 하다. 이러한 자동차산업의 플랫폼 전략의 본질은 효율성efficiency과 다양성diversity을 동시에 추구한다는 데 있다.

일반적으로 인프라 또는 기반시설은 효율성을 이루기 위한 장치이고, 인프라를 이용하여 제공되는 서비스 모듈들 또는 기능성들의 선택적 조합은 다양성을 보장한다. 이것이 플랫폼의 핵심 아이디어이고, 플랫폼 현상이 패러다임적인 변화를 의미한다고 보는 이유이다. 스마트폰은 하드웨어와 이를 통제하는 운영체계OS: Operating System로 이루어진 인프라와 이를 기반으로 제공되는 다양한 서비스 또는 애플리케이션application으로 구성되어 있고, 이러한 구성은 효율성과 다양성의 추구를 보장한다. 쇼핑몰은 거대한 물리적 인프라를 이용하여 효율적인 서비스를 제공하고, 이에 참여하는 점포들의 다양성은 소핑객의 다양한 욕구를 충족시켜줄 것이다.

플랫폼은 일반적으로 인프라를 구성하는 구성요소들components과 이들이 하나의 덩어리로 조화를 이루는 데 필요한 지켜야 할 규칙rules으로 이루어져 있다. 플랫폼이 정상적으로 작동하기 위해서는 운영을 책임지는 플랫폼 운영자 또는 제공자와 함께 플랫폼 참여자 그룹들이 필요하다. 특히 참여자 그룹에 대한 이해는 플랫폼의 본질을 이해하는 데 매우 중요하다. 스마트폰의 경우, 앱이라 불리는 서비스를 제공하는 그룹과 이들을 이용하여 자신의 필요를 충족시키는 사용자 그룹이 존재한다. 플랫폼의 규칙은 이러한 서비스 제공자들과 사용자 그룹 간 및 그룹 내 상호작용 및 거래와 관련된 규칙을 의미하며, 플랫폼 구성요소는 하드웨어와 OS를 포함한 소프트웨어 및 앱 등이 포함되고 이들 구성요소 간 준수되어야 할 기술적 표준, 통신규약 및 아키텍처도 플랫폼의 정의에 필수적인 부분들이다.

플랫폼 참여자들은 서비스 제공을 위해 투자하거나 비용을 지불하는 지불자 그룹money side과 비용을 전혀 지불하지 않거나 할인된 가격으로 참여함으로써 보조를 받는 보조자 그룹subsidy side으로 나눌 수 있다. 지불자 그룹은 주로 플랫폼에서 제품이나 서비스를 제공하는 역할을 담당하고, 보조자 그룹은 주로 이를 소비하고 사용하는 집단이다. 이렇게 두 개의 그룹side으로 구성된 플랫폼을 이면 플랫폼two-sided platform이라고 부르며(표 6-1 참조), 두 개 이상의 그룹이 참여하는 플랫폼을 다면 플랫폼MSP: Multi-Sided Platform이라 부른다. 이면 플랫폼 또는 다면 플랫폼에 참여하는 특정 그룹^{side}은 다른 그룹들과 일반적으로 상호의존적 관계를 가지고 있고, 이러한 상호의존성에 따른 상호작용을 통해 가치를 창출한다. 가치창출은 그룹들 사이의 상호작용을 통해 이루어진다. 사용자가 특정 앱 또는 서비스를 사용하거나 사용자 간 거래가 이루어지는 것들이 모두 상호작용이다. MSP에는 네트워크 효과가 강하게 나타나지만, 어떤 그룹을 먼저 키워야 하는지에 대해 '닭이 먼저냐, 달걀이 먼저냐^{chicken and egg}' 라는 딜레마에 빠질 개연성이 크다. 이 문제를 해결하기 위해 보조자 그룹에게 무상지원을 하거나 보조금을 지급함으로써 이들이 네트워크에 참여할 동기를 부여한다. 이렇게 보조자 그룹이 참여하면 자연스럽게 그들을 대상으로 거래를 하려는 다른 그룹도 네트워크에 참여하게 된다. 주로 품질이나 가격, 브랜드에 민감한 그룹을 보조자 그룹으로 정한다.[1]

표 6-1 이면 플랫폼^{two-sided platform} (*은 보조자 그룹을 나타냄)

플랫폼	그룹 1	그룹 2	플랫폼 제공자
PC 운영 시스템	소비자	애플리케이션 개발자*	Windows, Macintosh
온라인 채용	구직자*	고용주	Monster, CareerBuilder
웹 검색	검색자(searchers)*	광고주	Google, Yahoo
비디오 게임	플레이어(player)*	개발자	PlayStation, Xbox
리눅스 애플리케이션 서버	기업	애플리케이션 개발자	IBM, Hewlett-Packard, Dell
DVD	소비자	영화사	Sony, Toshiba, Samsung
가솔린 엔진	자동차 소유주	주유소	GM, Toyota, Exxon, Shell
상품 바코드(UPC)	제품 공급업자	소매업자	NCR, Symbol Technologies

---

1) Eisenmann, T., G. Parker, M. Alstyne, "Strategies for two-sided markets," Harvard Business Review, October 2006

2) 다면 플랫폼의 특성

(1) 다면 플랫폼과 상인

다면 플랫폼MSP의 운영자는 플랫폼에서 제공되는 제품·서비스에 대한 소유권은 갖지 않는 대신, 양자 간의 상호작용을 촉진하는 중개자의 역할을 수행한다. 상인merchant은 제품이나 서비스에 대한 소유권을 가지고 있어 가격결정, 머천다이징merchandising 및 재고관리와 관련된 의사결정 권한을 가짐과 동시에 이에 따르는 위험에 대한 전적인 책임을 진다. 그러나 MSP 운영자는 구매 및 재고 등에 대한 의사결정에 개입하지 않고 단순히 참여자들 간 연결과 상호작용을 지원한다. 대신 참여자 그룹들이 거래할 제품과 서비스 종류와 가격 등을 결정하고 그 결과에 대해 책임을 진다.

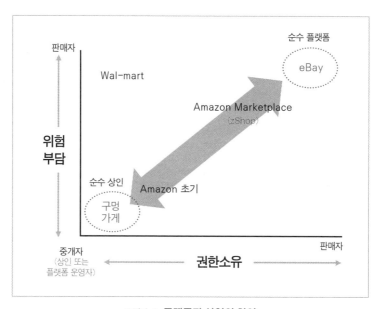

그림 6-5 플랫폼과 상인의 차이

예를 들면, 전형적인 상인^{merchant}의 형태인 초기 AMAZON은 제품의 구매와 재고관리에서 시작하여 판매를 위한 온라인 서비스 제공과 가격에 관한 모든 의사결정을 내리고, 직접 물류 인프라를 구축하고 제품을 배송했다. 하지만 zShop과 같은 AMAZON의 일부 비즈니스 모델은 물품 판매자와 구매자를 중개하는 중개자의 역할을 수행하는 형식을 취하고 있다. 이는 구매자와 공급자를 연결해 주고 물류와 지불 등과 같은 부가가치적 서비스를 제공하는 것 외에는 거래에 개입하지 않고 중개자 역할을 하는 것과 유사하다. MSP의 또 다른 대표적인 예로서 itunes를 들 수 있다. Apple은 음원 판매자와 구매자를 연결하고 시장신뢰 구축을 위한 규율을 시행할 뿐, 나머지는 판매자와 구매자의 자율에 맡긴다.

(2) 플랫폼에서의 네트워크 효과

MSP에서는 직접 네트워크 효과^{direct network effect}와 간접 네트워크 효과^{indirect network effect}의 두 종류를 관찰할 수 있다. 직접 네트워크 효과는 '해당 그룹^{same-side} 네트워크 효과'라고도 불린다. 이는 어느 특정 그룹 자체의 크기가 커질수록 그 그룹의 가치를 점점 더 크게 느끼고, 그 결과 해당 그룹에 참여하는 수가 더 늘어나는 현상이다. 이와 달리 '상대 그룹^{cross-side} 네트워크 효과'로도 불리는 간접 효과는 어느 한 그룹의 크기가 증가하면 그 그룹과 상호작용을 하는 상대 그룹의 구성원들이 느끼는 가치가 증가하면서 상대 그룹에 더 많은 사람들이 참여하게 되는 현상이다.

직접 네트워크 효과^{same-side network effect}의 결과로서 특정 그룹의 참여자 수가 늘어나면서 협력과 공유가 활발해지면 긍정적인 효과가 나타난다. 닌텐토의 콘솔게임 박스 Wii에서는 게임 개발자 네트워크를 집중적으로 키우는 직접 네트워크 효과를 추구하였다. Wii는 다수의 질 좋은 게임을 만들기 위해 개발자 네트워크에 많은 참여자들이 참여하면서 경쟁이 격화되었고, 이를 토대로 좋은 게임을 만들어 시장을 형성할 수 있었다. 반면에 간접 네트워크 효과는 한 그

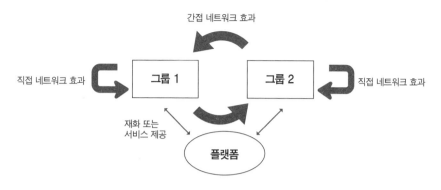

간접 네트워크 효과

직접 네트워크 효과 **그룹 1** **그룹 2** 직접 네트워크 효과

재화 또는
서비스 제공

플랫폼

그림 6-6 다면 플랫폼의 네트워크 효과

룹의 성장으로 인해 다른 그룹이 커지는 것으로, MSP가 경쟁력을 갖춘 일정 규모 이상으로 빠르게 성장하는 데 결정적인 역할을 한다. 앞서 예를 든 itunes 같은 경우는 많은 음원 판매자가 모일수록 소비자는 다양한 음원을 구매할 수 있게 되어 긍정적인 간접 효과 또는 상대 그룹 네트워크 효과cross-side network effect 가 나타난다. 이러한 긍정적인 간접 네크워크 효과는 규모의 경제를 바탕으로 진입장벽을 세우고 전환비용을 창출하지만, 가끔씩 부정적인 간접 네트워크 효과가 나타나기도 한다. 플랫폼으로서의 웹사이트에 고품질의 콘텐츠 제공자가 많아질수록 방문자의 수가 늘어나고 이로 인해 광고주의 수가 늘어나는 경우, 과도하게 광고에 노출되어 이에 불편함을 느끼는 방문객들은 웹사이트의 가치가 예전만 못하다는 느낌이 들 것이다. 따라서 플랫폼 운영자는 긍정적인 네트워크 효과는 극대화하고 부정적인 네트워크 효과는 최소화하는 전략을 고안하여 실행해야 할 것이다.

(3) MSP의 성공요건

MSP가 성공하기 위해서는 간접 네트워크 효과를 통해 다른 네트워크의 크기를 신속하게 키워 가치 증대 효과를 기대할 수 있어야 한다. 그러기 위해서는 품질이나 가격 등에 민감하게 반응하는 그룹에 무료 서비스나 편의를 제공함으로써 네트워크 크기를 키워야 한다. 간접 네트워크 효과가 긍정적으로 형성되면 MSP는 해당 사업영역에서 승자독식winner-take-all 가능성이 높아진다. 승자독식이 만들어지기 위해서는 네트워크 효과가 강력하고, MSP나 MSP에서 거래되는 제품이나 서비스에 대해 차별화 전략의 구사가 어렵고, 멀티호밍multi-homing 비용이 높아야 한다. 멀티호밍이란 여러 개의 유사한 플랫폼을 동시에 활용하는 행위로서 그 비용이 높으면 사용자는 하나의 플랫폼에 묶일 확률이 높을 것이다. 따라서 강력한 네트워크 효과로 인한 빠른 성장은 시장을 선점하는 데 매우 유용한 전략임과 동시에 전환비용을 구축함으로써 다른 플랫폼으로의 이동을 억제하게 된다. 이와 함께 멀티호밍 비용을 높이고 적절한 차별화 전략을 구사한다면 승자독식 가능성이 매우 높아질 것이다.

1) 플랫폼의 개념

플랫폼은 효율성과 다양성이라는 두 가지 상충적인 가치를 동시에 추구하는 패러다임적인 변화를 의미함

① 플랫폼 효율성: 플랫폼 운영자가 관리하는 하드웨어와 운영체계로 구성된 인프라

② 서비스 모듈: 다양한 서비스 모듈 또는 애플리케이션은 인프라가 제공하는 기능성을 이용하여 매우 효율적으로 작동하며, 사용자는 다양한 서비스를 취사선택하여 자신의 욕구를 충족시킴

2. 플랫폼 참여자 그룹

① 참여자 그룹들 간의 상호작용이 가치창출의 핵심

② 지불자 그룹과 보조자 그룹으로 구분: 어느 한쪽을 키워야 다른 한쪽이 참여함

③ 품질이나 가격에 민감한 그룹을 보조자 그룹으로 지원

3. 플랫폼의 네트워크 효과

① 직접 효과: 같은 그룹 내의 네트워크 효과

② 간접 효과: 다른 그룹 간 상호작용적 네트워크 효과

③ 부정적 효과가 나타날 수 있음

4. 플랫폼의 승자독식 조건

① 네트워크 효과가 강할 때

② 전략적 차별 가능성이 낮을 때

③ 멀티호밍 비용이 높을 때

7장

온라인 시장과 가격결정

1. 온라인 시장

학습목표

• 시장의 기능을 통해 시장이 수행하는
  역할을 이해한다.
• 온라인 시장에서 창출되는 가치를 학습한다.
• 온라인 시장의 지배구조를 결정하는 요소들과 가격
  결정 방식에 대하여 이해한다.

Key Word

• 온라인 시장의 가치창출
• 온라인 시장의 지배구조
• 정적 및 동적 가격결정방식

1) 시장의 기능

온라인에 형성되는 '시장' 또는 '마켓플레이스'는 웹사이트 같은 온라인 플랫폼으로서 'e-마켓플레이스'라고 불린다. 온라인 시장은 일반 소비자들이 제품을 구매하는 인터넷 상점이나 쇼핑몰 같은 B2C 사이트를 비롯하여 경매 사이트 같은 C2C 시장, 기업과 기업 간 거래를 위한 B2B 사이트, 기업과 정부 간 상거래를 위한 B2G 사이트를 모두 포함한다. 그리고 온라인 시장에서는 물리적 제품뿐만 아니라 다운로드 음악이나 소프트웨어 등과 같은 디지털 제품을 비롯하여 항공편, 호텔, 예술공연, 인력고용 등과 같은 서비스 상품도 거래된다. 이렇게 다양한 종류의 온라인 시장 또한 본질적으로 시장이기 때문에 마찬가지로 오프라인 시장의 작동원리와 기능이 적용된다.

시장의 전통적인 기능은 구매자와 판매자의 연결^{matching}, 거래의 촉진^{facilitation}, 제도적 기반$^{institutional\ infrastructure}$ 제공으로 요약된다. 온라인 시장

의 관점에서 볼 때 각 기능은 다음과 같은 내용을 담고 있다.[1]

① 구매자와 판매자의 연결
- 판매할 제품 결정: 판매 제품의 특색과 구색product line 결정
- 거래 상대 탐색: 제품과 가격정보 탐색; 판매자가 제공하는 것과 구매자가 원하는 것을 연결시킴
- 가격 발견price discovery: 가격 비교를 가능케 해줌; 가격결정 메커니즘의 제공

② 거래의 촉진
- 물류logistics: 제품과 서비스의 배달; 정보 제공
- 지불: 대금을 판매자에게 보냄; 전자지불을 위한 PKI
- 신뢰: 신용관리제도 및 평가 기관을 통한 시장 신뢰도 제고; 에스크로escrow 서비스나 TRUSTe 같은 데이터 프라이버시 관리인증제도 등을 이용한 거래위험도 최소화
- 기술 인프라: 인터넷과 네트워킹 기술; 온라인 시장 소프트웨어

③ 제도적 기반의 제공
- 법: 상거래 관련 법; 상거래 분쟁 해소; 지적재산권 보호
- 규제regulation: 규제안을 만들고 거래 당사자들의 준칙 여부를 감시함

두 번째 기능인 '거래의 촉진'은 크게 상업적 인프라와 기술적 인프라로 구성되어 있다. 물류, 지불, 신뢰를 상거래 자체와 관련된 상업적 인프라로 분류한다면 하드웨어와 소프트웨어는 기술적 인프라에 해당하며, 기술적 인프라가 안정

---

1) Bakos, Y., "The emerging role of electronic marketplaces on the Internet," CACM 41(8), 1998, p. 35-42

적이어야만 가상공간 시장에 수요자와 공급자가 참여하고 이들 간에 상거래가 원활하게 이루어질 것이다.

2) 디지털 시장의 가치창출

온라인 시장 또는 e-마켓플레이스가 제공하는 가치는 대체로 시장 자체의 특성에 달려 있지만, 일반적으로 유동성^{liquidity}, 거래비용 감소, 익명성 보호 등으로 요약될 수 있다.

① 유동성
② 거래비용 감소
③ 익명성 보호

유동성이란 충분한 수의 시장 참여자와 충분한 거래규모를 의미한다. 풍부한 유동성은 곧 규모의 경제와 네트워크 효과로 연결되어 시장 참여자에게 가치를 제공하기 때문에 온라인 비즈니스 모델의 경쟁력과 밀접한 관련이 있는 것으로 인식되고 있다. 풍부한 유동성을 확보하기 위해서는 시장 투명성 제공과 거래비용 감소가 필수조건이다. 시장 투명성은 가격 자체와 그 가격의 결정과정, 제품, 재고 등에 관한 정보가 모든 시장 참여자에게 공개되어 있음을 의미한다.

거래비용은 정보탐색에서 시작하여 모든 거래조건에 대해 서로 합의하고 합의한 내용을 실행에 옮기는 데 드는 비용이다. 온라인 시장에 참여함으로써 거래비용이 줄어드는 것은 소극적인 의미에서는 정보탐색 수준에 국한될 수 있지만, 좀 더 크게 보면 구매 또는 판매 프로세스를 온라인 시장과 통합시키고 자동화함으로써 거래과정을 최대한 효율적으로 만드는 것을 의미한다. 예를 들어, 판매자 중심의 온라인 시장은 일반적으로 판매자의 내부 판매 프로세스를 웹으로 구현된 온라인 시장과 연동시키고 이를 통해 구매자들은 온라인 시장을 방문하여 판매자의 제품 및 재고 관련 정보를 탐색하고, 재고와 가격정보를 체크하고, 원하는 경우 웹사이트에서 주문하고 지불할 수 있게 된다. 구매자의 주문정보는 다시 내부의 주문처리order fulfillment 프로세스로 연결되어 판매자가 주문을 효율적으로 이행하게 된다. 마찬가지로 구매자 중심의 온라인 시장도 구매자의 내부 구매 프로세스가 웹과 통합되도록 구현했을 경우에는 구매 프로세스의 혁신을 통한 생산성의 향상을 기대할 수 있게 된다.

이렇게 판매자 중심의 마켓플레이스에 판매 프로세스가 연동되어 있거나 구매자 중심의 마켓플레이스에 구매 프로세스가 맞물려 있는 것 자체로 많은 혜택을 기대할 수 있으나, 마켓플레이스를 가운데에 두고 판매 프로세스와 구매 프로세스가 통합되어 있다면 마켓플레이스가 제공하는 가치는 훨씬 클 것이다. 이러한 기업 간 프로세스의 통합은 잠재적 가치가 매우 높지만, 현실적인 어려움으로 인해 대부분의 마켓플레이스가 판매와 구매 프로세스를 통합하는 수준 이상의 서비스를 제공하지 못하고 있다.

온라인 시장은 한편으로는 거래 당사자들에게 잠재적 거래 상대를 평가하는 데 필요한 정보를 풍부하게 제공하면서도 다른 한편으로는 거래 당사자들의 프라이버시와 관련된 정보를 보호하는 것이 용이하다는 장점이 있다. 온라인으로 민감한 종류의 처방약을 주문하고 배달받는 것은 오프라인으로 대면해서 거래하는 것보다 훨씬 가치 있기 때문에 온라인 처방약 주문 거래에 대해서는 프리미엄 가격을 요구할 수 있다. 이러한 온라인 거래의 '익명성'이라는 특성을 적절히 활용하는 경우에는 '장외거래' 방지에 도움이 되기도 한다. 장외거래란 온라인 시장에 들어가 정보 탐색을 통해 적절한 거래 상대를 찾은 다음에 온라인 시장 밖에서 따로 거래를 성사시키는 것으로서, 온라인 거래가 충분한 가치를 제공하지 못하면 언제든지 일어날 개연성이 있다.

3) 온라인 시장의 지배구조와 가격결정

(1) 온라인 시장의 지배구조

온라인 시장 제공자^{Online Market Maker}는 기본적으로 위에서 언급한 기능을 수행할 가상공간상의 시장을 만들어 상거래가 이루어지도록 하는 비즈니스 모델이다. 온라인 시장은 이러한 기능을 어떠한 방식으로 수행하느냐에 따라 그 특색이 달라지기 마련이다. 하지만 온라인 시장의 핵심적 특성은 해당 온라인 시장의 지배구조^{governance structure}에 달려 있다. 이 지배구조에 따라 시장의 성격, 관리 및 운영방식 등이 규정되기 때문이다. 온라인 시장의 지배구조는 다음과 같은 요소를 담고 있다.

- **참여자격**: 회원자격 요건의 내용에 따라 온라인 시장의 성격이 매우 달라짐
- **상품종류**: 상품의 종류에 대한 규정에 따라 온라인 시장에서 거래되는 상품의 범주가 결정됨
- **분쟁해결규정**: 상거래와 관련된 분쟁이 발생했을 때 적용할 규정의 내용에 따라 분쟁의 해결방식과 결론이 달라짐
- **데이터 소유권**: 상거래 당사자의 익명성 보장 여부와 기타 상거래 관련 데이터의 소유권에 대한 규정에 따라 시장의 역동성과 협상력 분포에 차이가 날 뿐만 아니라 데이터 가공 및 분석으로부터 추가적 가치창출이 가능함

① 온라인 시장의 분류

가장 일반적인 온라인 시장 또는 마켓플레이스의 분류는 시장 참여자가 기업^{business}, 소비자^{consumer} 또는 정부^{government}냐에 따라 B2C, B2B, C2C, B2G 등으로 나눈다. 이러한 분류는 매우 명확하지만, 시장의 성격을 이해하는 데는 크게 도움되지 않는다. 시장 참여자 외에 상품, 거래, 시장 주관자

같은 다른 기준에 의해 온라인 시장을 분류함으로써 각 온라인 시장이 가지고 있는 특색을 다각도로 검토할 수 있다.

a. 상품의 관점

- 표준/주문 상품
- 수직적$^{vertical2)}$/수평적$^{horizontal3)}$ 시장
- 직접재/간접재[4]

b. 거래의 관점

- 카탈로그 기반 판매
  - 공급자는 표준화된 제품에 대한 정보를 온라인으로 제공하고 구매자에게 고정된 가격을 요구함; 고정가격제는 동적 가격결정$^{dynamic\ pricing}$ 메커니즘을 적용하기에는 상품의 가치가 상대적으로 너무 작은 경우에 적합함
  - 수요와 공급이 안정적이고 예측이 가능한 경우에 적합함
  - 온라인 시장과 공급자 간 시스템 통합을 이루어 생산 및 재고정보와 주문정보가 막힘 없이 매끄럽게 흐르게 함으로써 재고 가시성$^{inventory\ visibility}$을 확보하는 것이 매우 중요함
- 교환시장^{exchange}
  - 표준화된 제품의 거래가 이루어짐
  - 대량으로 거래가 이루어지기 때문에 주식시장 같은 동적 가격결정 메

---

2) 수직적(vertical) 시장에서는 특정 산업에서 필요로 하는 상품만이 거래됨. 예를 들어 완성차 업체들이 자동차 부품을 구매하는 곳은 수직적 시장임
3) 수평적(horizontal) 시장에서는 많은 산업에서 두루 사용되는 상품이 거래됨. 범산업적 용도로 사용될 PC가 거래되는 곳은 수평적 시장임
4) 간접재는 MRO(Maintenance, Repair&Operations)라 불리기도 함

커니즘을 활용하는 것이 효율적일 수 있음

- 경매시장
  - 거래되는 상품 하나하나가 각기 다른 특색을 가지고 있기 때문에 경매 같은 효율적인 가격결정 메커니즘이 필요함
  - 이러한 종류의 상품은 가격이 알려져 있지 않거나 이 상품에 대해 시장 참여자가 부여하는 가치가 제각기 다름

c. 거래관계의 관점

- 현장구매spot buying: 거래 당시 가장 좋은 조건을 제시하는 상대와 거래하는 단기적 거래관계
- 전략적 구매strategic sourcing: 거래 쌍방간의 협상을 통해 맺은 장기적 거래 계약하에 이루어지는 거래관계

d. 시장 주관자의 관점

- 판매자 중심sell-side 시장: 하나 또는 소수의 강력한 판매자가 시장을 만들고 운영하는 경우로서, 구매자들의 수가 많으나 크기가 작음
- 구매자 중심buy-side 시장: 하나 또는 소수의 강력한 구매자가 시장을 만들어 운영하는 경우로서, 판매자들의 수가 많으나 크기가 작음
- 중립적 시장: 판매자나 구매자 어느 쪽도 협상력에 있어 확실한 우위를 점하지 못하고 다수의 판매자와 다수의 구매자가 시장에 참여하는 형식임. 온라인 솔루션 업체, 특정 산업 협회나 몇몇 기업들의 컨소시엄 등과 같이 제3자가 운영하기 때문에 중립성이 확보되는 장점이 있으나 충분한 수의 참여자를 끌어모으지 못해 실패하는 경우가 많음

(2) 가격결정 메커니즘

가격이 결정되는 방식은 온라인 시장의 매우 중요한 특성이다. 가격결정방식은 일정 기간 동안 가격이 고정되어 있는 정적^{static} 가격결정방식과 시간이 흐르면서 가격이 유동적으로 변화하는 동적^{dynamic} 가격결정방식으로 나뉜다.

① 정적 가격결정

정적 가격결정은 가격이 공급자에 의해 결정되고, 결정된 가격은 일정 기간 동안 고정된다. 가격에 대한 협상과 조정이 기본적으로 허용되지 않는 방식이기 때문에 거래비용이 낮다는 장점이 있다. 특히 오프라인에서는 가격 조정이 곧 가격 태그의 교체를 의미하기 때문에 이에 따르는 소위 메뉴비용$^{menu\ cost}$으로 인해 가격을 자주 조정하지 못한다. 그러나 온라인에서는 데이터베이스에서 가격 데이터를 수정하면 변경 가격이 자동적으로 온라인 카탈로그에 반영되기 때문에 온라인 시장에서의 가격변동은 더욱 빈번하게 일어날 개연성이 높다.

전자상거래 환경에서는 정보의 비대칭성을 이용해 비합리적으로 높은 가격을 요구하는 것이 오프라인 거래 환경과 비교했을 때 상대적으로 어렵다. 특히 검색엔진이나 비교쇼핑$^{comparison\ shopping}$ 사이트를 통해 가격정보를 얻어 비교하는 것이 용이하기 때문에 가격경쟁이 치열해지는 경향이 있다. 바이닷컴(www.buy.com)이 가격경쟁을 공격적으로 추구하는 대표적인 사례이다. 이들은 경쟁 사이트들의 봉쇄 노력에도 불구하고 자체 개발한 소프트웨어를 이용하여 ISP를 통해 유동 IP를 쓰는 방법으로 가격정보를 입수하고 있다. 이렇게 수많은 경쟁 사이트에서 가격정보를 가져와 비교한 후에 자신의 가격을 조정하는 방법으로 최저가격을 제시하고 있다.

이렇게 가격 중심의 경쟁으로 쏠릴 가능성이 있음에도 불구하고 다른 한편으로는 인터넷의 정보 전파력과 정보에 대한 접근성의 향상으로 인해 오히려 가격 경쟁에서 차별성 위주의 경쟁으로 전개될 가능성도 매우 높다. 이는 다분히 전략적인 선택이며, 차별적 가치를 제공하기 위한 활동들을 일관되게 추진함과 동시에 자원과 능력이 이를 뒷받침할 수 있어야 할 것이다.

② 동적 가격결정

거래마다 가격이 달라질 수 있는 것이 동적 가격결정 방법이며, 아래 그림과 같이 구매자와 판매자가 하나 또는 다수인가에 따라 가능한 조합 4가지가 있다.

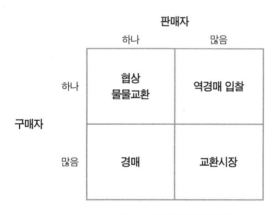

그림 7-1 동적 가격결정 방법

동적 가격결정은 오프라인에서도 사용되는 방법으로 농수산물 산지와 도매 유통시장, 국제 곡물 및 원유시장 등과 기업 간 협상을 통해 장기적 거래관계를 맺는 것이 그 예이다. 하지만 정보의 교환이 용이한 온라인에서 더 광범위하게 사용되고 있다.

a. 협상

협상은 일반적으로 거래를 성사시키는 데 많은 시간이 소요되고 협상자가 어느 정도의 의사결정 권한을 가지고 있어야 하는 현실적 제약을 안고 있을 뿐만 아니라, 이를 기술적으로 구현하는 데도 상대적으로 어려움이 많다. 특히 협상은 많은 양의 정보를 서로 교환해야 하며, 협상 상대들은 나름대로의 협상전략을 가지고 협상에 임하기 때문에 협상과정을 지원하는 것은 기술적으로 높은 수준을 요구한다.

b. 경매

전통적인 경매는 구매자들의 경쟁을 통해 가격이 결정되는 구조를 가지고 있다. 경매는 경매 대상 상품의 가치가 다음과 같은 속성을 가지고 있을 때 적합하다.

- 가치를 판단하기 어렵다.
- 개개인의 취향과 의견에 따라 가치가 달라진다.
- 시장 상황에 따라 가치가 매우 달라진다.

온라인 경매는 오프라인 경매와 비교했을 때 다음과 같은 장점이 있다.

- 판매자가 구매자를 찾는 데 드는 탐색비용은 온라인이 상대적으로 낮다.
- 재고를 미리 준비해두어야 할 부담이 없기 때문에 재고관리와 불용재고로 인한 비용을 낮출 수 있다.
- 구하기 힘든 제품을 확보하는 데 드는 비용을 낮출 수 있다.
- 웹의 상호작용성으로 인해 활발해지는 구매자 커뮤니티는 강력한 접착제 역할을 한다.

대표적인 경매방식으로는 잉글리시^{English}, 양키^{Yankee}, 더치^{Dutch}의 3가지가 있다. 잉글리시 경매와 양키 경매는 정해진 시간 동안에 가장 높은 가격을 제시한 구매자에게 상품을 판매하되, 그 가격이 최저경매가격 또는 유보가격$^{reserved\ price}$이라고 부르는 일정 수준을 넘어야 경매가 성립되는 방식이다.

이 두 경매방식 간의 차이는 경매상품의 단수/복수 여부로서 잉글리시 방식은 단품을 판매하는 것이나, 양키 방식은 동일 상품을 복수의 개수로 판매하는 것이다. 따라서 양키 방식에서는 가장 높은 가격을 제시한 구매자부터 시작하여 준비한 물량이 다 없어질 때까지 원하는 수량만큼 배분해준다. 이 두 방식은 판매자나 구매자가 이해하기 쉽고 입찰자들 간의 상호작용과 경쟁을 가능하게 해주기 때문에 온라인 경매에서 많이 애용된다.

네덜란드의 화훼시장에서 시작된 더치 방식은 가격이 낮게 시작하여 점차 높아지는 잉글리시나 양키 방식과 달리 경매가 시작될 때 판매자가 설정한 최고가에서 시작하여 구매자가 구매의사를 밝힐 때까지 가격을 낮춰가는 방식으로 '내림차순 경매'라고 한다. 경매가 신속하게 진행될 수 있는 특성 때문에 꽃, 채소 종류나 비행기 좌석 등 시간이 지남에 따라 그 가치가 급속히 낮아지는 상품 등에 많이 이용된다.

c. 역경매

다수의 구매자가 경쟁하는 일반적 경매와는 반대로 역경매$^{reverse\ auction}$에서는 하나의 구매자를 두고 다수의 판매자 간에 경쟁한다. 역경매는 구매자가 자신이 사고자 하는 물품에 대한 명세와 거래조건을 제안요청서$^{RFP:}$ $^{request\ for\ proposal}$를 통해 제시한 후 다수의 공급자 중 최적의 가격과 거래조건을 제시한 공급자로부터 구매하는 방식이다. 강력한 구매력을 가진 소수의 구매자와 다수의 공급자가 존재하는 B2B 시장에서 자주 활용되며, 구매자에게 유리한 특성이 있다. B2B의 역경매는 구매^{procurement} 프로세스의 일부로 활용되기도 하지만, 잉여재고를 처분하는 데 매우 유용하다. 특히 비행기 좌석이나 호텔방 같이 시간이 흐르면서 가치가 소멸되는 시한성^{perishable} 상품의 잉여분을 제3자가 운영하는 마켓플레이스를 통해 처분함으로써 브랜드와 유통망을 보호하면서도 수입을 극대화할 수 있다. B2C 시장에서의 역경매는 '내가 부르는 가격name-your-own-price' 모델 형태이다. '내가 부르는 가격'은 소비자 자신이 직접 구매하고자 하는 제품의 속성과 특성을 설명하고 원하는 구매가격정보를 올리면 이를 보고 판매자가 입찰하는 방식으로 거래가 이루어지는 것을 말한다.

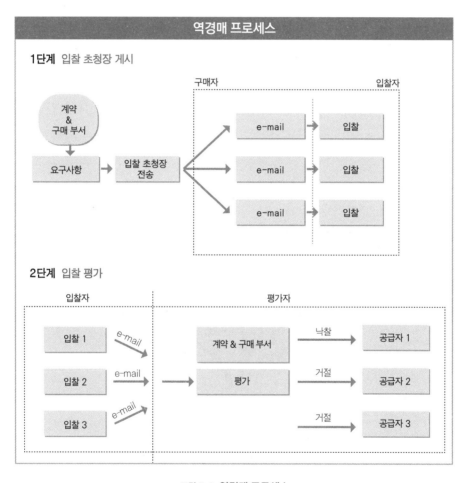

그림 7-2 역경매 프로세스

d. 교환시장

교환시장^{exchange}은 구매자와 판매자를 실시간으로 연결함으로써 가치를 창출해내는 가상시장으로서 실시간으로 이루어지는 매수-매도 주문 과정, 시장을 통해 실시간으로 가격이 결정되는 과정, 그리고 결제가 이루어지는 과정으로 구성되어 있다. 교환시장은 일반적으로 수요와 공급의 변동이 심해 가격이 동적으로 변하는 경우에 적합하다. 교환시장에서의 거래는 익명으로 이루어지고, 주로 표준 상품이 거래되며, 상품정보가 투명하게 노출되어 있기 때문에 가격이 순수하게 시장 수요와 공급의 힘에 의해 결정된다는 장점을 가지고 있다. 가장 영향력이 큰 시장이 되기 위해서는 충분한 유동성^{liquidity}이 확보되어야 한다.

1. 시장의 의미

① 시장은 구매자와 판매자가 재화로 제품이나 서비스를 교환하는 곳

② e-마켓플레이스: 구매자와 판매자의 제품이나 서비스 교환이 전자적으로 이루어지는 곳

2. 시장의 기능

① 거래 당사자들의 연결: 정보를 투명하게 제공하고 쉽게 찾을 수 있도록 함

② 거래 촉진: 물류 기능과 지불 수단 등을 제공하고 거래 상대와 시장에 대한 신뢰 장치 구축

③ 법/제도적 기반: 시장이 안정적으로 작동하는 데 필요한 법과 규칙

3. 온라인 시장의 가치창출

① 유동성

② 거래비용 감소

③ 익명성

4. 온라인 시장의 지배구조

① 지배구조란 시장에서 누가 중심이 되어 주도권을 갖느냐를 결정하는 것으로, 지배구조에 따라 시장의 성격, 관리 및 운영방식이 달라짐

② 온라인 지배구조를 결정짓는 요소

참여자격, 상품종류, 분쟁해결규정, 데이터 소유권

5. 가격결정 메커니즘

① 정적 가격결정

a. 공급자가 정한 가격(＝메뉴가격)

b. 시장환경 변화에 따른 변화가 가격에 반영되는 데 시간이 걸림

② 동적 가격결정

a. 거래마다 가격이 달라짐

b. 판매자와 구매자 수에 따라 4가지로 구분됨: 일대일 또는 다대다 거래는 협상 또는 교환시장, 다수의 판매자가 하나의 구매자를 놓고 경쟁하는 것은 경매, 그리고 다수의 판매자가 하나의 구매자를 대상으로 경쟁하는 방식은 역경매라 불림

2. B2B e-마켓플레이스

학습목표

• e-마켓플레이스가 가지고 있는 특성에
대하여 알아본다.

• e-마켓플레이스가 거래 품목과 거래 방식에 따라
분류되는 4가지 유형에 대하여 이해한다.

Key Word

• 판매형 마켓플레이스
• 구매형 마켓플레이스
• 수평적 유통업자
• 수직적 교환시장
• 전자조달 전문시장
• 산업 컨소시엄

1) e-마켓플레이스

e-마켓플레이스는 B2B에서 다수의 구매자와 판매자가 모이는 온라인 시장을 의미한다. 따라서 이미 특이자산$^{specific\ asset}$에 기반을 두고 전략적 거래관계를 맺고 있는 기업과 기업 간의 거래는 e-마켓플레이스의 영역에서 다루기는 적합하지 않다. e-마켓플레이스는 다양한 유형으로 분류할 수 있다. e-마켓플레이스가 단순한 구매자와 공급자 간의 만남의 장에 머무르는 것이 아니라 거래가 실질적으로 이루어지는 명실상부한 시장이 되기 위해서는 시장 조성자$^{market\ maker}$ 뿐만 아니라 콘텐츠 공급자, 금융기관, 물류 서비스 공급자, IT 관련 기업 등이 참여하여 필요한 부가가치적 서비스를 제공해야 한다. 이를 설명하는 그림은 다음과 같다.

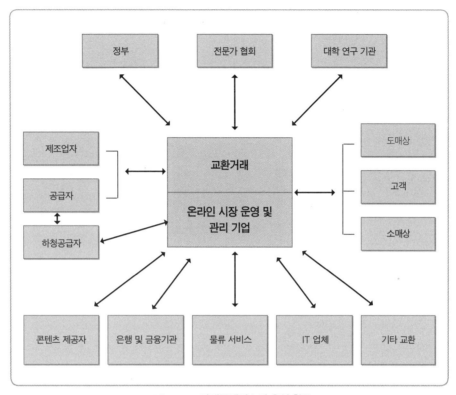

그림 7-3　e-마켓플레이스의 운영 활동

이러한 구조로 형성되는 e-마켓플레이스가 시장으로서 작동하기 위해서는 다음과 같은 구체적인 서비스를 제공해야 한다.

- 구매자-판매자 등록, 자격관리
- 카탈로그 관리
- 커뮤니케이션/프로토콜 변환(EDI, XML, CORBA)
- 보안, 익명성
- 소프트웨어: 그룹웨어, 업무흐름workflow
- 구성원의 후방 시스템 통합

- 경매 관리
- 뉴스, 정보, 산업 분석
- 지원 서비스(자금 조달, 지불, 보험, 물류, 세금, 결제대금 예치^{escrow}, 주문 추적)
- 관리^{administration}: 프로필, 통계 등

2) e-마켓플레이스 유형

기업 간 마켓플레이스는 다양한 관점에서 분류할 수 있다. 이 절에서는 그중에서 가장 이해하기 쉬우면서도 현실적으로 의미가 있는 시장 주관자의 관점에서 단일 기업 중심형 마켓플레이스와 시장형 마켓플레이스로 나누어 살펴보기로 한다.

(1) 단일 기업 중심형 마켓플레이스

단일 기업이 운영하는 마켓플레이스는 판매형과 구매형으로 나눌 수 있다. 이 분류는 시장에서의 해당 기업의 위치에 따른 것으로서 위치에 따라 마켓플레이스에서 얻고자 하는 것이 다르다.

단일 기업 중심의 판매형 마켓플레이스는 Dell이나 Cisco 등과 같은 기업들이 웹사이트를 통해 자사의 제품을 판매하는 마켓플레이스로서 전자 카탈로그, 경매, 협상 등의 방식을 통해 판매한다. 판매형 마켓플레이스를 운영하는 기업의 대부분은 강력한 브랜드를 가지고 있거나 시장지배력이 강한 공급기업이며, 브랜드와 시장지배력을 활용하여 구매자들을 마켓플레이스로 흡수할 수 있기 때문에 성공할 확률이 높다.

판매형 마켓플레이스의 목적은 다양하지만 크게 보아 판매 프로세스의 효율화, 시장의 확대, 고객의 편의성 증대로 요약될 수 있을 것이다. 판매 프로세스를 마켓플레이스에 연동시킴으로써 판매자는 판매업무를 효율적으로 수행할 수 있

게 될 뿐만 아니라 인터넷이라는 새로운 판매채널을 확보하게 되는 셈이다. 구매자들은 마켓플레이스를 통해 원하는 상품정보를 쉽게 구하고, 컨피겨레이터 configurator1)를 이용하여 원하는 대로 상품 스펙을 구성하여 주문하고 가격을 제시받는 등 구매의사결정에 필요한 다양한 종류의 서비스를 받을 수 있게 된다. 판매형 마켓플레이스가 판매기업의 내부 판매 프로세스 및 관련 데이터베이스에 연결되는 것은 필수적이다. 그렇지 않다면 상품정보를 홍보하고 제공하는 정도 밖에 되지 않는 단순한 웹사이트에 불과할 것이다.

일부 발전된 판매형 마켓플레이스는 구매자의 입장에서 구매 프로세스의 일부를 단순/자동화시킴으로써 추가로 부가가치를 제공하고 있다. 예를 들어 B2B 사무용품을 판매하는 Staples사는 www.stapleslink.com을 통해 고객사들이 인터넷으로 주문을 쉽게 할 수 있게 해줄 뿐만 아니라 고객사 자체의 구매승인 프로세스를 자동화시키고 각 종업원별로 기승인된 품목과 지출한도를 반영한 웹페이지를 보여준다. 또한 Staples사를 통해 발생한 구매비용 관련 보고서를 기간별·품목별·주문별로 작성해주기도 한다. 이렇게 개별고객사에 특화된 서비스를 제공함으로써 기업은 고객사와의 관계를 강화시키고 고객사의 니즈를 더욱 정확하게 파악할 수 있게 되어 고객사의 편의를 증대시키고 만족도를 높일 수 있게 된다. 델컴퓨터(www.dell.com)가 기업고객에게 제공하는 Premier Pages는 Staple사와 유사한 사례에 해당한다.

구매형 마켓플레이스는 구매력이 강력한 정부나 대기업들이 구매력을 바탕으로 공급자들을 끌어모으고 그들 간의 경쟁을 통해 구매단가를 낮추는 데 매우 효과적이다. 구매형 마켓플레이스에서 일어나는 거래는 주로 역경매나 입찰tendering/ bidding 방법을 사용하고, 간접재에 해당하는 MRO 품목이 거래의 주 대상이다.

단일 기업이 구매형 마켓플레이스를 만드는 경우에는 전자조달e-procurement

---

1) 고객이 원하는 제품의 구성을 찾아내기 위해 상호작용적으로 사용하는 소프트웨어 도구로서, 일종의 고객의사결정지원 시스템(CDSS: customer decision support system)에 해당함

을 통한 조달 프로세스 혁신에 무게가 실린다. 조달 프로세스의 혁신은 크게 프로세스의 합리화 및 자동화, 비정규 구매^{maverick buying2)}의 제거, 조달창구의 일원화로 요약될 수 있다. 먼저 MRO 품목들은 주로 소량을 반복 구매하는 특성을 가지고 있어 이러한 품목을 조달받는 프로세스를 합리화·자동화함으로써 생산성을 향상시키고 조달 사이클 타임^{cycle time}을 줄일 수 있다. 두 번째로, 비정규 구매를 없앰으로써 승인된 공급처로부터 일련의 규정에 따라 조달받게 된다. 이를 통해 조달 가격을 낮추고 조달품목의 품질을 유지하여 관리를 체계적으로 할 수 있다. 마지막으로 조달창구를 마켓플레이스로 일원화시킴으로써 조달단가를 낮추는 레버리지 효과를 활용할 수 있고, 조달 프로세스를 효과적으로 관리할 수 있게 된다. 오늘날과 같이 커뮤니케이션이 다채널화되는 환경에서는 창구를 일원화하는 것이 매우 효과적인 관리방법이라 볼 수 있다.

구매형 마켓플레이스의 대표적 예가 GE사의 TPN^{Trading Process Network}이다. GE사의 조달 프로세스를 혁신하기 위해 만든 TPN은 성공적으로 목표를 달성했을 뿐만 아니라 분사한 후 www.gxs.com이라는 독립된 회사가 되었고, 회원사의 MRO 조달업무를 수행해주는 제3자 MRO 마켓플레이스로 진화했다. 많은 기업들이 복잡한 조달업무를 전문 기업인 제3자 마켓플레이스에 의존하는 추세에 있다. 우리나라의 경우에는 iMarket Korea, 서브원, 엔투비 등이 있다.

(2) 시장형 마켓플레이스

시장형 마켓플레이스는 단일 기업 중심의 마켓플레이스와는 달리 다수의 공급자와 다수의 구매자가 모여 거래가 이루어지는 가상공간상의 시장이다. 다음 그림은 시장형 마켓플레이스를 거래품목과 거래방식을 기준으로 4가지 형태로 나누고 있다. 거래품목은 직접재와 간접재 또는 MRO로 나뉘고, 거래방식에는 현

---

2) 비정규 구매는 비계획적으로 승인되지 않은 거래처로부터 구매하는 것으로 비효율의 주요 원인임.

물시장과 같이 일시적인 관계에서 거래가 이루어지는 현장구매spot buying와 전략적 계획하에 거래 상대를 선정하고 협상을 통해 합의한 조건에 거래하는 전략적 구매strategic sourcing가 있다.

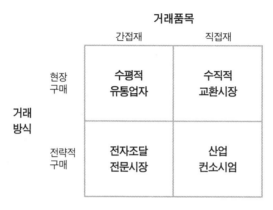

거래품목

	간접재	직접재
현장 구매	수평적 유통업자	수직적 교환시장
전략적 구매	전자조달 전문시장	산업 컨소시엄

**거래
방식**

그림 7-4 시장형 마켓플레이스

현장구매의 형태로 거래가 이루어지는 B2B 시장을 일반적으로 교환시장exchange이라 부른다. 간접재는 다양한 산업에서 두루 사용되기 때문에 수평적 시장에서 거래되며, 특정 산업에서 사용되는 직접재는 수직적 시장에서 거래된다.

수평적 유통업자는 독립된 제3자가 운영하는 일종의 B2B 상점으로서, 흡사 B2C 시장의 Amazon.com 같은 존재이다. 이들은 공급업자가 제공하는 상품에 대한 온라인 카탈로그를 관리하며, 구매기업들은 이 카탈로그를 보고 주문한다. 상품들의 가격은 주로 고정되어 있으나 대량으로 구매하는 경우에는 수량할인을 제공하기도 한다. 수입원은 판매가격과 구입가격의 차이에 해당하는 마진에서 주요 수입이 발생한다.

수직적 교환시장은 특정 산업에서 필요로 하는 직접재를 거래하는 가상시장으로서 고정가격으로 거래되기도 하지만, 주로 다양한 동적 가격결정방식에 의해 가격이 결정된다. 수직적 교환시장은 독립적인 제3자가 운영하며, 대부분의 경우에 참여가 자유로운 개방형 시장이다. 비록 독립적으로 소유되고 운영된다 하더라도 기본적으로 교환시장은 공급자들 간 직접적인 가격경쟁을 기반으로 하고 있기 때문에 구매자에게 유리하기 마련이다. 이로 인해 교환시장들은 충분한 수의 공급자를 끌어들이는 데 어려움을 많이 겪고, 그 결과 충분한 유동성liquidity을 확보하지 못해 실패하는 경우가 많다. 그래서 수직적 교환시장은 매우 매력적인 아이디어임에도 불구하고 현실에서는 성공하는 경우가 많지 않다.

전자조달 전문시장은 공급자와 판매자 간 장기적 계약에 의해 MRO 품목의 조달이 이루어지도록 돕는 역할을 수행한다. 전자조달 전문시장은 카탈로그를 기반으로 한 수평적 유통업자 비즈니스 모델에서 출발하여 가치사슬관리value chain management 서비스를 제공하는 모델로 확대 진화된 경우가 많다. 가치사슬관리 서비스란 구매자의 구매 프로세스를 자동화하고 판매자의 판매 프로세스를 자동화해주는 서비스를 지칭한다. 이러한 부가가치 서비스는 구매자와 판매자가 장기적 관계를 유지하고, 이러한 시장에 참여할 동기를 부여하는 것이다.

마지막으로 산업 컨소시엄형 마켓플레이스는 장기적인 계약관계와 안정적인 거래관계 유지를 기본 원칙으로 삼는다. 따라서 이러한 마켓플레이스에는 일정 자격요건을 충족시킨 한정된 수의 공급업자만이 참여할 자격이 주어진다. 이는 곧 단순한 거래비용의 최소화가 아닌, 공급자와 구매자 간의 관계에 더 큰 가치를 두고 있음을 의미한다. 직접재를 현장 구매하는 독립적인 수직적 교환시장의 대두에 대응하여 구매력이 큰 기업들이 컨소시엄을 구성하여 만든 것이 산업 컨소시엄형 마켓플레이스이다. 구매력이 큰 기업들이 참여하기 때문에 공급자들이 다수 참여할 가능성이 높고, 따라서 유동성 문제로 실패할 확률은 그만큼 낮다고 할 수 있다. 하지만 산업 컨소시엄형 마켓플레이스는 그러한 이점에도 불구하고 충분한 부가가치를 제공하지 못하며, 컨소시엄 구성 기업 간 지배구조governance에 대한 이해관계의 상충으로 성공하기가 쉽지 않다. 충분한 부가가치를 제공하기 위해서는 전자조달 전문시장과 마찬가지로 구매기업과 공급기업의 연결로 구성된 공급체인을 통합적으로 관리하는 데 필요한 서비스를 제공해야 할 것이다.

3) e-마켓플레이스의 동태적 변화

인터넷 도입과 함께 e-마켓플레이스를 비즈니스 모델로 한 온라인 시장이 우후죽순처럼 생겨났지만, 시간이 지나면서 진정으로 시장 참여자에게 쓸모있는 가치를 제공하지 못하는 e-마켓플레이스들은 시장에서 사라졌고, 살아남은 기업들의 비즈니스 모델도 진화하고 있다.

상당한 크기의 시장을 개척하여 충분한 시장의 유동성을 확보하지 않고서는 마켓플레이스의 존립이 불가능하기 때문에 단순한 e-마켓플레이스 솔루션 제공을 통한 온라인 시장을 개설하는 방법이 있다. 이것은 단순히 거래 촉진에 머무르지 않고 부가가치적 기능을 제공하는 e-마켓플레이스를 통해 시장이 제공할수 있는 거래 프로세스 개선, 시스템 통합, 기타 레버리지 효과를 활용할 물류/시장조사 등과 같은 서비스를 제공한다. 이는 아웃소싱 전문 기업으로서의 e-마켓플레이스의 역할을 하게 된다. 실질적으로 e-마켓플레이스가 존립하기 위해서는 조달/판매 프로세스의 혁신을 토대로 한 자동화와 전체 공급체인과의 통합과혁신 그리고 거래 및 제휴 기업과의 협력을 위한 플랫폼 및 기타 부가기능 제공이 수반되어야 한다. 이러한 인식은 다음과 같은 화살표 방향으로 장기간의 조달과 부가가치 서비스를 중시하는 흐름으로 변화의 형태를 갖게 된다.

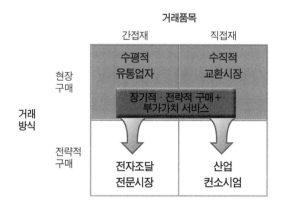

그림 7-5 B2B e-마켓플레이스의 진화 방향

1. 분류기준 및 기본 부가가치 기능

① 다양한 분류의 관점: 가격결정방식, 시장의 성격, 소유권 등

② e-마켓플레이스의 정의

    a. 다수의 구매자와 판매자가 모이는 온라인 시장으로, 단일 기업 운영 시장은 논의에서 제외함

        – 이미 특화자산(specific asset)이 개발되어 있어 일종의 '인질(hostage)' 같은 관계가 형성되어 있는 B2B 관계는 배제. 이러한 경우는 SCM의 협력적 거래의 관점에서 접근하는 것이 적합함

    b. 이미 특화자산이 개발되어 있는 기존의 B2B 관계는 공급체인의 협업적 거래 관점이 더 적합함

2. e-마켓플레이스의 유형

① 현장 구매형: 수평적 유통업자와 수직적 교환시장이 이에 해당하며, 풍부한 유동성이 핵심임

② 전략적 구매형: 전자조달 전문시장과 산업 컨소시엄이 이에 해당하며, 부가가치적 서비스의 제공과 기업 간 또는 산업 내 프로세스 혁신이 동반될 가치가 가장 큼

3. e-마켓플레이스의 동태적 변화

① 부가가치적 서비스: 단순한 교환 촉진에 머무르지 않고 토털서비스를 제공하는 e-마켓플레이스

② 궁극적으로는 다음과 같은 가치가 제공되어야 e-마켓플레이스가 존립 가능

    a. 조달/판매 프로세스의 자동화와 혁신

    b. 전체 공급체인의 통합과 혁신

    c. 거래 및 제휴 기업과의 협력을 위한 플랫폼 및 기타 부가기능 제공

e-비즈니스와
기업정보시스템

1. 정보시스템과 프로세스 혁신

1) 시스템에 대한 전통적 시각

기업조직은 산업시대의 논리에 바탕을 둔 기능적 전문화를 기반으로 진화했고, 그 결과 기능부서를 중심으로 한 조직의 분화^{organizational decomposition}라는 매우 중요한 특성을 갖게 되었다. 경영의 모든 기능부서들은 제각기 다른 목적과 목표가 존재한다. 각 경영 기능은 독립적인 기능단위^{self-contained functional unit}로 구성된다. 예를 들어 회계는 회계 규칙에 따라 일을 처리하고, 생산운영에서는 수요 예측과 재고관리, 그리고 마케팅부서에서는 판매 예측을 중심으로 일을 처리하게 된다. 기능부서를 중심으로 누적된 운영 경험과 지식 그리고 데이터는 특정 기능부서 내의 활용에만 국한되었기 때문에 정보시스템 역시 특정 기능부서에 최적화된 상태로 개발되었다. 특정 기능부서 내의 업무 프로세스를 자동화하고 이로 인해 축적되는 데이터는 부서 내부의 성과를 극대화하기 위한 용도로 활용되었다. 즉, 전통적 정보시스템은 기업 내 각 기능부서의 업무를 최대한 효과적으로 처리하기 위해 개발되었다. 이는 각 부서가 기업 전체의 목표보다는 기업의 하위 집단인 기능부서의 목표를 우선시하는 부서 이기주의에서 기인한 것이기도 하고, 이를 심화시키는 결과를 가져오기도 한다. 또한, 기업 내 유사한 중복 데이터와 중복 프로세스로 인하여 기업활동 최적화에 문제가 발생하게 된다. 결국 이러한 전통적 관점의 정보시스템은 조직구조, 효율성 중심의 내부 지향적 성과와 고객과 경쟁을 감안해야 하는 외부 지향적 성과 간의 충돌이라는 문제를 안고 있으며, 이로 인해 기업 전체^{enterprise level}의 성과 최적화를 위해 데이터를 활용하는 것이 매우 어려워진다.

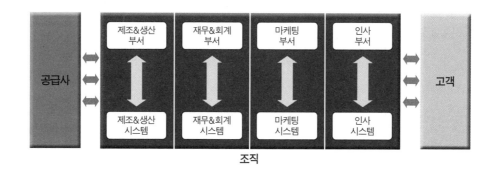

그림 8-1 시스템에 대한 전통적인 시각

2) 정보시스템의 이슈

전통적 정보시스템으로 인해 발생하는 문제는 크게 데이터의 고립^{island of data}과 프로세스 자동화 고립^{island of automation}으로 볼 수 있다. 고립의 의미는 각 기능의 비즈니스 목적^{business objective}에 맞게 기능을 구성하여 목적에 맞는 조직의 효율성 및 전문성을 추구하는 것이다. 따라서 타 기능과의 상호 효율성이 매우 낮다는 특징을 지닌다. 기업의 모든 업무는 유기적으로 연결되어 전체의 목표 달성을 위한 것임에도 불구하고 기능부서가 내부의 업무 효율성을 위해 자신의 비즈니스 목적에 맞게 국지적으로 데이터를 구축 및 활용하여 데이터의 고립이 발생하게 되는 것이다. 앞의 그림에서 볼 수 있는 것처럼 생산부서에서는 필요한 부품이 입고된 결과에 따라 생산에 들어가고, 생산부서에 입고된 부품의 대금은 재무/회계부서에서 처리되어야 한다. 부품과 관련된 정보인 납품하는 공급자, 입고 날짜, 대금지급 날짜, 세부 품목과 수량에 대한 내용이 생산부서와 재무/회계부서마다 각각 자신의 목적에 따라 데이터를 정리하고 관리하게 된다. 이러한 독립적인 데이터 축적과 관리 및 활용은 타 부서와의 정보의 상호 교환을 저해하는 고립상태에 놓이게 된다.

동일한 현상을 나타내는 데이터를 중복적으로 사용하면, 아무리 정확하고 세심하게 데이터를 관리한다고 하더라도 파일들 간에 데이터가 완전히 일치되게 하기에는 현실적인 한계가 존재한다. 이러한 데이터 중복성data redundancy으로 나타나는 문제는 데이터 일관성data consistency과 데이터 무결성data integrity이 힘들다는 것이다. 데이터 일관성이란 모든 데이터가 불일치 현상이 없는 것을 말하는데, 중복적으로 만들어진 데이터는 데이터의 변경이나 수정으로 인한 갱신이 필요한 경우 전체를 일관성 있게 일치시키는 데 어려움이 따르게 된다. 또한 데이터의 논리적 모순이 없도록, 즉 잘못된 데이터가 입력되지 않도록 하는 것을 데이터 무결성이라고 한다. 예를 들면, 13자리로 구성된 주민번호는 13자리의 숫자만 입력해야 하는데, 12자리나 14자리가 입력된다면 데이터의 무결성이 훼손된 것이다. 중복된 데이터로 구성되면 논리적인 모순이나 잘못된 데이터의 입력을 미연에 방지하거나 찾아서 수정하기에 어려움이 따른다. 결국, 자신의 비즈니스 목적이 고객, 회계, 배송, 주문처리 등이냐에 따라 각 섬island이 다르기 때문에 기업의 전체적인 관점에서 구축된 완전한 데이터를 보유하기 어려운 문제가 생긴다.

각 섬, 즉 기능에 국한된 한정적인 범위의 활동은 효율성을 위한 업무처리의 자동화를 지향한다. 하지만 유기적으로 연결된 각 기능업무들의 상호적인 업무처리의 자동화가 아닌 각 기능부서의 비즈니스 목적에 맞는 프로세스를 구축하고 있기 때문에 여러 프로세스들이 복수의 기능, 즉 섬에서 이루어져 중복 프로세스가 발생하고, 전사적 업무처리의 자동화를 저해하는 프로세스 자동화 고립이 발생하게 되는 것이다.

3) 비즈니스 프로세스 혁신

비즈니스 프로세스는 비즈니스 목적 달성을 위해 수행해야 할 논리적으로 연관된 활동들의 집합이다. 비즈니스 프로세스의 예로는 주문처리 프로세스, 재고관리 프로세스, 제조 프로세스, 판매 및 지원 프로세스 등이 있다. 비즈니스 프로세스는 비즈니스 활동을 수행하는 조직의 독특한 방식을 반영하며, 경쟁기업에 비해 우월한 비즈니스 프로세스의 관리 · 혁신 능력은 경쟁력이 원천이 되는 특성을 지닌다. 또한 극심한 경쟁환경에서 이기기 위해 신제품 개발, 서비스 제공, 주문이행 등과 같은 시장지향적인 프로세스를 잘 관리해야 하며, 이러한 프로세스들은 공통적으로 다양한 기능부서를 가로질러 수행되는 다기능적cross-functional 특성을 지니고 있다.

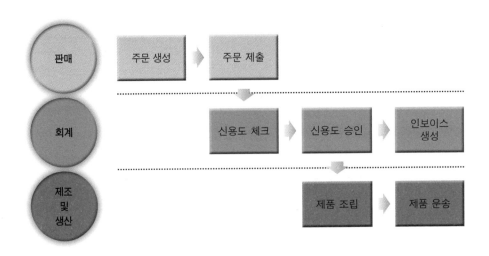

그림 8-2 주문이행 프로세스의 다기능적 특성

출처: Laudon K. C. and Laudon J. P., Management Information Systems, 12th edition, Pearson/New Jersey, 2012

위 그림은 주문이행 프로세스^{oder fulfillment process}의 다기능적 특성을 강조하고 있다. 판매부서가 판매 활동을 통해 접수한 주문은 회계부서를 통해 신용도를 체크함과 동시에 송장^{invoice}을 발송하고, 주문내역에 따라 생산부서에서 제품을 완성하여 고객에게 보내주는 프로세스를 보여준다.

(1) 비즈니스 프로세스 재구축

비즈니스 프로세스 재구축^{BPR: Business Process Reengineering}은 기업 내 또는 기업 간의 업무흐름을 분석하고 재설계하는 기법이다. 비즈니스 프로세스를 최적화하기 위해서는 프로세스 합리화^{streamline}와 자동화가 요구된다. 프로세스 합리화는 프로세스에서 불필요한 부분을 제거하고, 프로세스의 지연을 야기하는 비협력적인 부분을 개선하는 것이다. 특히 반복적 업무와 매뉴얼화된 서류 작업은 프로세스 자동화를 통해 프로세스의 효율성을 높일 수 있다. 이러한 주요 프로세스의 재설계를 통한 프로세스의 최적화는 결국 조직구조의 변화 및 IT를 활용한 프로세스의 지원을 의미한다.

(2) 비즈니스 프로세스 관리

비즈니스 프로세스 혁신이 기존의 비즈니스 프로세스에서 문제가 있는 부분을 수정 및 보완하는 개선에 초점을 두었다면, 비즈니스 프로세스 관리^{BPM: Business Process Management}는 기존의 비즈니스 프로세스를 분석하여 새로운 비즈니스 프로세스를 설계하여 최적화하는 방법으로, BPR보다 그 범위가 확대된 개념이다. 비즈니스 프로세스 관리는 업무 프로세스를 전자적으로 표준화 · 간소화하여 기업의 내외 구성원들 간의 분업, 업무공유를 체계화하는 기업정보화 경영을 말한다. 비즈니스 프로세스 개선은 지속적인 변화가 요구되기 때문에 기업은 경쟁력의 유지 및 강화를 위한 지속적인 프로세스 혁신/관리 방법론인 BPM을 수행한다. 전사적 차원에서 지속적으로 이루어지는 BPM은 기업 중심에서 고객 중심으로, 기능 중심에서 프로세스 중심으로, 부분 최적화에서 전체 최적화로, 계획보다는 실행 차원에서 이루어지는 통합적 비즈니스 프로세스 관리이다.

1. 시스템에 대한 전통적 시각

① 경영조직의 운영 초점은 전문화 및 효율성 추구. 기능영역별로 운영

② 각 기능영역의 특정 주요 기능을 수행하는 데 적합한 정보시스템 구축 활용

2. 정보시스템의 이슈

① 데이터 고립(islands of data)

　　a. 데이터 중복으로 인해 데이터 일관성과 무결성 문제 발생

　　b. 각 섬(island)이 특정 비즈니스 목적(고객, 회계, 배송 등)에 대해 가지고 있는 데이터가 완전하지 못함

② 자동화 고립(islands of automation)

　　a. 각 섬은 각 기능에 국한된 한정된 범위의 활동들을 자동화하고 있음

　　b. 일부 프로세스는 복수의 섬에서 중복되기 때문에 이들 중복 프로세스 간 조정과 동기화가 필요함

　　c. 전사적 프로세스의 구축을 위해서는 모든 섬들이 서로 협력해야 함

3. 비즈니스 프로세스 혁신

① 비즈니스 프로세스

　　a. 정의: 특정 사업결과를 위해 수행해야 할 논리적으로 연관된 활동들의 집합

　　b. 특성

　　　　– 프로세스는 이러한 활동들을 수행하는 조직의 독특한 방식을 반영함

　　　　– 경쟁기업에 비해 우월한 프로세스의 관리 · 혁신 능력은 경쟁력의 원천임

　　　　– 주요 비즈니스 프로세스는 다기능적임

② 비즈니스 프로세스 재구축(BPR: Business Process Reengineering)

　　a. 기업 내 또는 기업 간의 업무흐름을 분석하고 재설계하는 기법

　　b. 프로세스의 최적화

　　　　– 합리화: 불필요한 부분을 제거하고 지연을 야기하는 '손놓음(hands-off)'을 개선함

　　　　– 자동화: 반복적 업무와 매뉴얼화된 서류 작업의 효율성 증가

2. e-비즈니스와 전사적 시스템

1) ERP와 전사적 시스템

전사적 자원관리ERP: enterprise resource planning는 경영자원의 효과적 이용이
라는 관점에서 전체를 통합적으로 관리하고 경영의 효율화를 기하기 위한 수단
이다. ERP는 전사적 자원의 효율적 활용을 위한 계획을 세우는 데 사용되는 정
보시스템으로, 전사적 시스템enterprise system의 대표적인 예에 해당한다. 여기
서 전사적 시스템이란 조직의 모든 부서와 기능을 하나의 IT시스템으로 통합하
는 것을 말한다. ERP는 가시성visibility을 바탕으로 자원계획을 수립하고 통제
resource planning and control하는 데 필요한 기능을 제공한다. 가시성이란 조직의
상층부에서도 모든 부서의 하위층에서 수행되는 활동에 대한 자세한 정보를 근
거로 현황을 있는 그대로 파악할 수 있음을 의미한다. 또한, 전사적 측면에서 자
원을 계획하고 통제하기 때문에 조직 내 활동 수행에 필요한 모든 자원의 활용에
대한 효과적인 계획 및 통제가 가능하다. ERP 구축으로 인하여 기업은 업무처리

의 효율성과 고객 중심 프로세스 구현이 가능하며, 의사결정의 질을 향상시킬 수 있다.

기업들은 제조 및 생산, 재무 및 회계, 판매 및 마케팅, 그리고 인적자원관리 등의 비즈니스 프로세스를 하나의 소프트웨어 시스템으로 통합하기 위해 전사적 자원관리^{ERP}를 구축하여 여러 시스템에 분산되어 있던 정보를 전사적으로 공유할 수 있도록 하나의 데이터 저장소에 저장한다. 예를 들어 고객의 주문정보는 이를 처리하기 위한 기업의 여러 활동에 자동으로 전달된다. 이러한 주문거래정보는 창고에 전달되어 주문된 제품을 찾고 출하 일정을 계획하도록 한다. 창고에 재고가 부족한 경우 공장에 생산을 요청하는 정보가 전달된다. 회계부서는 고객에게 송장을 보내도록 통보받는다. 고객서비스를 담당하는 직원은 주문의 진행 사항을 관리하고 고객에게 주문 상태에 대한 정보를 제공한다. 또한, 관리자들은 일상 운영이나 장기적인 계획에 대한 보다 정확하고 시의적절한 의사결정을 내리기 위해 전사적인 정보를 이용할 수 있다. ERP 시스템 프로세스 구성은 다음 그림과 같다.

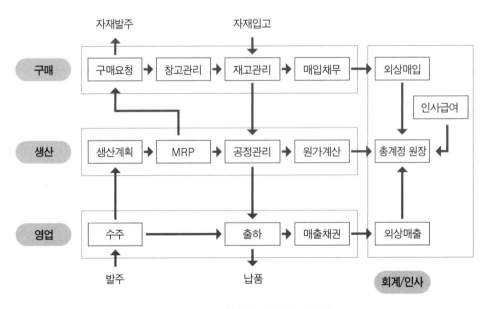

그림 8-3 ERP 시스템의 프로세스 구성도

2) 전사적 시스템 작동

앞에서 논의하였듯이 ERP를 포함한 전사적 시스템은 기업 내 주요 프로세스와 자원을 통합적으로 관리하는 것을 가능케 주는 기업의 기간 정보시스템에 해당한다. 다음 그림에서 볼 수 있듯이 전사적 시스템은 기능별 소프트웨어 모듈과 통합 데이터베이스로 구성되어 있으며, 프로세스 지원 및 정보 공유의 기능을 가지고 있다.

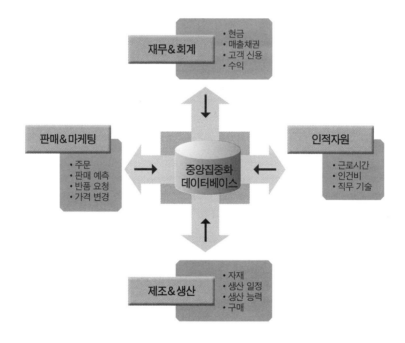

그림 8-4 전사적 시스템의 데이터 통합

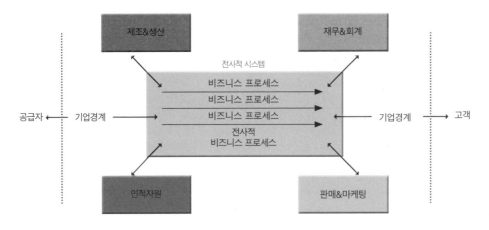

그림 8-5 전사적 시스템 프로세스 지원

출처: Laudon K. C. and Laudon J. P., Management Information Systems, 12th edition, Pearson/New Jersey, 2012

3) 전사적 시스템과 통합

e-비즈니스는 기업의 주요 활동을 효율적·지능적으로 수행하기 위해 인터넷 및 관련 테크놀로지를 활용하는 것이기 때문에 기업 전체^{enterprise} 관점에서 주요 프로세스를 지원하는 ERP 같은 정보시스템 인프라를 구축하는 것이 필수적이다. 1990년대에 기업의 기간^{backbone} 시스템으로 자리 잡은 ERP는 e-비즈니스로 인한 기업환경의 급격한 변화에 대한 적응이라는 과제를 안게 된다.

이 책에서 지금까지 살펴보았듯이 e-비즈니스는 기업과 외부 공급자 및 고객 네트워크 사이의 접점에서 발생하는 다양한 활동들을 인터넷 관련 기술로 지원함으로써 가치를 창출하는 것이다. 따라서 e-비즈니스의 확산으로 인해 ERP는 필연적으로 전방^{front-end}으로는 고객과의 의사소통과 관계를 개선하기 위한 활동을 통합적으로 지원하고, 후방^{back-end}으로는 기업의 경계선을 넘어 발생하는 기업 간 프로세스^{inter-organizational processes}를 통합적으로 지원하는 기술적 플랫폼으로 진화해야 함을 의미한다. e-비즈니스가 확산되기 전에는 EDI를 이용하여 ERP에 접속함으로써 기업들은 서로 간에 필요한 의사소통을 하였다.

e-비즈니스 환경에서 ERP의 역할이 과거에는 단순히 내부 자원의 효율적 활용에 초점이 있었다면, e-비즈니스 환경에서의 ERP는 공급망관리^{SCM}, 고객관계관리^{CRM}, 지식관리$^{knowldege\ management\ system}$ 등과 같은 내부의 고도화된 전문 시스템들과 통합되어야 한다. 이렇게 e-비즈니스 시대의 ERP가 기능적으로 범위가 넓어지고 기업의 경계를 넘나드는 프로세스를 지원한다는 의미에서 확장^{extended} ERP라 부른다. 그리고 확장 ERP는 궁극적으로 웹을 기반으로 한 개방^{open} 기술들을 이용하여 온라인 시장들과 전략적 파트너 기업들의 ERP와 연동되어야 e-비즈니스가 제공할 수 있는 혁신의 성과를 극대화할 수 있을 것이다.

그림 8-6 확장 ERP

시스템의 통합은 그 자체로서 변함없는 가치를 가지고 있다. 기업의 활동영역이 넓어짐에 따라 조직 경계를 넘나드는 e-비즈니스 애플리케이션이 기존의 기업 내부 시스템과 통합되고, 다른 한편으로는 기업 외부의 거래 파트너들과 연동되는 것이 점점 더 중요해지고 있다. 따라서 전사적 시스템은 통합integration이라는 가치를 중심으로 지속적으로 적용범위를 확대하는 방향으로 진화할 것이다.

전사적 애플리케이션 통합EAI: Enterprise Application Integration은 전사적 애플리케이션을 서로 연결할 수 있는 소프트웨어 계층을 만듦으로써 기존의 시스템을 통합하는 것이다. EAI는 새로운 소프트웨어/시스템 계층을 통해 고립되어 있던 독립적 시스템을 연결한다. 이를 통해 기존 애플리케이션에서도 데이터를 공유하고 커뮤니케이션이 가능하도록 한다. 또한 전사적 시스템은 통합된 정보 제공이 가능하도록 하고, 기존의 기능별 애플리케이션이 아닌 통합된 계층을 제공함으로써 기존 시스템의 한계점을 극복하게 해준다.

EAI의 통합은 크게 두 수준으로 이루어진다. 첫 번째 통합은 내부 수준의 통합으로, CRM과 SCM 및 기타 기존의 다양한 내부 시스템인 전통 시스템legacy applications과 ERP를 통합하는 것이다. 두 번째 통합은 기업 간의 통합B2B integration이다.

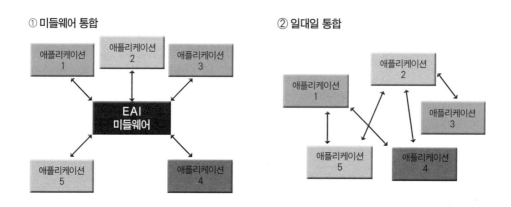

그림 8-7 기업 내부 애플리케이션 통합

출처: Laudon K. C. and Laudon J. P., Management Information Systems, 12th edition, Pearson/New Jersey, 2012

위 그림의 ①은 EAI 미들웨어를 이용하여 기업 내 모든 애플리케이션을 통합하는 방식을 보여주고 있다. 여기서 EAI 미들웨어[1]는 애플리케이션 간 커뮤니케이션을 가능하게 해주는 일종의 플랫폼 역할을 수행함으로써 애플리케이션의 통합을 이루어낸다. EAI는 그림 ②와 같은 전통적인 일대일$^{point-to-point}$ 통합보다 훨씬 효율적이다.

정보통신의 발달은 기업 간 거래에 있어 거래비용 감소 효과를 가져다준다. 기업 간의 거래비용 감소는 여러 기업이 협력하여 제품을 생산하거나 고객에게 서비스를 제공하게 할 수 있다. 이렇게 여러 기업이 모여 하나의 기업처럼 운용되기 위해 ERP를 연결하여 정보가 막힘 없이^{seamless} 흐르도록 기업 간 통합을 추구하여야 한다. 웹이 발달하기 전에는 기술의 경직성으로 인해 기업 간 통합은 개념적인 수준에 머물러 있었다고 해도 과언이 아니다.

최근 웹 관련 기술은 급속도로 발전하고 있다. 웹은 근본적으로 개방기술로서 유연성이 뛰어나다. 웹 서비스$^{web\ services}$는 운영체제 또는 프로그래밍 언어들과 무관하게 상이한 시스템 간 정보의 교환을 용이하게 해줄 뿐만 아니라, 단일 기업 내에 존재하는 서로 다른 기종의 시스템들을 연결시키는 애플리케이션들을 편리하게 생성할 수 있게 해준다. 개념적으로 웹 서비스는 특정 업무^{task}를 수행하는 소프트웨어 단위로서, 어느 특정 비즈니스 프로세스의 수행에 필요한 웹 서비스의 조합 또는 느슨한 연결$^{loosely\ linked}$을 통해 애플리케이션이 구축되는 것이다. 특정 목적을 염두에 둔 웹 서비스의 집합으로 형성되는 서비스 지향 아키텍처$^{SOA:\ Service\ Oriented\ Architecture}$는 불특정 다수의 외부 시스템과의 연동과 통합을 가능하게 해주는 소프트웨어 아키텍처로서, 소프트웨어 개발자들은 이용 가능한 웹 서비스들의 조합을 통해 원하는 소프트웨어 애플리케이션을 구축한다.

---

[1] 서로 다른 기기들 간 운영체제나 통신 프로토콜의 차이를 극복하고 응용소프트웨어 차원에서 메시지 교환을 가능하게 하는 스프트웨어

웹 서비스는 XML^{eXtensible Markup Lanaguage}을 이용해 데이터와 교환 메시지를 구조화한다. XML은 문서를 구성하는 콘텐츠 요소들의 의미를 나타내기 위해 태그를 부착함으로써 컴퓨터가 인간의 개입 없이 자동적으로 데이터를 이해하고 활용할 수 있도록 해준다. 이러한 XML의 장점을 이용하여 애플리케이션 차원에서의 통합을 추구하는 것이다.

1. 전사적 시스템

① 전사적 시스템: 조직의 모든 부서와 기능을 하나의 IT 시스템으로 통합함

② 특성

  a. 가시성(visibility): 조직 구성원들은 비즈니스 활동에 대한 정보를 기업 전체 차원에서 보고 의사결정을 내릴 수 있음

  b. 자원계획 및 통제(resource planning and control): 조직 내 활동 수행에 필요한 모든 자원의 활용에 대한 효과적인 계획 및 통제

③ 효과

  a. 효율성(efficiency)

  b. 고객 중심 프로세스(customer-driven processes)

  c. 의사결정의 향상(improved decision-making)

2. ERP 작동

① ERP

  a. 기존의 개별 시스템들을 하나로 묶어 통합된 단일 DB에서 구동되게 함으로써 다양한 부서들이 정보를 용이하게 공유하고 서로 커뮤니케이션 할 수 있도록 한 소프트웨어

  b. 모듈방식에 의해 유연하게 설계되어 있어 당장 필요한 일부 모듈만 우선 설치하고 추후 필요에 따라 추가 모듈을 설치할 수 있음

② 구성: 각 기능영역별 소프트웨어 모듈 + 통합 데이터베이스

③ 기능: 프로세스 지원 + 정보 공유

3. 전사적 시스템 통합

① 기업의 활동영역이 넓어짐에 따라 조직 경계를 넘나드는 e-비즈니스 애플리케이션을 활용하게 되면서 전사적 수준에서의 시스템 통합이 갈수록 중요해지고 있음

② 두 수준의 통합

  a. 기업 내 통합: CRM과 SCM 및 기타 기존의 다양한 전통 시스템(legacy applications)과 ERP의 통합

  b. 기업 간 통합: SOA, 웹 서비스의 중요성

e-비즈니스와 고객

1. 고객 중심 패러다임

- 생산방식의 변화를 통해 산업 패러다임의 변화를 이해한다.
- 고객 중심의 패러다임 시대에 고객이 원하는 가치에 대하여 알아본다.

Key Word

- 대량맞춤
- 전체의 최적화
- 고객 중심 패러다임

1) 고객 중심의 패러다임

19세기 말에서 20세기 초에 걸친 산업혁명을 기점으로 인류의 생산방식뿐만 아니라 삶의 모습이 크게 변했다는 것은 잘 알고 있는 사실이다. 산업혁명 이전의 생산방식은 수공업으로서, 다양한 기능을 가진 장인이 고객의 요구에 맞춰 맞춤생산을 했다. 이러한 생산방식의 특징은 유연성flexibility이지만, 고비용으로 인해 수요가 부유층에 한정되어 있는 것이 단점이었다.

산업혁명으로 도래한 대량생산mass production시대의 핵심 논리는 표준화된 제품의 대량생산을 통해 생산원가를 절감하고, 이에 따라 낮아진 가격은 수요를 확대하고, 확대된 수요는 생산의 효율성을 더욱 개선하는 선순환의 사이클이다. 이 사이클을 통해 대중에게 향상된 생활수준과 물질적 풍요를 누리게 하는 것이다. 대량생산이 추구하는 생산 효율성의 극대화는 표준화와 노동의 분화라는 두 축을 중심으로 이루어졌다. 표준화는 부품과 작업의 표준화, 노동의 분화는 전문화와 조직의 기능적 분화로 나타났다.

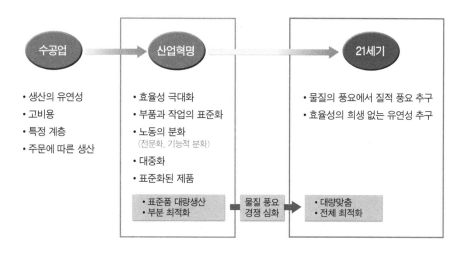

그림 9-1 생산방식의 진화와 새로운 혁명

(1) 맞춤생산

대량생산으로 인해 일반 소비자의 삶이 향상되고 물질적 풍요를 누리기 시작했지만, 개인의 욕구 충족을 무시한 대량생산의 논리는 한계에 부딪히기 시작한다. 개인의 욕구 충족은 인간의 근본적 욕구에 해당하는 것이기에 생산기술은 결국 수공업시대의 고객맞춤customization에 대한 향수를 불러일으키게 되었다.

그렇지만 맞춤생산은 비용이 높고 시간이 많이 걸린다는 근본적인 문제점을 안고 있다. 이러한 문제점을 해결하면서도 대량생산의 저비용과 신속성이라는 장점을 잃지 않은 맞춤생산이 대량생산시대 이후에 가능하게 되었다. 이는 적절한 가격과 시간 내에 개별 소비자가 원하는 사양을 담은 제품을 생산하여 인도하는 것을 의미하며, 이를 대량맞춤mass customization이라 부르게 되었다. Dell Computers, Lands End 등은 대량맞춤의 대표적 사례로 꼽힌다.

수공업 시대의 맞춤생산을 효율성을 희생한 유연성으로 규정한다면, 산업혁명 이후의 대량생산은 유연성을 희생한 효율성으로 정의할 수 있다. 대량맞춤을 통해 인류의 생산방식이 다시 유연성으로 돌아가는 셈이다. 그러나 이는 과거로의 단순 회귀나 비효율성에 기반을 둔 유연성이 아닌, 효율성을 희생하지 않은 유연성으로 한 차원 높게 승화하고 있다. 뿐만 아니라 물질적 풍요는 소비자의 욕구가 단순한 물질적 차원을 넘어 심리적·경험적 차원으로 확산되고 있다. 이러한 흐름이 앞으로 계속해서 생산방식을 포함한 기업 경영의 모든 측면에서 변화의 구심점 역할을 할 것이다.

(2) 전체 최적화

대량생산체제에서 효율성을 극대화하기 위해 노동을 분화하고 세분 영역을 전문적으로 담당하는 전문화는 조직의 기능적 분화로 나타났다. 사실 전문화는 대량생산시대의 기업의 조직구조뿐만 아니라 사회 전반의 진화를 설명할 수 있는 논리이다. 사회는 효율성 극대화를 위해 전체를 작은 부분으로 나누고, 각 부분별 또는 분야별로 전문화를 통해 극도의 효율성을 이루는 방식으로 진화해온 것이다. 그러나 이러한 기능부서별 생산성 극대화를 위한 노력은 본질적으로 각 부서별 부분 최적화$^{local optimization}$라는 한계를 안고 있다.

고객은 전체 최적화$^{global optimization}$에 관심이 있을 뿐이다. 생산현장은 매우 효율적이지만 물류시스템이 효율적으로 작동하지 못해 자신이 원하는 제품을 늦게 받는다면 그 기업에 대한 평가는 좋지 않을 수밖에 없다. 따라서 기업의 관점에서는 부서들을 통합하고 조정하여 시장의 요구에 신속하게 대응할 수 있는 체제를 갖추어야 한다. 즉, 전문화로 인한 부분 최적화를 극복하고 전체 최적화를 이루기 위해서는 부분들과 부서들의 전문성을 통합^{integrate}하고 조정^{coordinate}하는 것이 필수적이다.

산업의 구조도 마찬가지 논리로 설명될 수 있다. 공급자들은 극도의 효율성을 발휘하기 위해 전문성을 축적하여 자신들의 관점에서 산업을 규정했다. 이로 인해 각 산업은 전문성과 효율성을 갖추었으나 이를 소비할 고객의 입장에서는 자신에게 필요한 다양한 니즈를 충족시켜줄 상품을 다양한 산업에 걸쳐 탐색하며 시장에서 스스로 구매해야만 했다. 특히 자본주의가 극도로 발전하면서 시장에 주어진 많은 선택권은 소비자에게 풍요롭지만 혼란스럽다. 이는 소비자의 편의성이 희생되고 있음을 의미하고, 따라서 전문기업들이 제공하는 상품을 통합 및 조정하여 소비자가 원하는 총체적 패키지를 구성하는 역할에 대한 필요가 생겨난 것이다.

2) 고객가치 충족

대량생산방식의 고도화에 따라 자본주의가 성숙단계에 접어들면서 기업 간 경쟁의 심화와 소비자의 물질적 풍요라는 두 가지 중요한 현상이 나타나게 되었다. 대량생산의 효율성은 시장의 확대에 따라 기업들이 번창할 수 있는 토양을 제공했고, 이로 인해 기업 간 경쟁은 점차 심화되었다. 대량생산방식의 발전단계에서는 원가가 매우 효과적인 경쟁무기였지만, 대량생산방식이 고도화되면서 기업들은 저가격보다는 차별성을 기반으로 한 경쟁을 추구할 수밖에 없는 기업환경이 조성되었다.

차별성은 맞춤생산으로 표현될 수 있는 유연성과 시간 단축을 통한 신속한 대응, 고객 편의성 제공 등으로 요약될 수 있다. 물질적 풍요는 맞춤 상품에 대한 욕구가 강화되었을 뿐만 아니라 물질적 욕구의 충족과 함께 심리적 욕구의 충족도 중요해졌다. 이러한 변화는 소비자 또는 고객이 가치 있게 여기는 것들이 대량생산으로는 충족되지 못하는 단순한 물질적 풍요 이상의 그 무엇이라는 것을 시사하고 있다.

'고객이 가치 있게 여기는 것'을 뜻하는 고객가치$^{customer\ value}$는 매우 복합적인 개념일 수밖에 없다. 이제까지의 논의를 바탕으로 고객가치는 다음과 같은 차원으로 구성되어 있다고 볼 수 있다.

첫째, 가격과 품질의 희생 없이 개인 소비자의 취향과 개성에 맞는 맞춤 서비스를 제공하는 것이다. 현대의 경제사회에서는 서비스나 상품의 개인화personalization 또는 고객맞춤customization 제공으로 고객가치를 높이고 있다. 둘째, 산업혁명 이후 다양하고 표준화된 제품의 공급은 고객의 물질적 욕구 충족을 용이하게 했다. 고객은 상품 구매를 통해 풍부한 물질적 욕구를 충족하는 것은 가능해졌으나 일련의 구매활동에서 만족과 편리함을 느끼기는 어려웠다. 이런 상황에서 고객이 구매 전 과정에서의 편의성을 느낄 수 있는 총체적 솔루션 제공을 통해 소비자의 가치를 증대시킬 수 있다. 셋째, 고객에게 시간은 중요한 가치이다. 따라서 고객이 제품이나 서비스를 구매하거나 구매를 이행하는 일련의 프로세스에서 최대한 효율적·효과적으로 시간을 절약할 수 있도록 해야 하며, 고객이 요구하는 즉시 신속하게 응대할 수 있어야 한다. 이러한 고객의 가치를 만족시키기 위해 기업은 시간 기반 경쟁time-based competition의 역량을 갖추어야 한다.

(1) 개인맞춤과 경험

물질적 풍요는 개인의 욕구에 대한 중요성을 재인식하게 만들었을 뿐만 아니라 개인적 욕구를 물질적 차원에서 경험적 차원으로 확대시켰다. 물질적 차원이 단순한 물질의 소유와 소비행위에서 욕구가 충족됨을 의미한다면, 경험적 차원은 구매단계에서 시작하여 소비가 종료되는 전 과정 동안 필요한 총체적 욕구를 포괄하는 것으로 정의할 수 있을 것이다.

개인의 욕구 충족과 관련된 개념으로 '고객맞춤customization'을 사용하는데, 특히 웹 환경에서 개인의 선호에 맞추어 콘텐츠와 서비스를 제공하는 것을 '개인화personalization'라 부른다. 이미 대량생산시대를 넘어선 오늘날 '고객맞춤'과

'개인화'는 비용, 품질, 시간의 관점에서 희생이 없는 맞춤 제품/서비스의 제공을 의미한다.

경험 차원의 개인맞춤은 구매 전 탐색단계에서 시작하여 구매 및 사용 후 처분 단계에 이르기까지의 모든 고객서비스 과정을 총체적으로 개인 수준에서 맞춤 관리하는 것으로 정의할 수 있다.[1] 경험은 물질적 욕구의 충족을 넘어선 총체적 욕구의 충족을 포괄하는 개념으로서, 고객서비스 사이클의 모든 단계에 걸친 서비스 강화를 통한 최상의 경험을 제공하는 것이다. 고객에게 최상의 경험을 총체적으로 제공하기 위해 기업들은 고객에 대한 이해를 위한 정보 수집 능력, 고객의 선택 폭을 증가시키기 위한 유연성과 다양성을 제공할 수 있는 능력, 그리고 개인화된 경험을 제공할 수 있는 능력이 필요하다. 먼저 기업은 고객을 알고 이해하기 위해 각종 고객 대면 채널을 통해 고객의 정보를 수집 및 분석하고 이를 활용하여 고객에 대해 학습해야 한다. 고객이 원하는 상품과 서비스를 선택할 수 있도록 컨피겨레이터configurator를 활용하여 고객 스스로 원하는 제품의 사양을 정하여 주문할 수 있도록 한다. 또한 물리적 제품에서 정보를 분리해 온라인으로 제품정보를 제공함으로써 다양한 제품에 대한 재고를 비축해야 하는 부담을 덜 수 있다. 온라인 셀프서비스 기능을 통해 개인화된 경험을 제공하고, 콘텐츠의 모듈성을 이용하여 개인화된 콘텐츠를 제공할 수 있다.

셀프서비스 기능은 비용 감축과 고객 경험 극대화가 가능하다는 장점이 있지만, 잘못 디자인된 셀프서비스 기능은 혼란을 야기할 수 있어 양날의 칼이 될 위험이 있다.

1) Ives, B. and G. P. Learmonth, "The information system as a competitive weapon," Communications of the ACM, vol. 27, no. 12, 1984, 1193-1201

Vandermerwe, S., "How increasing value to customers improves business results," Sloan Management Review, Fall 2000, 27-37

(2) 시간 단축과 실시간 대응

리드타임lead time이란 고객 주문 처리, 신제품 개발, 원부자재 구매 등과 같은 프로세스의 시작에서 종료까지 걸리는 시간이다. 리드타임이 길다는 것을 전략적, 운영적, 고객 측면에서 살펴보면 다음과 같다.

첫 번째로 전략적 측면에서 리드타임이 길다는 것은 시장의 변화에 대응하는 것이 느리다는 것을 의미하며, 변화가 심한 오늘날의 경쟁환경에서는 치명적인 약점이 될 수 있다. 두 번째로 운영적 측면에서 리드타임이 길면 프로세스의 효율성이 낮고 비용이 많이 소요되기 때문에 결국 가격경쟁력이 떨어지게 된다. 세 번째로 일상생활이 복잡해질수록 고객은 시간에 더욱 많은 가치를 부여하게 된다. 따라서 리드타임이 길면 그만큼 기다려야 하기 때문에 고객의 충성도와 만족도가 떨어지고, 반대로 리드타임이 짧으면 오히려 가격 프리미엄까지 요구할 수 있을 것이다.

시장에서의 경쟁무기는 변화해왔다. 대량생산체제가 성숙기에 접어들면서 기업들의 생산기술 수준이 원가와 품질의 관점에서 큰 차이가 없게 되었다. 유연성과 함께 이 빈 공간을 메우게 된 것이 바로 시간이다. 이러한 배경하에 1980년대 중반에서 1990년대 초반에는 시간 기반 경쟁time-based competition이 강조되었다.[2]

이러한 경쟁판도의 변화가 기업이 시간의 중요성을 깨닫는 계기가 되었다면, 정보기술의 발전은 시간 단축의 가능성을 높여주었다. 정보기술의 발전은 1990년대에 많은 관심을 끌었던 비즈니스 프로세스 재구축, 즉 BPR을 탄생시켰다. BPR은 프로세스의 합리화 및 자동화와 반복적인 업무 자동화로 요약될 수 있다. 프로세스의 합리화 및 자동화는 기업의 업무활동과 관련하여 시스템의 불필요한 부분을 제거streamlining processes하고, 다기능적인cross-functional 주요 프로세

---

2) G. Stock and T. Haut, Competing against Time, The Free Press, 1990

스를 통합하여 업무처리에 있어 지연을 야기하는 '손놓음^{hand-off}'을 줄인다. 또한 반복적인 단순업무는 시스템을 이용한 자동화를 통해 업무의 효율성을 높일 수 있다. BPR을 통하여 시스템이 통합되면서 실시간으로 정확한 정보의 공유가 가능해졌다. 또한 시스템 통합 시 기업의 내부 고객과 외부 고객의 요구에 실시간으로 대응할 수 있어 운영의 투명성^{operational transparency}을 확보할 수 있다.

BPR은 지금도 계속되고 있다고 보아야 한다. 과거의 BPR이 ERP를 기반으로 한 기업 내 프로세스의 재구축이라면, e-비즈니스 시대의 BPR은 확장^{extended} BPR이다. 이는 고객부터 최상위의 공급업체에 이르는 프로세스/시스템의 통합을 지향하며, 이를 가능케 하는 정보기술이 바로 인터넷이다. 확장 BPR은 e-비즈니스의 핵심 아이디어 중 하나이며 부분 최적화에서 전체 최적화로 이행해가는 과정에 해당한다.

(3) 편의성: 총체적 솔루션

고객 중심의 패러다임은 모든 것을 고객의 관점에서 바라보는 것을 요구한다. 그러나 대량생산시대는 효율성과 전문성으로 무장한 공급자 주도의 경제였기 때문에 오랜 기간 동안 공급자 중심의 관점이 당연시되었다. 공급자 중심의 시각은 곧 고객에게는 편의성의 결핍을 의미한다. 시장은 고객의 연관된 니즈를 총체적으로 해결해주는 토털 솔루션의 제공을 통해 고객에게 편의성을 제공하기를 원한다. 예를 들어 현재의 산업 개념과 경계선을 생각해보면 다분히 공급자 중심의 시각에서 규정되어 있다. 고객의 입장에서는 스스로 여러 시장에서 찾아와 패키지를 구성함으로써 자신의 총체적 니즈를 충족시켜야 한다.

현재 변화의 소용돌이 속에 있는 금융 분야를 고려해보자. 금융 관련 소비자의 니즈는 자산의 관리와 증식일 것이다. 이러한 니즈를 충족시키기 위해 소비자는 필요에 따라 은행업, 증권 및 투자신탁업, 부동산업, 보험업을 넘나들며 거래해야 했다. 각 업계의 전문가는 해당 금융 분야의 전문성을 무기로 경쟁했다. 그러나 이제는 고객의 금융과 관련된 총체적인 니즈를 한 창구에서 각 전문가의 도움을 받아 해결할 수 있는 PB^private banking가 도입되고 있고, 은행을 통해 보험상품을 구매하거나 부동산에 투자할 수 있게 되었다. 이렇게 점차 산업 간 인위적인 경계가 사라지는 금융 관련 산업의 융합^convergence 현상은 전 세계적인 추세이며, 공급자 관점에서 고객 관점으로의 이행과정에 있음을 보여주는 하나의 사례에 불과하다.

산업의 변화^industry transformation는 기술혁신, 소비자의 니즈 변화, 규제완화로 인해 촉발된다.[3] 금융업의 변화는 결국 인터넷으로 인한 혁신과 총체적 니즈의 충족을 요구하는 소비자, 그리고 이러한 변화에 따라 규제를 완화해주는 정부가 한데 어우러져 일어난다.

선택권이 넘쳐나는 오늘날의 시장은 고객에게 혼란스럽기만 하다. 고객에게 총체적 솔루션을 제공하는 것은 고객 스스로가 직접 필요한 것들을 찾아 전체 니즈를 충족한다기보다는 최상의 제품을 한 곳에 모아놓거나 시장에서 찾아 총체적 해결책^total solution을 제공하는 것이다. 따라서 전문분야에서 최고의 상품을 공급하는 전문기업과 이들에 대한 정보를 수집·평가하고 고객의 니즈에 적합한 패키지를 구성해주는 통합기업^aggregating firm이 필요하다. 금융산업에서는 PB 서비스를 제공하는 기업이 통합기업의 역할을 하는 것이며, 현재는 누구보다도 은행이 선두에 나서고 있는 것으로 보인다. 결국 통합기업이 각 고객의 총체적 니즈를 충족시키기 위해서는 하나의 부분만을 제공하는 각 전문기업들을 조정·통합하여야 한다.

---

3) M. E. Porter, Industry Transformation, Teaching Note, Harvard Business School, 2000

1. 고객 중심의 패러다임

① 개별 맞춤생산

    a. 표준품의 대량생산방식은 물질적 풍요를 가능하게 했으나 개인의 욕구를 무시하는 한계점을 드러냄

    b. 개인의 개별적 · 질적 욕구를 충족시켜줄 수 있는 개별 맞춤생산 등장

② 전체 최적화

    a. 부분의 전문화 및 최적화로 기업 운영의 효율성은 획득하였으나 소비자 욕구 충족은 실패함

    b. 소비자의 복합적 니즈 충족을 위해 부분의 전문화를 통합과 조정을 통해 전체 최적화를 이룸

2. 고객가치 충족

① 대량맞춤은 생산에서의 IT 활용으로 생산의 유연성과 시간 단축을 통한 신속한 대응 및 고객 편의성 제공이라는 차별화된 가치를 제공함

② 고객가치 차원

    a. 개인맞춤과 경험

        – 가격과 품질은 그대로 유지되면서 고객의 개별 욕구 충족을 맞춤화함

        – 제품 구매에서부터 사용 및 폐기되는 모든 단계에서 최상의 경험 제공

    b. 시간 단축과 실시간 대응

        – IT 활용은 고객 주문 처리, 신제품 개발, 원자재 구매 등과 같은 프로세스의 시작에서부터 종료에 이르는 리드타임 단축

        – 리드타임 단축으로 시장에 신속하게 대응하고, 프로세스의 효율성을 획득할 수 있으며, 고객의 충성도와 만족을 높일 수 있음

    c. 편의성: 총체적 솔루션

        – 소비자가 시장의 중심이 되면서 소비자가 원하는 것을 한 번에 총체적으로 해결해줌으로써 편의성 제공

        – 소비자가 원하는 최상의 상품이나 서비스를 한 곳에 모아서 서비스함

2. 개인화

1) 대량맞춤과 개인화

개인화personalization 개념은 상호작용 마케팅interactive marketing, 일대일 마케팅one-to-one marketing, CRM과 유사하다. 이런 개인화의 목적은 기업과 고객의 긴밀한 관계를 통해 특별한 가치를 제공하여 장기적인 유대관계를 맺는 것이다. 즉, 개별고객의 취향에 맞춤서비스를 제공하여 고객과의 장기적인 관계를 형성하는 것이다. 인터넷은 고객과의 상호작용이 용이하고, 오프라인 환경보다 저렴한 비용으로 신속하게 고객의 요구에 응대할 수 있어 고객맞춤 서비스 제공을 위한 주요 채널로서 주목받고 있다. 인터넷 기술의 진보와 함께 고객 중심의 패러다임으로 인해 개인화, 맞춤화는 기업 경쟁력의 유지에 꼭 필요한 것이 되었다.

대량맞춤mass customization이란 대량생산 시스템의 강점인 규모의 경제의 효율성과 비용을 희생하지 않는 수준에서 개인에게 맞춤 제품을 제공하는 것으로서 물리적 제품의 맞춤화를 의미한다. 반면에 개인화는 전통적으로 서비스 차원에서의 개인맞춤을 의미하는 것이다. 오늘날의 경제에서 서비스산업이 차지하는 비중은 절대적일 뿐만 아니라 제조업종의 성장동력도 제품 자체보다는 제품 기능과 이를 지원하는 데 필요한 서비스 패키지의 제공에서 찾을 만큼 제조업의 서비스화 servitization가 널리 확산되고 있다. 따라서 이제는 물리적 제품의 맞춤화 보다는 좀 더 총체적 관점에서의 맞춤화를 논의해야 하고, 이러한 맥락에서 대량 맞춤과 개인화를 통합적으로 이해할 필요가 있다. Kotler는 제품이 갖는 본질적인 편의적 특성을 핵심제품 그리고 포장이나 브랜드, 품질, 스타일과 관련된 유형제품의 특성 및 A/S, 배송, 결제 등과 같은 확장제품의 특성으로 구분했다. 대량맞춤에서의 '맞춤'은 최대한 생산라인의 최종단계에서 맞춤화하는 것으로, 맞춤의 대상이 핵심제품과 유형제품이 된다. 이를 위해 기업은 모듈러 생산방식[1]으로 제품을 생산한 후 최종소비자의 선택단계에서 모듈을 소비자가 직접 선택하여 맞춤화할 수 있게 해준다. 반면, 개인화는 핵심제품과 유형제품의 특성을 넘어 확장제품으로 확대하여 사용자의 특성에 따라 부가적인 서비스까지 맞춤을 확대한다.

개인화는 제품이 가지고 있는 본질적인 핵심 특성과 더불어 부가적인 부분까지 맞춤화를 제공하는 것이다. 특히, 대량맞춤이 제품 본연에 충실한 맞춤화인데 반해, 개인화는 제품/서비스 구매나 사용 소비와 관련된 부가적인 서비스를 웹사이트와 커뮤니케이션 영역까지 확대한 총체적인 맞춤화를 제공한다. 이러한 부가적인 맞춤화를 제공하기 위해서는 고객에 대한 많은 정보가 필요하다. 인터넷에서는 사용자 프로파일 정보를 획득하는 데 있어 오프라인보다 훨씬 쉽고, 빠르게 많은 정보를 얻을 수 있다. 이러한 사용자 프로파일을 구축하는 방법은 여러 가지가 있다. 먼저 사용자에게 직접 정보를 물어서 얻을 수 있고, 사용자의 행동을 관찰하여 정보를 얻는 방법이 있다. 과거의 구매이력을 통해 사용자의 특

---

1) 모듈은 제품의 전체 기능 중 일부를 수행하는 반제품 단계의 부품 덩어리로서, 제품을 소수의 모듈로 구성하게 디자인하고 모듈별 선택 대안들을 제공하는 방식

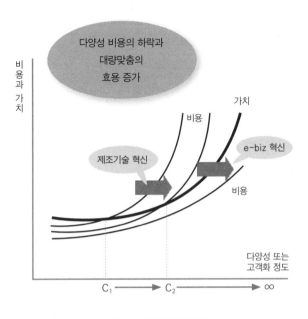

그림 9-2 대량맞춤의 특성

출처: 이원준·김태웅, "e-business관점에서 본 매스커스터마이제이션," 생산관리학회지, 2001년 6월

성을 이해하거나, 사용자의 상호작용을 통해 원하는 바를 알아내거나 추론할 수 있다. 이는 직접적으로 사용자와 소통할 수 있는 양방향성을 가진 온라인 환경의 특성을 통해 쉽게 사용자와 관련된 정보를 탐색할 수 있다. 이렇게 획득한 정보를 토대로 사용자 프로파일을 구성하게 된다. 사용자 프로파일은 사용자의 인구통계학적 특성과 선호하는 것, 요구사항 등에 대한 정보로 구성된다. 사용자의 프로파일 구성에 사용되는 데이터 정보는 쿠키^{cookie}, 로그파일$^{log\ file}$, 등록정보, 쇼핑카트 등을 통해 얻어진다. 프로파일을 토대로 사용자에 대한 전체적인 이해의 관점을 가지고, 통합적인 맞춤화 서비스 제공을 통해 만족도를 높여 사용자의 충성도를 지속시킬 수 있다.

그림 9-3 개인화와 대량맞춤 – 맞춤의 대상

2) 대량맞춤과 개인화의 통합 프레임

사용자 개인에 대한 맞춤 서비스는 IT기술의 도입으로 인하여 더욱 용이하고 쉽게 확대 적용되기 시작했다. IT환경은 사용자와의 직접적인 일대일 상호작용을 통해 사용자의 정보를 쉽게 확보할 수 있게 되었고, 사용자와 관련된 다양한 데이터베이스를 구축할 수 있을 뿐만 아니라 이를 분석하여 다양하게 활용할 수 있게 되었다. 여기에 제품 생산에 있어 저비용·고맞춤화할 수 있는 대량맞춤은 제품과 서비스의 개인화를 가능하게 했다. 사용자의 정보를 쉽게 획득하여 맞춤화할 수 있는 개인화와 생산 프로세스상에서의 맞춤화인 대량맞춤의 통합 프레임으로 효과적인 맞춤화 제품 및 서비스를 제공할 수 있다. 온라인에서의 맞춤 대상은 상품, 웹사이트, 커뮤니케이션으로 나누어볼 수 있다. 적용 대상과 범위는 다음 그림에서 제시되는 것처럼 적용할 수 있는 영역이 매우 넓다.

① **상품**
- 핵심제품
- 확장제품으로서 개인의 취향에 맞는 부가적 서비스

• 추천, 묶음^{bundling}, 가격의 개인맞춤

② 웹사이트

• 콘텐츠와 웹페이지 구성의 물리적 배치^{layout}와 룩앤필^{look & feel}의 맞춤

• 상호작용과 내비게이션 순서의 맞춤

③ 커뮤니케이션

• 커뮤니케이션 내용의 맞춤

• 커뮤니케이션 채널의 맞춤

• 기타 커뮤니케이션 속성(빈도, 시간 등)의 맞춤

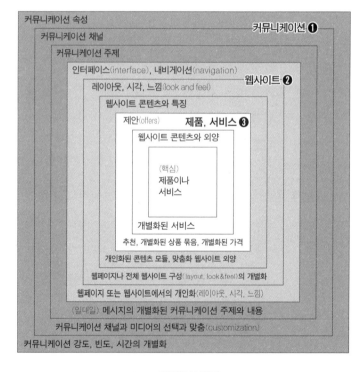

그림 9-4 개인화의 범위

출처: Kai Riemer and Carsten Totz, "The Many Faces of Personalization," in Tseng and Piller, The Customer Centric Enterprise (New York/Berlin: Springer Verlag, 2003

(1) 상품의 맞춤화에 대한 개인화 유형

온라인 환경에서 제공되는 제품과 서비스의 개인화 유형은 Pine II(1997)의 고객대량화의 유형을 물리적 제품 자체의 변화와 맞춤 제시 방법에 따라 네 종류로 분류한 것을 적용해볼 수 있다. 제품 자체는 표준화된 제품의 변화 정도를 의미하고, 제시 방법에는 사용자가 제품의 맞춤화에 직접적인 참여 여부로 구분한다.

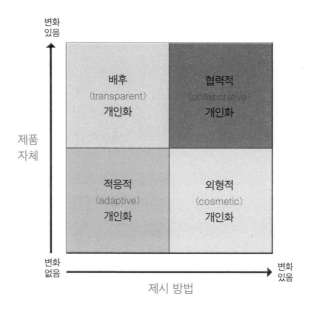

그림 9-5 고객대량화에 따른 개인화 분류

출처: Gilmore, J. and J. Pine II, "Four faces of mass customization," Harvard Business Review, January-February 1997, 91-101

① 적응적 개인화 adaptive personalization

표준화된 제품(콘텐츠)이나 서비스를 제공하고, 사용자가 자신의 취향과 선호에 맞게 선택적으로 제공된 제품이나 서비스를 선별하여 사용하는 것을 말한다. 제품 자체의 변화는 낮고 외향의 변화도 적으나 선별성으로 맞춤화할 수 있다는 특징이 있다. 예를 들어, 음악사이트에서 사용자가 자신의 듣고 싶은 음악을 선택해서 듣는 것이다.

② 외형적 개인화 cosmetic personalization

적응적 개인화와 마찬가지로 표준화된 제품이나 서비스이지만, 외향적 포장이 다른 형태로 제시되는 것을 말한다. 예를 들면 같은 메일 내용을 수신자이름만 달리해서 보여주는 것이나, 로그인하면 같은 웹사이트에서 방문자이름을 보여주는 것이다.

③ 배후 개인화

배후 개인화 transparent personalization 는 제품이나 서비스의 외형적 차이가 없으나 본질적인 제품이나 서비스의 내용에 있어 사용자의 선호나 취향에 맞게 제공되는 것이다. 배후 개인화는 고객이 직접적으로 선호하는 내용이나 취향을 말하지 않고, 간접적으로 개별고객이 원하는 사항에 대한 정보를 수집·분석하여 개인화 제품/서비스를 제공하는 것이다. 예를 들면, Amazon에서 사용자가 로그인하면 사용자의 예전 구매이력이나 정보탐색 행동을 분석하여 제품을 추천하는 것이다.

④ 협력적 개인화

협력적 개인화 collaborative personalization 는 사용자가 제품이나 서비스가 만들어지는 과정에 직접 참여하여 자신의 취향과 선호를 반영한 제품을 만드는 것이다. 주로 컨피겨레이션 configuration 을 통해 개인맞춤화를 지원한다. 이를 위해서는 사용자가 손쉽게 자신이 선호하는 제품/서비스를 만들 수 있는 세부적인 스펙으로 변형시키는 프로세스가 요구된다. 즉, 미니홈피와 같이 여러 옵션을 통해 맞춤화된 온라인 공간을 만드는 것이다. 오프라인에서의 예는 나이키에서 하는 맞춤 신발 제작 서비스가 있다.

(2) 추천 시스템을 이용한 맞춤화

온라인은 사용자와의 개별적인 상호작용이 가능한 환경이기 때문에 필터링 filtering 기술을 이용하여 사용자에게 맞는 제품이나 서비스를 추천할 수 있다. 추천이라는 상호작용을 통해 다양한 제품이나 서비스 중에서 사용자가 원하거나 필요로 하는 것을 선택할 수 있도록 도와주는 것이다. 추천 시스템은 제품이나 서비스의 핵심속성과 고객의 필요에 따라 다음과 같은 4가지 필터링으로 구분할 수 있다.[2]

① 규칙 기반 필터링 rules-based filtering

사용자의 행동패턴은 일정한 규칙을 가진다는 가정하에 유용한 규칙을 찾아내는 방법이다. 제품이나 서비스 사용행동을 관찰하여 사용자의 선호사항을 예측하여 추천하는 것이다. 사용자의 행동 규칙을 찾아내면 이를 제품이나 서비스의 특성과 연결시켜 그에 맞는 제품이나 서비스를 추천한다. 온라인 서점에서 주로 구매하는 소설이 역사소설이면, 역사소설을 좋아하는 사용자로 인식하고 역사소설을 추천하는 것이다. 이러한 추천방법은 사용자가 자신의 목적이 아닌 타인을 위한 선물로 구매한 경우나, 부탁을 받아 대신 구매했을 경우에는 사용자의 취향과 관련성이 낮은 추천을 하게 되어 추천 결과에 대한 사용자의 만족도가 떨어질 수 있다.

② 컴퓨터 지원 자기 설명/해석 CASE: Computer-Assisted Self-Explication

사용자의 선호사항에 대한 질문지를 작성하여 사용자의 선호 취향에 맞는 제품이나 서비스를 추천하는 것이다. 직접적으로 사용자에게 취향에 대한 정보를 얻어 이를 토대로 추천 서비스를 하는 것이다. 온라인서점에서 회원

---

2) Hanson, W. and K. Kalyanam, Internet Marketing & e-Commerce, Thomson, 2007, Canada

가입 시 좋아하는 소설 장르를 묻고, 이에 사용자가 자신이 좋아하는 소설 장르로 무협소설을 표시하면 온라인서점에서는 이 사용자에게 무협소설과 관련된 도서를 추천하는 것이다. CASE는 사용자의 선호사항에 맞는 추천을 제공하는 장점이 있지만, 사용자가 무협소설이 아닌 역사소설이 읽고 싶은 경우 취향의 변화나 상황의 변화를 감지하지 못한다는 단점이 있다.

③ 협업 필터링

협업 필터링collaborative filtering은 사용자의 관심사를 예측하기 위하여 사용자와 유사한 생각이나 관심을 가지고 있는 사람들의 의견을 이용하는 방법이다. 개별 사용자는 자신과 유사한 성향을 갖고 있는 집단의 특성과 크게 다르지 않을 것이라는 전제에서 생겨난 방법이다. 타깃이 되는 사용자와 유사한 집단을 찾아내어 제품이나 서비스에 대하여 갖고 있는 생각이나 의견, 중요하게 생각하는 특성이나 속성을 파악하여 이를 토대로 타깃 사용자에게 맞춤화된 제품이나 서비스를 추천한다. 온라인서점에서 사용자와 같은 책을 구매한 사람들이 추가로 구매한 책을 추천해주는 것이 협업 필터링 방법이다.

④ 홍보 필터링

사용자가 선호하고 좋아하는 제품이나 서비스 제공업자를 추천하는 것이다. 이는 온라인에서 입소문 마케팅과 유사한 것으로, 제품이나 서비스를 사용한 사용자가 직접 다른 사용자에게 자신이 사용한 제품이나 서비스를 추천하는 것이다. 홍보 필터링endorsement filtering 방법의 장점은 자신과 기호가 같은 사용자의 추천이기 때문에 추천된 제품이나 서비스에 대한 신뢰와 믿음이 형성된다는 것이다.

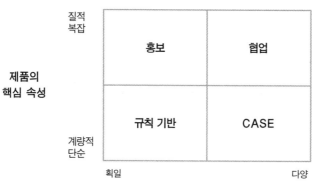

그림 9-6 추천 시스템의 필터링 종류

1. 대량맞춤과 개인화의 차이

맞춤의 대상: 대량맞춤(mass customization)은 물리적 제품의 맞춤에 초점을 둔 반면, 개인화(personalization)는 핵심제품과 이를 둘러싸고 있는 상품으로서의 서비스뿐만 아니라 부가적 서비스와 다양한 상호작용과정을 포함함

2. 제품/콘텐츠 맞춤의 종류

① 적응적 개인화(adaptive personalization)

　　a. 표준화된 제품(콘텐츠)을 제공함

　　b. 고객 자신의 취향에 맞게 옵션을 선택하도록 함

② 외형적 개인화(cosmetic personalization)

　　동일한 제품(내용)이지만 겉모습(패키징)을 다른 형태로 제시하는 것

③ 배후 개인화(transparent personalization)

　　a. 맞춤 제품/서비스가 제공되지만 외형적으로 차이가 확연히 드러나지 않음

　　b. 개별고객에게 질문하지 않으면서 정보를 수집·분석하여 개인화 제품/서비스 제공

④ 협력적 개인화(collaborative personalization)

　　a. 컨피겨레이션(configuration)을 통한 개인맞춤

　　b. 개별적인 상호작용을 통해 고객 선호에 맞는 제품/서비스 설계

　　c. 고객의 선호를 제품/서비스의 스펙으로 변형시키는 프로세스

3. 추천 시스템 recommendation systems

① 규칙 기반 필터링(rule-based filtering)

　　제품의 용도에 따라 소비자에게 간단하게 규칙적으로 추천함

② 컴퓨터 지원 자기 설명/해석(CASE: Computer-Assisted Self-Explication)

　　소비자의 피드백과 리뷰에 대한 데이터베이스로부터 고객에 맞추어 추천함

③ 협업 필터링(collaborative filtering)

　　복잡한 상품 선택에 있어 사용자와 유사한 생각을 하는 사람들의 기호를 바탕으로 추천함

④ 홍보 필터링(endorsement filtering)

　　선구매자들의 사용 후기나 유명인사의 추천 등 구전을 통한 추천

3. e-service

학습목표

• 서비스의 속성에 대하여 살펴본다.
• e-service 제공을 위한 전략과 운영 관련
  이슈들에 대하여 알아본다.

Key Word

• 서비스의 속성
• 서비스 프로세스/
  다채널 환경에서의
  통합

1) 서비스의 정의

서비스란 기업에 대한 고객의 선의^{goodwill}를 높이거나 거래의 성사를 통해 수익을 창출할 목적으로 기업이 고객에게 제공하는 것으로 정의될 수 있다. 서비스는 물리적 제품과 함께 기업이 고객에게 판매하는 상품을 구성하기도 하고, 경우에 따라서는 물리적 제품이 전혀 개입되지 않은 순수한 서비스 상품의 형태로 판매될 수도 있다. 어떤 경우든 경쟁에 있어서 물리적 제품 자체의 수준이 차지하는 비중은 줄어들고 서비스가 차지하는 비중이 커졌을 뿐만 아니라 고객에게 궁극적으로 만족스러운 경험을 제공하는 데 서비스가 큰 역할을 하고 있다.

2) 서비스의 속성

서비스는 물리적 제품과 매우 다른 속성을 가지고 있으며, 그중에서도 무형성 intangibility, 동시성 simultaneity, 이질성 heterogeneity의 속성은 인터넷 환경에서 매우 중요한 의미를 갖는다.

① 무형성

물리적 제품과 달리 만지거나 볼 수 없기 때문에 고객이 서비스에 대해 사전에 판단하기 매우 어렵다. 따라서 인터넷을 통해 가상투어나 비디오 클립 같은 다양한 도구를 이용하여 고객이 서비스를 미리 경험해볼 수 있게 해주는 것이 가능하다.

② 동시성

생산과 소비가 동시에 발생하며, 생산자와 소비자가 동시에 한 곳에 있어야 한다는 것은 서비스의 본질적 속성이다. 그러나 인터넷의 발달로 인해 서비스의 소비자가 서비스를 받기 위해 반드시 정해진 시간에 정해진 장소에 가야 할 필요가 없게 되었다. 웹에서 제공하는 여러 장치를 통해 셀프서비스로 고객이 원하는 서비스를 스스로 제공할 수 있게 된 것이다.

③ 이질성

물리적 제품과 달리 서비스는 본질적으로 표준화시키기가 매우 힘들다. 이로 인해 오프라인에서는 많은 사람들을 대상으로 서비스를 제공하기가 어렵다. 그러나 웹에서는 기업들이 많은 추가비용 없이 고객에게 개인화된 서비스를 제공할 수 있다.

이러한 인터넷에 의한 서비스 속성의 변화는 인터넷 기술의 활용이 서비스 제공 방법과 효과에 변화를 가져다줌과 동시에 서비스가 온라인 상호작용을 통해 고객이 형성하는 총체적 경험에 상당한 영향을 미치고 있다는 것을 의미한다.

즉, e-service를 온라인으로 서비스를 제공하는 것으로 정의한다면 e-service의 목표는 총체적인 관점에서 경험을 최적화하는 것으로 요약된다. 이러한 경험의 최적화는 온라인 환경과 온라인 상거래관계에 대한 신뢰를 전제로 한다. 신뢰의 구축 없이는 온라인 경험이 별 의미와 가치가 없을 것이다.

3) 최적의 경험을 위한 e-service 전략

오늘날의 경쟁은 단순한 물리적 제품의 차원에 머물지 않는다. 이미 서비스 차원에서 경쟁이 펼쳐지고 있고, 이 서비스 차원의 경쟁은 앞에서 언급한 '총체적 관점'에서 전개되고 있다. 이러한 총체적 관점의 서비스 기반 경쟁은 궁극적으로 고객에게 최적의 경험을 제공하는 것으로 귀결된다. 경험^{experience}은 고객이 특정 기업과의 상호작용 중에 그 기업으로부터 받은 모든 자극^{stimuli}에 대한 고객의 인식과 해석으로 정의될 수 있다. 경험으로부터 받는 자극은 매우 다양한 형태로 나타난다. 물리적 제품의 사용에서 느끼는 것, 방문한 웹사이트 자체가 주는 인상, 추가정보를 얻기 위한 질문에 대한 답변 방법과 태도, 웹 콘텐츠에 대한 정서적·이성적 반응 등이 자극의 예로 볼 수 있다.

e-service는 '총체적인 경험'의 최적화를 통해 고객의 만족도를 높이고 궁극적으로 고객의 충성을 얻는 것으로 볼 수 있다. 이를 달성하기 위해서는 다음과 같은 4가지를 고려한 e-service 전략이 필수적이다.

① 서비스와 판매의 통합
앞에서 언급하였듯이 온라인 환경에서 판매와 서비스의 통합은 마케팅과 함께 고객관계를 관리하고 고객의 만족을 얻는 데 매우 중요하다. 특히 판매와 서비스의 사이를 구분하는 경계가 모호해지고 있기 때문에 더욱 그렇다. 서비스 과정에서 고객과의 접촉이 또 다른 판매의 기회를 제공하기 때문이다. 일관성 있는 경험을 제공하기 위해서는 반드시 판매와 서비스가 통합적으로 관리되어야 하며, 이를 통해 개별고객에 대한 온전한 모습을 그려낼 수 있는 데이터를 확보해야 할 것이다.

② 단절 없는^{seamless} 고객 지원 프로세스

일반적으로 프로세스들은 불필요한 부분을 담고 있을 뿐만 아니라, 단절된 부분들도 존재한다. 이 단절된 부분들은 조직의 벽 – 기업 내 벽과 기업 간 벽 – 을 넘으면서 발생하는 '손놓음^{hand-off}'에 해당한다. 프로세스가 지연되고 있고, 일의 흐름이 끊긴 것을 의미한다. 이를 해결하기 위해서는 프로세스, 정보시스템, 정보가 통합되어야 하며 통합은 기업조직 내의 프로세스뿐만 아니라 기업 간의 수준에서도 이루어져야 최대한의 효과를 거둘 수 있다. 예를 들어 고객이 온라인으로 주문할 때 고객에게 정확한 납기를 약속하거나[1] 서비스 요원들이 현장 서비스에 필요한 부품을 적시에 공급하는 프로세스는 내부 유관 부서 간의 업무 협조와 정보 공유가 필수적이다. 또한, 이러한 프로세스는 기업의 주요 프로세스의 대부분이 그러하듯이 내부에서 끝나지 않고 외부로 계속 이어진다. 납기 약속과 서비스 부품의 공급 예에서도 이 두 종류의 업무는 해당 제품과 부품을 생산하는 공급업자의 생산일정과 재고량에 따라 적절히 조정^{coordination}되지 않고서는 단절 없이 매끄럽게 흐를 수 없다. 그리고 고객주문 접수, 납기약속, 고객서비스 요청 접수 등과 같은 전방^{front-end} 활동과 이를 실행에 옮기는 후방^{back-end} 활동을 지원하는 시스템들 간에 통합이 이루어져 필요한 정보를 실시간으로 공유

---

1) ATP(Available-to-Promise)라 부름

할 수 있어야 할 것이다.[2]

③ 유연한 주문이행

오늘날 고객의 요구는 변화무쌍하다. 전방에서는 웹을 이용하여 개인화된 수준에서 정보를 제공하고, 별다른 추가적 비용 없이 맞춤 서비스를 제공하는 유연성을 발휘하는 것이 가능하다. 그러나 이를 실행에 옮기는 후방과 공급체인에 유연성을 불어넣는다는 것은 쉽지 않다. 경직된 공급체인을 가지고 있는 기업들은 전방에서 일어나는 고객과의 상호작용이 경직될 것이고, 결과적으로 고객의 주문이행 성과가 낮을 수밖에 없다. 유연한 공급체인은 전방의 CRM 활동과 후방의 SCM을 동기화시키는 것을 가능하게 하며, 이렇게 CRM과 SCM을 동기화시킬 수 있는 기업들의 성과는 그렇지 못한 경우보다 재무적 성과가 높은 것으로 알려져 있다.

④ 프로세스의 가시성 제공

프로세스에 대한 가시성을 확보하는 것은 업무흐름을 관찰하는 것이 가능하다는 것을 의미한다. 이는 곧 실시간으로 계획을 수립하고 실행에 옮기면서 발생하는 예외상황에 대처하는 것이 가능해짐을 의미하기도 한다. 예를 들어 주문처리 상황, 가격결정, 재고량 파악 등에 대한 실시간 정보를 확보하여 제공하는 것은 고객과 외부 공급체인 파트너 기업들에게 내부 프로세스를 보여주는 것이며 이는 곧 고객의 경험수준을 극대화하는 효과를 가져올 것이다. 이는 FedEx나 UPS 같은 화물운송회사에만 국한되는 것이 아니며 모든 기업들에게 적용된다. 특히 오늘날의 기업들은 팀으로 경쟁한다는 점을 고려할 때 공급체인 파트너 기업들 사이에 프로세스에 관련된 정보를 공유하는 것은 팀으로서 공급체인의 고객에 해당하는 최종소비자 고객에게 고

---

2) 전방과 후방에 대한 더 자세한 설명은 11장 1절 참조

품질의 서비스를 제공하는 데 필수적이다.

4) 웹 기반의 e-service

아래 그림에서 보듯이 e-service는 전통적인 생산성 향상을 통한 비용절감을 추구하는 협소한 시각에서 벗어나 고객의 만족과 유지를 통해 수입을 개선시킨다는 확대된 관점에서 접근할 필요가 있다. 물론 e-service가 효율성과 생산성의 향상을 거부하는 것은 아니다. 특히 셀프서비스에 기반을 둔 e-service 전략은 고객의 권한부여empowerment를 통한 통제감의 향상, 그리고 이로 인해 발생하는 만족도와 즐거움이 궁극적으로 고객의 충성도, 만족도, 더 나아가 구매 및 재구매로 이어지는 선순환의 사이클을 제공한다. 그러나 셀프서비스의 도입동기는 일반적으로 비용절감을 통한 수익향상에 더 무게가 실려 있는 것이 현실이기도 하다.

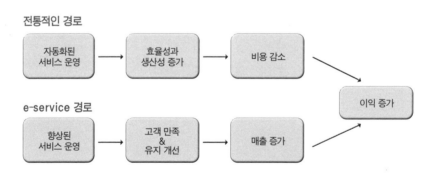

그림 9-7 e-service 경로 – 만족과 가치 중심

이러한 e-service 경로를 활용하는 것은 구체적으로 e-service를 다음 도표에 요약된 틀 속에서 접근할 필요가 있다. 크게 보면 전략적 수준의 이슈와 전술

적 수준의 이슈가 있다. 전략적 수준에서는 고객에게 제공하는 가치를 묶는 개념
으로서의 서비스에 대한 재정의가 필요한데, 이는 곧 고객 자산을 형성하는 관점
에서 접근하여야 한다. 전술적 차원의 이슈는 개인화 또는 맞춤 서비스와 셀프서
비스를 어떻게 제공할 것인가의 문제와 서비스 제공과정에서 고객-서비스 제공
자 간의 상호작용으로 인해 필연적으로 발생하는 프라이버시와 보안 문제 그리
고 e-service의 측정과 평가를 통한 지속적 개선의 사이클 형성의 문제를 포함
한다. 다음 표는 이와 관련된 내용을 요약 정리한 것이다.

표 9-1 e-service의 전개 방향

	요소	정의	실행	이점
전략적	상품(offering)의 속성을 변형	물리적 제품을 서비스 제품으로 바꾸는 것	기술을 사용하여 변형 (예: 소프트웨어 제품→소프트웨어 서비스, 음악 CD→온라인 음악 구독)	거래에서 서비스 관계를 관리하는 것으로 초점 변화; 고객가치와 전환비용을 구축할 기회 증가
	고객 자산 (customer equity) 구축	기업의 가치를 현재와 미래 고객의 총 할인된 생애 가치를 사용하여 보는 것	고객 자산을 증가시키는 것을 전략적 기회로 활용	고객가치 및 전환비용 증가를 통한 경쟁우위 강화
전술적	개인화 (personalization)와 고객맞춤 (customization)	기술을 이용하여 개인맞춤 솔루션 제공	데이터 수집 분석을 통해 개별고객에 맞춤화된 상품 제공	고객에 대한 이해; 고객 서비스 비용 감소; 만족도 및 충성도 증가
	셀프서비스 (self-service) 전략	기술을 이용하여 효율성을 높이고 고객이 통제력을 갖도록 함	적절하게 디자인된 셀프서비스 제공 (예: 24/7서비스, 주문 투명성 등)	서비스 타이밍과 프로세스를 고객이 통제; 증가된 만족도 및 충성도
	프라이버시와 보안 위험 관리	e-service 상호작용 과정에서 고객 프라이버시와 보안 위험을 최소화함	명료한 프라이버시 정책을 수립하고 이를 잘 공지함; 고객을 악용하지 말 것; 보안 솔루션에 투자	고객 신뢰와 가치 증가; 고객 자산 증가
	e-service 측정	제품과 서비스에 대한 고객의 평가에 초점을 둠	고객 만족/불만족, 고객이 인식하는 서비스 질; 이들이 판매와 이익에 미치는 영향 분석	기업 수준의 활동이 고객 평가와 고객 자산에 미치는 영향 이해

출처: Rusts and Kannan, "E-service: A new paradigm for business in the electronic environment," CACM, 2003

1. 서비스의 정의

① 제품 일부 또는 고객의 주요 구매 대상

② 고객의 선의를 높이거나 거래의 성사를 통해 기업이 수입을 창출하기 위해 제공하는 것

③ e-service: 인터넷과 웹사이트를 이용하여 고객에게 서비스를 제공하는 것

④ 서비스의 속성: 무형성, 동시성, 이질성

2. 최적의 경험을 위한 e-service 전략

① 판매(sales)와 서비스(service)의 통합

    a. 판매와 서비스의 경계가 모호

      – 서비스를 상품의 일부로 인식

      – 서비스 과정은 또 다른 판매기회

    b. 일관성 있는 서비스 제공과 온전한 데이터 확보

② 단절 없는(seamless) 고객 지원 프로세스

    기업 내, 기업 간 프로세스와 시스템의 통합 및 정보의 공유

③ 유연한 주문이행

    a. 셀프서비스는 효율성과 유연성의 특성을 지님

    b. 전방과 후방의 유기적인 통합이 필요함

    c. 유연한 후방 공급체인은 CRM 활동과의 동기화를 가능케 하며, 이는 기업경쟁력
      에 매우 중요함

④ 프로세스 가시성을 제공함으로써 신뢰와 경험수준의 극대화

3. e-service 전략

① 전략적인 관점: 고객가치와 충성도 강화 증가의 관점

② 운영상의 관점

    a. 고객과의 온라인 상호작용을 개인의 선호에 맞춤

    b. 셀프서비스: e-service 플랫폼으로서의 웹사이트와 이를 사용하는 고객 간 역할 분담

    c. 프라이버시: 프로세스상에서 맞춤을 제공하고, 셀프서비스를 하는 데 있어 개인의 정보를 수집하게 되고, 이를 이용하여 서비스를 제공하게 되므로 이에 대한 신뢰를 제공해야 함

    d. 측정: 어떠한 요인으로 인해 고객이 만족을 느끼는지 이를 측정하고 영향관계를 분석하여 전략적으로 활용

e-비즈니스와
고객관계관리

1. 다채널 환경에서의 CRM

학습목표

- 고객관계관리의 의미에 대하여 이해한다.
- 프로세스 관점에서 고객 중심의 고객관계관리에 대하여 살펴본다.
- 고객에 대한 총체적인 시각이 필요한 이유에 대하여 알아본다.

Key Word

- CRM의 개념
- 고객서비스 라이프사이클
- 다채널 환경
- 개별고객의 온전한 모습

1) 고객관계관리의 의미와 필요성

고객관계관리CRM: Customer Relationship Management는 고객과 장기적인 관계를 유지하는 것이 기업의 수익성을 향상시킨다는 가정을 전제로 하고 있다. 실제로 고객관계를 관리하기 위해서는 고객에 대한 정보를 수집하여 그들의 취향을 이해하고 필요한 것을 제공해야 하며, 이러한 맞춤 활동은 추가적인 비용을 요구한다. CRM이 수익성을 향상시킨다고 주장할 수 있는 근거는 다음과 같다.

① 기존 고객에게 서비스하는 것은 새로운 고객에게 서비스하는 것보다 비용이 적게 든다. 앞에서 논의하였듯이 기존 고객은 특별한 사유가 발생하지 않는 한 거래관계를 계속 유지할 것이기 때문에 마케팅비용이 적게 들고,

교차판매^{cross-selling}나 상향판매^{up-selling1)}의 기회를 활용하는 것이 새로운 고객의 경우보다 훨씬 용이하다.

② 기존 고객은 새로운 고객보다 더 높은 가격을 지불하는 경향이 있다. 장기적 관계가 형성된 고객은 비경제적 혜택 때문에 거래를 지속하는 편이기 때문에 가격에 비교적 덜 민감한 편이다.

③ 밀착된 관계에 있는 고객은 신규 고객보다 훨씬 더 자연스럽게 자신에 대한 정보를 기업에게 노출시키고 제공한다. 이러한 고객정보는 비용을 낮추고, 고객가치를 증가시키는 데 매우 요긴하게 사용될 수 있다.

그러나 소위 '80-20의 법칙'이 말해주듯 모든 고객을 대상으로 관계를 형성하고 유지하기 위해 투자하는 것이 현명하지 않을 수도 있다. 이는 관계의 형성과 유지에 드는 비용을 정당화할 수 있는 수준의 수익을 기대하기 힘든 고객이 존재하기 때문이다. 따라서 고객관계관리^{CRM}란 수익성이 높은 중요한 고객과 장기적 관계를 형성·유지하고 이를 통해 수익을 극대화하는 것으로 정의할 수 있다.

어떤 고객은 거래 하나하나를 독립적이며 서로 연관이 없는 행위로 간주한다. 이러한 고객은 관계를 형성하지 않는다고 보아야 할 것이다. 이들은 충성도가 없으며, 자신이 원하는 제품이나 서비스를 더 좋은 조건에 제공하는 기업이 있으면 거래처를 쉽게 옮긴다. 하지만 특정 기업과 오랜 관계를 유지하며 단기적인 혜택 때문에 거래처를 바꾸지 않는 고객도 있다. 장기적 거래관계에 있는 고객은 각 거래를 계속 지속되는 거래 흐름의 일부로 간주하며, 단순한 가격이나 기능을 넘어 포괄적인 혜택을 염두에 두고 거래관계를 평가한다.

이러한 거래관계가 형성되어 있는 고객은 매우 중요한 집단이다. 이들을 제대로 관리하지 못했을 때 발생하는 비용과 사업기회의 손실은 막대하다. 다음 통계

---

1) 교차판매(cross-selling)는 고객이 원하는 제품과 연관된 보완재(complementary product)를 같이 판매하는 것이고, 상향판매(up-selling)는 비슷하나 등급이 더 높은 제품을 판매하는 것을 일컫는다.

를 살펴보자.[2]

① 새로운 고객에게 상품을 판매하는 것은 기존 고객에게 판매하는 것보다 6
배 정도 많은 비용이 든다.
② 불만스러운 고객은 8~10명의 사람에게 불만사항을 퍼뜨린다.
③ 고객 유지 비율을 5%만 늘려도 이윤이 85% 증가한다.
④ 기존의 고객을 대상으로 상품판매에 성공할 확률이 50%라면, 새로운 고객
의 경우에는 그 확률이 15%에 불과하다.

이러한 통계는 기업들이 고객관리를 단기적인 '거래의 관점'이 아닌 장기적인
'관계의 관점'에서 접근해야 함을 보여주고 있다. '거래의 관점'은 동일한 고객과
의 거래 하나하나를 독립적인 것으로 간주하여 현재의 거래에서 가장 이득을 많
이 보려는 단기적이고 근시안적 시각이다. 이와 반대로 '관계의 관점'에서 거래
를 바라본다면, 거래란 기업과 고객 간의 관계에서 비롯되는 것이기 때문에 고객
으로부터의 수익을 극대화하기 위해서는 장기적으로 만족스러운 관계를 형성하
고 관리하여야 한다.

2) 고객 중심에 대한 프로세스적 관점

CRM은 '고객 중심적' 시스템을 필요로 한다. '고객 중심적'이란 단순히 고객
서비스 수준을 향상시키는 것을 의미하지 않는다. 이는 고객과의 모든 접점에서
일관되고 편리한 상호작용을 제공하는 것을 의미한다. 고객은 회사 내부에서 일
이 진행되는 과정 자체에 관심이 있다기보다는 정보를 수집하여 구매의사결정

---

2) Kalakota and Robinson, E-business 2.0: Roadmap for success, 2001

을 내리고 상품을 주문하며, 주문한 상품을 배달받고 사용 중에 필요한 서비스를 받기까지 일련의 고객서비스 라이프사이클$^{CSLC: Customer Service Life Cycle}$ 프로세스 전체에 걸쳐 만족스러운 경험을 하기 원한다. CSLC는 요구사항 확립^{requirements}, 획득^{acquisition}, 소유^{ownership}, 종료^{retirement}로 이어지는 사이클로서 고객과 기업 간 상호작용의 전반적인 과정을 포괄하는 개념이다.[3] 이는 곧 고객의 니즈를 파악하고 이에 맞는 제품/서비스의 특성을 규정하는 요구사항 확립$^{requirement establishment}$단계에서 시작하여 원하는 제품/서비스를 주문하여 배달받는 획득^{acquisition}단계를 거쳐 고객의 일상생활 속에서 실제로 활용하고 유지 및 보수하는 소유^{ownership}단계를 지나 타인에게 넘기거나 폐기 처분하는 종료^{retirement}단계까지를 모두 포괄하는 사이클이다. 이 사이클 전반에 걸쳐 고객에게 만족스러운 경험을 제공하기 위해 기업들은 고객과의 모든 접점에서 일관되고 품질 높은 맞춤 서비스를 제공해야 할 것이다.

표 10-1 고객서비스 라이프사이클

단계	고객	e-service(예: Dell)
요구사항 확립단계	• 요구사항 확립 • 스펙 결정	• 카탈로그 제공, 맞춤 NL, e-value • 컨피겨레이션을 통한 스펙 결정 • 라이브채팅 도움
획득단계	• 구매처 결정 • 주문 • 지불 및 승인 • 배달	• 쇼핑카트, 주문추적 • 다양한 지불방법 제공 • e-Quote 온라인 승인 • 배송안내/문제해결 제시
소유 및 사용단계	• 통합 • 업그레이드 • 유지 · 보수	• 고객정보 통합/구매이력 리포트 • 예비부품 • 델 메신저
종료단계	• 소유권 이전/폐기 • 평가	• 소유권 이전 • 자산 회복 서비스 • TCO/구매이력 리포트

---

3) Piccoli, G., B. Spalding and B. Ives, "A Framework for Improving Customer Service through Information Technology: Customer service life cycle," Cornell Hotel and Restaurant Admistration Quarterly, 2001, 38-45

3) 고객과의 접촉 프로세스에 대한 총체적 시각: CSLC

CSLC 전반에 걸쳐 만족스러운 서비스를 제공하는 것은 쉬운 일이 아니다. 그 이유로서 (a) CRM 프로세스는 근본적으로 다양한 부서를 가로지르는 다기능적 cross-functional이며 기업의 경계를 넘어서는 다기업적cross-firm 프로세스라는 특성을 가지고 있고, (b) 기술의 발전으로 인해 고객이 기업과 접촉하는 창구 또는 채널이 다양해지는 다채널multi-channel 환경이 조성되고 있다는 점을 들 수 있다. 이러한 문제를 안고 있는 기업의 입장에서 고객과의 관계를 몰입단계로 상승시키기 위해서는 다음과 같은 두 가지 요소의 충족이 필수적이다.

① 프로세스의 통합

고객이 기업과 만나는 '접점'에서 일어나는 상호작용은 판매, 마케팅, 서비스 기능 전반에 걸쳐 진행되는 다기능적 비즈니스 프로세스와 맞물려 있다. 그러나 많은 기업들에서 판매, 마케팅, 서비스 기능이 독립된 부서로 나누어져 있기 때문에 이들 기능과 관련된 프로세스들은 단절되어 있기 마련이다. 이로 말미암아 고객이 경험하는 CSLC는 분할되어 있고, 신속하게 진행되기 어려우며, 결국 경험의 질이 떨어질 수밖에 없다. 그러므로 성공적인 CRM을 위해서는 판매, 마케팅, 서비스 기능의 통합이 필수적이다.

② 개별고객에 대한 온전한 모습 확보

CRM은 본질적으로 개별고객 수준에서 맞춤 서비스를 제공하는 것을 의미한다. 이를 위해 기업들은 고객 개개인의 360° 온전한 모습unified view을 알고 있어야 한다. 그러나 일반적으로 기업들은 온전한 모습을 이해하는 데 필요한, 개별고객에 대한 데이터를 통합하는 능력이 결핍되어 있다. 데이터의 통합이 어려운 이유는 다음과 같은 두 가지로 요약될 수 있다.

a. 프로세스의 단절: 앞에서 언급하였듯이 CRM에 관련된 판매, 마케팅, 서비

스 기능이 개별 부서로 나누어져 있기 때문에 CSLC에 걸쳐 발생하는 프로세스가 단절되어 있고, 이로 인해 고객과 관련된 데이터가 분산되어 있기 마련이다. 결국 고객에 대한 360° 온전한 모습을 그려내기 위해 기업들은 부서의 벽으로 인해 분산되어 있는 고객 관련 데이터를 통합하여 관리할 수 있어야 한다.

b. 채널의 다양화^{channel proliferation}: 기업과 고객 간 의사소통이 일어나는 채널은 오프라인의 매장과 판매인력, 콜센터, 웹, 이메일, 키오스크 등과 같이 다양하다. 이렇게 다양한 채널을 통해 이루어지는 고객과의 상호작용의 결과 발생하는 데이터는 분산되기 마련이지만, 이러한 데이터가 통합적으로 관리되어야 고객 전체를 보는 것이 가능해진다.

과거에 고객이 기업과 의사소통하는 데 사용할 수 있는 채널은 면대면^{face to face} 방문, 전화, 우편, 팩스 등이었다. 그러나 인터넷과 컴퓨터 기술의 발달로 인해 고객에게 주어지는 기업과의 접점^{contact point}은 웹, 이메일, 콜센터, 판매인력, POS, 무선 단말기 등과 같은 다양한 채널로 확장되고 있다. 한 개인고객이 평균적으로 사용하는 채널 수는 계속 증가하고 있다.

이러한 다양한 채널을 통해 일어나는 고객-기업 간 상호작용은 마케팅, 판매, 고객서비스 프로세스와 맞물려 있다. e-mail을 이용하여 상품에 대한 정보를 제공하고, 이로 인해 상품에 관심을 갖게 된 고객이 웹사이트에 접속해 들어와 추가정보를 조회하고, 상품을 구매하기로 결정하여 웹사이트에서 주문하는 일련의 상호작용은 일상적으로 벌어지는 상황일 것이다. 이러한 상호작용의 이면에는 어떠한 상품을 홍보할 것인지, 그리고 경품, 마일리지, 가격할인을 어느 정도 제공할 것인지를 결정하는 것부터 그러한 내용을 담은 e-mail을 누구에게 보낼 것인지를 판단하고 실제로 발송하는 프로세스가 존재한다. 나아가 특정 고객이 이에 반응을 보여 실제로 구매했는지에 관련된 정보를 수집하여 저장하고, 고객의 주문을 받을 때 실시간으로 충분한 재고가 있는지를 체크하며, 재고 여부에 따라

보충과 배달 등의 적절한 후속 작업이 이루어지기까지 여러 가지 프로세스와 관련된 애플리케이션이 작동할 것이다. 이렇게 전방에서 각종 채널을 통해 다양한 애플리케이션 영역에 걸쳐 발생하는 상호작용을 효율적으로 운영관리하기 위해 일반적으로 CRM 솔루션들은 마케팅, 판매, 서비스 같은 주요 프로세스의 자동화를 지원한다. 그리고 고객에게 만족스러운 경험을 제공하기 위해서는 다채널을 통해 발생하는 전방의 다양한 상호작용을 자동화할 뿐만 아니라, 이와 맞물려 있는 후방 프로세스들도 연동시켜 통합적으로 자원을 관리하고 지원하는 역할을 수행해야 한다. 후방은 고객과 직접 대면하지 않고 전방에서 받은 고객의 주문에 따라 상품을 준비하고, 결제를 처리하고, 배송 등의 업무를 지원한다.

아래 **그림 10-1**은 통합적 CRM을 위해 전방의 활동과 상호작용하는 후방 활동을 기술적으로 어떻게 지원해야 하는지를 개념적으로 보여주고 있다.

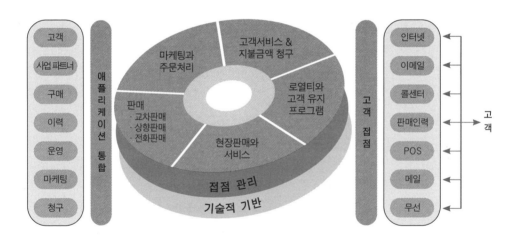

그림 10-1 통합 CRM을 위한 기술적 인프라

출처: Kalakota, R. and Robinson, M., E-business 2.0: Roadmap for Success, Addison-Wesley Professopnal/Boston 2001

1. 고객관계관리의 의미와 필요성

① 고객관계

    a. 거래 관점: 거래를 일회성으로 보는 단기적 · 근시안적 관점

    b. 관계 관점: 거래를 기업과 고객 사이의 관계로 보는 장기적 관점

② 고객관계관리(Customer Relationship Management)

    a. 고객과의 장기적인 관계 유지를 통한 기업의 수익 향상

    b. 수익성이 높은 중요한 고객과의 장기적 관계를 형성 · 유지하고, 이로 인한 고객만족
    및 충성도의 증대를 통해 수익을 극대화하는 것

2. 고객 중심에 대한 프로세스적 관점

① 고객과의 모든 접점에서 일관되고 편리한 상호작용을 제공하는 것

② CSLC(Customer Service Life Cycle): 구매의사결정을 내려 상품을 주문하며, 주문한 상
品을 배달받고, 사용 중에 필요한 서비스를 받는 일련의 프로세스

3. 고객과의 접촉 프로세스에 대한 총체적 시각

① CSLC 전반에 걸친 만족스러운 서비스 제공의 어려움

    a. 다기능적: 다기업적 프로세스

    b. 다채널(multi-channel) 환경

② 해결책

    a. 프로세스의 통합: 판매, 마케팅, 서비스 기능의 통합

    b. 고객에 대한 온전한 모습(unified view) 확보: 고객 데이터의 통합. 기능분화와 기업 간
    벽으로 인해 단절된 프로세스와 다채널 접촉으로 인한 분산된 데이터를 한 곳에 모아
    종합적으로 관리

③ 다채널 환경에서의 CRM을 위한 통합 인프라 특성

    a. 주요 프로세스의 자동화: 고객과의 접점을 이루는 전방에서 발생하는 고객과의 상호작
    용을 지원하기 위하여 마케팅, 판매, 서비스 같은 주요 프로세스의 자동화 지원

    b. 전방 프로세스와 후방 프로세스의 연동

2. CRM을 위한 통합과 시스템적 접근

학습목표

- CRM 통합에 대하여 이해한다.
- 시스템적 접근을 통해 CRM 통합을 프로세스와 기능적 관점으로 나누어서 살펴본다.

Key Word

- CRM 통합
- 운영적 CRM
- 분석적 CRM
- 협업적 CRM

1) CRM을 위한 통합

기업들은 고객서비스 사이클 전체에 걸쳐 만족스러운 경험을 제공해야 하고 이를 위해서는 판매, 마케팅, 서비스 관련 프로세스의 통합과 개별고객에 대한 온전한 모습의 확보가 필요함을 강조했다. 이 두 전제조건은 곧 프로세스의 통합, 다양한 채널의 통합관리, 분산되어 있는 고객정보의 통합 등을 의미한다. 이를 다음과 같은 정보, 프로세스, 시스템의 3가지 차원에서의 통합으로 체계화시킬 수 있다.[1]

---

1) Kalakota and Robinson, e-business 2.0: Roadmap for success, Addison-Wesley, 2001

(1) 정보의 통합

고객에 관한 정보는 등록정보 같은 신상 관련 정보와 거래 데이터에 그치지 않는다. 고객정보는 구매 전$^{pre-purchase}$ 단계에서 시작하여 구매단계, 구매 후 단계에 이르는 고객서비스 라이프사이클 전체에 걸쳐 발생하는 고객과의 상호작용에 관련된 정보까지 포괄한다. 이러한 상호작용과 관련된 데이터는 다양한 채널을 통해 수집되기 마련이고, 이렇게 수집된 데이터는 통합적으로 관리되어야 효과적인 CRM이 가능할 것이다.

(2) 프로세스의 통합

앞에서 설명하였듯이 판매, 마케팅, 서비스 관련 CRM 프로세스는 기업 내부의 다양한 부서를 가로지르는 다기능적$^{cross-functional}$인 특성을 가지고 있기 때문에 프로세스의 단절 현상이 발생하기 마련이다. 뿐만 아니라 기업 내부의 프로세스는 필연적으로 기업 간 프로세스로 연결되어 있다. 따라서 효과적인 CRM 프로세스를 구축하기 위해서는 기업 내부뿐만 아니라 기업 간 프로세스의 통합이 요구된다.

(3) 시스템 통합

정보와 프로세스의 통합은 실질적인 시스템 통합 없이는 기본적으로 불가능하다고 보아야 한다. 기업 내에서 과거에 개발되어 사용되어오던 전통 시스템, 웹, 전화, 데이터베이스 기술 등이 통합될 때 비로소 기업은 고객의 특성을 입체적으로 온전하게 이해하는 것이 가능해질 것이다.

2) CRM 통합의 시스템적 접근: 기능과 프로세스

(1) CRM의 기능적 관점

기능적 관점에서 볼 때 CRM 시스템은 일반적으로 운영적 CRM, 분석적 CRM, 협업적 CRM으로 구성되어 있다. 각 구성요소의 특징은 다음과 같다.

① 운영적 CRM

운영적^{operational} CRM은 기업과 고객 간 상호작용의 접점에서 발생하는 마케팅, 영업, 서비스 같은 전방 프로세스를 자동화하여 고객과의 상호작용을 효율적으로 관리하는 역할을 수행한다. 또한 고객과의 상호작용에서 발생하

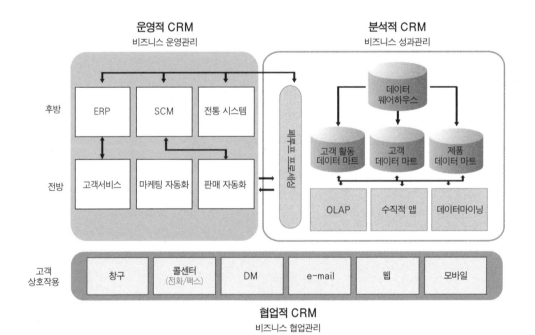

그림 10-2 CRM의 구조

는 데이터를 수집한다. 이렇게 수집된 데이터는 분석적 CRM에 의해 체계적으로 저장되고 활용된다. 운영적 CRM이 제대로 기능을 발휘하는 데는 주문처리, 물류, 생산, 회계 등과 같은 후방의 전통 시스템이나 ERP와의 통합이 필수적이다.

② 분석적 CRM

분석적^{analytical} CRM은 DW(Data Warehouse), DM(Data Mining), OLAP(On-line Analytical Processing) 등과 같은 기술을 활용하여 운영적 CRM에 의해 다양한 채널에서 수집된 고객 관련 데이터를 바탕으로 고객 세분화 및 선호도 분석, 고객 반응 분석, 시장 수요 예측 같은 분석적 작업을 지원한다. 이러한 분석적 작업의 결과는 마케팅, 영업, 서비스 프로세스에 반영되어 고객관계관리를 체계적이고 효율적으로 지원하게 된다.

③ 협업적 CRM

CRM 프로세스 자체가 다기능적^{cross-functional}이고 다채널^{multi-channel}에 걸쳐 일어나기 때문에 관련된 모든 기능부서와 채널들 간의 상호 협력이 필수적이다. 이와 같이 협업적^{collaborative} CRM은 내부적 협력에 그치지 않고 외부 공급업자나 제휴업체 등과 같은 파트너와의 협력을 지원한다. 관점에 따라 매우 포괄적인 영역을 아우를 수 있기 때문에 다양한 형태로 나타날 수 있다.

그림 10-2는 위에 설명한 운영적 · 분석적 · 협업적 CRM을 체계적으로 표현한 것이다.

(2) CRM 프로세스 관점

그림 10-3은 CRM 프로세스를 데이터 수집, 데이터 및 지식관리, 고객가치 관리

의 3단계로 구성되어 있는 것으로 정의하고 각 단계별로 어떠한 활동과 기술이 개입되는지를 보여주고 있다. 각 단계별 주요 사항은 다음과 같이 요약 제시될 수 있다.

① **1단계: 데이터 수집**
- 기업은 CRM을 위해 고객정보를 수집할 수 있는 다양한 채널을 활용함
- 인터넷 기술의 유연성으로 인해 고객 커뮤니케이션의 다양한 접점을 통합시킬 수 있음
- 고객 문제의 효율적 해결을 위해 채팅이나 VoIP 같은 다른 기술을 웹과 결합하여 고객 브라우저를 통해 직접 서비스 요원과 상호작용할 수 있음

② **2단계: 데이터와 지식관리**
- 수익성이 높은 고객을 분석하고 분류해내기 위해 필요한 데이터를 정립하는 단계임
- 웹사이트, 콜센터, ERP 시스템, 개별·부서별 데이터베이스, 외부 데이터 등과 같은 다양한 소스에서 수집되는 데이터를 통합하는 것이 기본

③ **3단계: 고객가치의 관리**
- 이 단계에서는 개인화된 고객서비스를 제공하는 데 유용한 CRM 기술을 활용할 수 있는 능력이 핵심임
- e-CRM 기술은 고객 접점에서 발생하는 데이터를 수집·관리할 뿐만 아니라 상호작용하는 동안 고객에게 직접 또는 서비스 요원을 통해 필요한 정보를 제공함
- 각 시스템은 데이터베이스, 규칙 생성 엔진, 데이터 수집 메커니즘 등을 활용하는 기술 층으로 구성되어 있고 구체적인 상황에서 발생하는 상호작용을 관리하도록 설계되어 있음

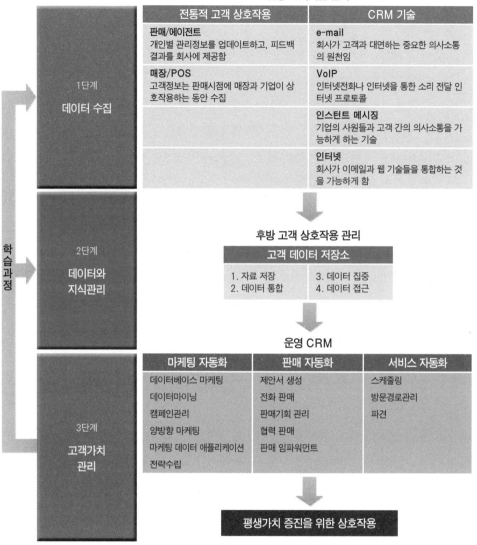

전방 고객대면 관리

전통적 고객 상호작용	CRM 기술
판매/에이전트 개인별 관리정보를 업데이트하고, 피드백 결과를 회사에 제공함	**e-mail** 회사가 고객과 대면하는 중요한 의사소통의 원천임
매장/POS 고객정보는 판매시점에 매장과 기업이 상호작용하는 동안 수집	**VoIP** 인터넷전화나 인터넷을 통한 소리 전달 인터넷 프로토콜
	인스턴트 메시징 기업의 사원들과 고객 간의 의사소통을 가능하게 하는 기술
	인터넷 회사가 이메일과 웹 기술들을 통합하는 것을 가능하게 함

후방 고객 상호작용 관리

고객 데이터 저장소

1. 자료 저장   3. 데이터 집중
2. 데이터 통합   4. 데이터 접근

운영 CRM

마케팅 자동화	판매 자동화	서비스 자동화
데이터베이스 마케팅 데이터마이닝 캠페인관리 양방향 마케팅 마케팅 데이터 애플리케이션 전략수립	제안서 생성 전화 판매 판매기회 관리 협력 판매 판매 임파워먼트	스케줄링 방문경로관리 파견

평생가치 증진을 위한 상호작용

1단계 데이터 수집

2단계 데이터와 지식관리

3단계 고객가치 관리

학습과정

그림 10-3 통합 e-CRM 아키텍처

출처: Farhoomand, Ali, Managing e-비즈니스 Transformation, McGraw-Hill, 2005

- 고객관계관리의 자동화
  - 마케팅 자동화^{marketing automation}: 시장조사 및 분석, 판매계획 수립, 판매촉진 등과 같은 마케팅 기능의 자동화
  - 판매인력 자동화^{sales force automation}: 구매과정을 셀프서비스화하고, 적정 상품을 추천하며, 가격을 결정하고, 제품의 스펙을 결정하는 컨피겨레이션^{configuration} 등의 판매활동과 판매원의 판매실적 및 인센티브 계산 등의 판매원 관리활동을 자동화함
  - 고객서비스 자동화^{customer service automation}: 고객의 서비스 지원 요청을 접수하고, 필요한 자원(현장 서비스 요원의 배정, 파견, 서비스 물품의 주문/재고/공급)의 관리를 자동화하며, 웹에서 고객과의 상호작용을 셀프서비스화하는 서비스 활동을 자동화함

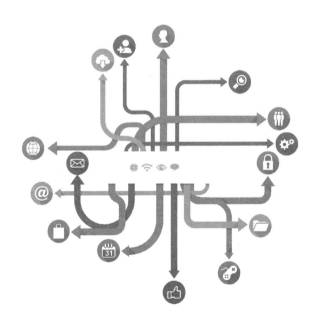

1. CRM을 위한 통합

① 정보 레벨: 데이터의 중복과 비논리성을 피하여 정보를 한 곳에 모아 필요한 사람들이 접근하여 사용할 수 있도록 함

② 프로세스 레벨: 기능적 프로세스가 원활하게 흐르도록 함

③ 시스템 레벨: 독립적으로 개발된 정보시스템들 간의 커뮤니케이션상 정보를 주고받는 것이 가능하게 함

2. CRM 시스템의 기능적 관점에서의 접근

① 운영(operation): 고객과의 접점(front)에서 일어나는 프로세스(process)의 자동화를 통하여 고객과의 상호작용(interaction)을 효율적으로 관리하고 데이터를 수집함

   a. 판매인력 자동화: 체계적인 영업관리로 효율화를 창출하는 솔루션

   b. 마케팅 자동화: 마케팅 프로세스의 자동화를 위해 사용하는 솔루션

   c. 고객서비스 자동화

② 분석(analysis): 데이터마이닝, 데이터웨어하우징, 웹로그 분석 등을 통해 고객의 선호도와 대응을 분석함

③ 협력(collaboration): 부서 간, 채널 간, 기업 간 협력을 위한 플랫폼 제공

3. 프로세스 관점에서의 접근

① 데이터 수집

② 데이터 분석 및 지식관리: CRM에 관련된 고객의 취향을 분석하고, 취향에 맞는 대응책을 체계적으로 정리하는 과정. 다양한 데이터베이스와 관련된 분석기술들과 마이닝(mining) 같은 응용수학적인 기술들이 복합적으로 활용되어야 함

③ 고객관계관리: 담당자들에게 필요한 정보와 지식을 필요한 시기에 제공하고 현장에서 실제로 활용될 수 있도록 해야 함

④ 학습: 지속적인 상호작용으로 데이터가 축적되며 개별고객에 대한 이해도가 깊어짐

e-비즈니스와
주문과 조달 관리

1. 주문이행 프로세스와 주문관리

학습목표

• 주문 프로세스의 의미와 과정을 알아본다.

• 대량맞춤을 위한 주문관리 시스템을 이해한다.

• 주문관리 시스템(order management system)의 시사점
을 알아본다.

Key Word

• 주문 프로세스

• 주문이행 프로세스

• CRM과 SCM의 통합

1) 주문 프로세스

주문 프로세스란 주문을 받아 이를 생산하여 고객에게 전달하는 데 필요한 일련의 활동을 수행하는 주문이행 과정을 일컫는다. 주문 프로세스는 전방활동front end activities과 후방활동back-end activities을 연결하기 때문에 효율적인 관리를 통해 기업의 생산성뿐만 아니라 고객이 느끼는 기업의 능력과 기업에 대한 만족도에 직접적인 영향을 미친다는 점에서 기업의 주요 프로세스에 해당한다. 주문이행order fulfillment은 고객서비스를 포함하여 주문된 제품과 서비스 처리를 위한 모든 활동을 의미한다. 주문이행에 있어 고객과의 직접적인 접촉과 대면이 이루어지는 주문처리 운영부문을 전방 운영front-office operations이라고 하며, 고객의 주문처리가 기업 내부에서 실질적으로 이루어지는 부문을 후방 운영back-office operations이라고 한다. 후방에서 이루어지는 활동은 주문이행을 지원하기 위한 생산, 배송, 회계, 물류활동 등이다.

다음 그림은 생산계획의 개요를 보여주고 있다. 크게 생산계획과 생산능력계획으로 나누어져 있다. 전자는 수요를 충족시키기 위해 필요한 중장기 인력 및 생산능력 수급계획(총괄생산계획)에서 시작하여 수주에서 수개월 동안의 완제품에 대한 주단위 생산계획(주생산계획MPS: Master Production Planning), 완제품이 주문 납기에 맞추어 생산이 완료되기 위해 요구되는 원부자재의 수급계획(자재소요계획 MRP: Materials Requirements Planning), 그리고 생산현장shop floor에서 구체적으로 실제 생산작업이 이루어질 때 작업장별·시간대별 상세한 생산계획에 해당하는 생산 스케줄링 등으로 이루어져 있다. 이러한 생산계획들은 생산설비와 인력의 생산능력production capacity을 고려하지 않고 작성되면 실행이 불가능한 계획이 되기 때문에 반드시 생산능력의 수급계획과 연동하여 계획이 수립되어야 한다. 계획이란 계획시평planning horizon, 즉 얼마나 멀리 보고 수립되는 계획이냐에 따라 그 성격이 달라진다. 멀리 보는 계획은 개략적일 수밖에 없지만, 시간이 흘러가면서 계획은 좀 더 구체적이 되기 마련이다. 따라서 중장기적인 개략적 계획은 실시간 실행 중심의 계획 및 스케줄로 구체화되고, 이러한 과정을 거친 생산계획은 생산능력계획과의 상호작용을 통해 실행 가능하게 된다. 그리고 마지막 최고의 상세한 계획은 실제 실시간으로 수행되는 활동의 가이드라인이 된다.

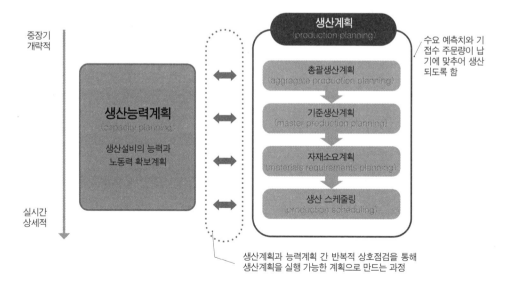

그림 11-1 생산계획 프로세스

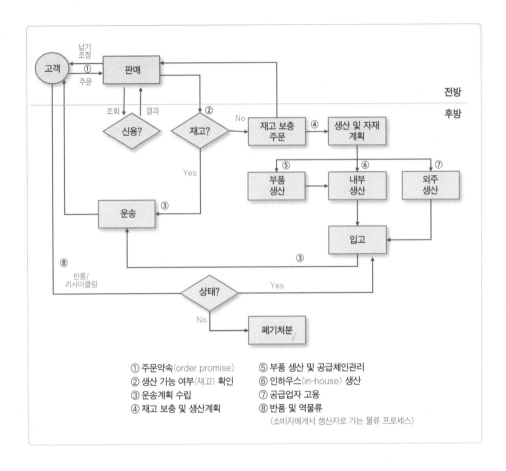

그림 11-2 주문이행 프로세스

위 그림은 전형적인 주문이행 프로세스를 보여준다. 판매부서에서의 판매활동 결과 주문이 접수되고, 이 주문이 내부의 생산·물류 등의 부서뿐만 아니라 외부 공급체인 파트너까지 개입되는 광범위한 후방$^{back-end}$ 활동을 통해 완성되어 물류 파트너 기업을 통해 전달되는 과정을 볼 수 있다. 주문이행 프로세스의 가장 중요한 특성은 다양한 기능을 수행하는 공급자 네트워크를 거쳐 작업이 수행되는 과정에서 매우 광범위하면서도 많은 이해당사자 간 활동과 의사결정이 체계적으로 조정되어야 한다는 것이다. 이 과정의 좀 더 상세한 내용은 다음 절에 소개된다.

2) 대량맞춤을 위한 주문관리 시스템의 역할

주문관리 시스템은 고객이 주문을 하기 위해 사전 의사소통하는 단계에서 시작하여 주문이 완성되어 고객에게 인도되기까지의 일련의 프로세스를 관리하는 시스템이다. 따라서 주문관리 시스템의 의의를 CRM과 SCM의 통합적 관점에서 이해할 필요가 있다.

CRM과 SCM의 통합은 매우 전통적인 문제이며, 주문에 대해 신속하고 효율적으로 대응하는 데 필수적이다. 따라서 CRM과 SCM을 통합함으로써 대량맞춤의 효과를 얻을 수 있다. CRM과 SCM은 가치사슬의 중요한 연결고리이기 때문에 마케팅과 생산기능 간의 인터페이스 관리가 중요하다.

Shapiro(1997)[1]가 제시한 CRM과 SCM 두 기능 간 의사결정 조정이 필요한 영역은 다음과 같다.

- 생산능력계획 및 장기 판매 예측
- 생산 스케줄링과 단기 판매 예측
- 인도 및 물적 유통
- 품질보증
- 제품품목의 수
- 비용통제
- 신제품 도입

---

1) Shapiro, B. "Can marketing and manufacturing coexist?" HBR 1977, 104-114

－ 부가적 서비스(스페어 부품 재고, 설치, 수리 등)

　대량맞춤은 기본적으로 주문생산을 의미하기 때문에 실시간으로 기업의 자원을 적절히 배분함으로써 고객 주문에 대해 효율적으로 대응할 수 있어야 한다. 따라서 대량맞춤에서 주문관리의 핵심적 역할은 CRM과 기업 내 및 공급체인의 자원활용계획 및 실행을 연결시키는 것이다.

　SCM과 CRM의 중심에는 주문관리 시스템이 있다. 주문관리 시스템은 전방과 후방 운영을 연결하고, 모든 수요채널과 공급채널을 연결하는 연결고리 역할을 수행한다. 주문이행 시스템에는 마케팅 및 엔지니어링 DB를 연동하여 개별고객의 가격 및 서비스 관련 계약내용을 동적으로 반영한 카탈로그가 있으며, MRP, DRP, SCP를 통합함으로써 고객에게 제조 및 인도 프로세스를 투명하게 제공하는 납기 약속^{ATP}과 주문추적이 가능하다. what-if, 시뮬레이션, 규칙 베이스$^{rule\ base}$, 3D 스캐닝 등을 활용한 컨피겨레이터^{configurator}를 구성함으로써 고객 자신의 니즈를 최대한 반영하는 제품의 스펙을 스스로 결정할 수 있도록 지원한다. 또한 엔지니어링 DB와 규칙 베이스를 이용한 제품 스펙의 호환성^{compatibility}을 점검하고, 컨피겨레이터, CAD/CAM, SCM 등의 통합을 통해 제품 스펙정보가 실시간으로 디자인, 제조공정, 공급체인에 전달될 수 있도록 한다. 가격결정은 CRM을 통해 고객의 가치와 가용자원을 실시간으로 동시에 고려한 최적 가격을 제시하고, 각 주문의 가치를 공급체인 전체 자원계획$^{SCP:\ supply\ chain\ planning}$에 반영, 주문의 가치에 근거하여 주문의 우선순위를 결정하고 자원을 배분한다.

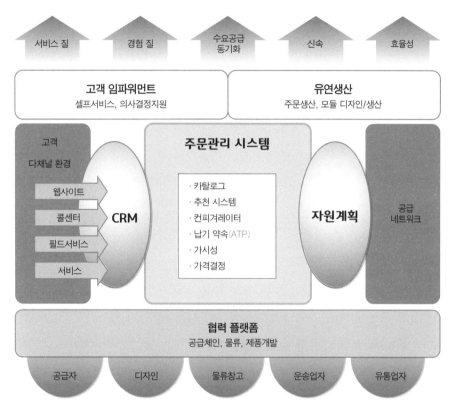

그림 11-3 대량맞춤 주문관리 시스템

3) 주문관리 시스템의 시사점

주문관리 시스템 효용의 극대화는 CRM과 SCM의 통합뿐만 아니라 공급체인 및 물류 등을 포함한 다양한 파트너와의 의사결정 조정을 위한 협력 플랫폼을 필요로 한다. 대량맞춤은 고객의 주문에 실시간으로 대응함을 의미하고, 고객의 차별화와 이에 상응하는 기업자원의 배분이 요구된다. 이를 위해 개별고객의 생애가치LTV: life time value를 근거로 개별 주문의 가치를 판단함과 동시에 제조 및 공급체인 자원의 공급능력을 고려하여 개별 주문의 가격과 자원 사용 우선순위를 결정함으로써 자원을 최대한도로 활용한다. CRM과 SCM 활동을 성공적으로 통합하는 기업들은 소수에 불과하지만 수익률은 훨씬 높은 것으로 알려져 있다. CRM과 SCM의 통합은 기업의 경계를 넘어서 공급체인 전체의 자원을 최적으로 활용할 수 있는 계획을 수립하는 것을 가능하게 해준다.

고객과의 접점에서의 주문관리 시스템은 고객이 직접 맞춤화하는 과정에 참여할 수 있는 장치를 제공함으로써 고객의 만족도를 향상시킴과 동시에 최적의 자원활용 계획을 수립할 수 있을 것이다. 예를 들어 주문관리 시스템의 배후에서 작동하는 지능형 에이전트^{intelligent agent}를 이용하여 고객과 상호작용하면서 고객이 원하는 바를 도출해내는 컨피겨레이터^{configurator}는 일종의 고객의사결정 지원시스템^{CDSS: customer decision support system}의 역할을 수행한다. 또한 고객이 원하는 상품의 사양을 구체화하고 주문 인도시기를 결정하는 과정에서 실시간으로 주문에 대한 가격을 산정하고 생산자원을 할당하는 것이 가능해진다. 이 과정에서는 무엇보다 협력 플랫폼이 중요하다. 고객, 마케팅, 제조, 공급체인 등 참여자들 간의 실시간 정보공유와 의사결정 조정을 위한 테크놀로지 인프라가 필수적이기 때문에 애플리케이션의 통합, 표준화된 콘텐츠, 통합 데이터, 보안, 원활한 의사소통을 지원하는 공통의 플랫폼이 구성되어야 한다.

1. 주문 프로세스

① 주문을 받아 이를 생산하여 고객에게 전달하는 일련의 활동을 수행하는 주문이행 과정

② 전방: 고객과의 직접적인 접촉과 대면이 이루어지는 부분

③ 후방: 기업 내부에서 실질적인 고객 주문 처리가 이루어지는 부분

2. 생산계획

① 생산계획: 총괄생산계획, 주생산계획, 자재소요계획, 생산 스케줄링 등

② 생산능력계획: 생산설비들의 생산능력을 고려하는 계획

③ CRM과 SCM 두 기능 간 의사결정 조정이 필요한 영역

    a. 생산능력계획 및 장기 판매 예측

    b. 생산 스케줄링과 단기 판매 예측

    c. 인도 및 물적 유통

    d. 품질보증

    e. 제품품목의 수

    f. 비용통제

    g. 신제품 도입

    h. 부가적 서비스(스페어 부품 재고, 설치, 수리 등)

4. 주문관리 시스템

고객이 주문을 하기 위해 사전 의사소통하는 단계에서 시작하여 주문이 완성되어 고객에게 인도되기까지의 일련의 프로세스를 관리하는 시스템

5. CRM & SCM 통합

고객의 주문처리를 이행하는 주문관리 시스템 은 CRM의 고객가치와 가용자원 등에 대한 정보 획득, SCM을 통해 제품제조 및 재고관리에 대한 자원계획이 실행되어야 하기 때문에 CRM과 SCM의 통합이 전제되어야 함

2. 전자조달혁신

학습목표

• 전통적 조달과 전자조달의 차이점과
  장단점에 대하여 알아본다.
• 전자조달의 효과에 대하여 이해한다.

Key Word

• MRO
• 전자조달 프로세스
• 비정규 구매

기업들은 1990년대까지 구매부문에 대한 혁신을 지속적으로 추구해왔다. 구매혁신의 키워드는 전략적 구매로서 단순히 원가 중심의 구매^{sourcing}에서 좀 더 전략적 차원을 고려하는 것이었다. 그러나 1990년대 중·후반 인터넷의 도입과 프로세스 혁신 운동에 의해 기업들은 자연스럽게 구매를 포함하는 조달 프로세스 전반에 대한 혁신에 관심을 가지게 되었다. 조달 프로세스의 혁신은 자동화 및 합리화 같은 프로세스 혁신의 기본 정신과 함께 프로세스의 아웃소싱, 시장기능의 활동 등 핵심적 내용을 담고 있다.

1) 조달과 구매의 차이

조달^{procurement}은 필요한 물품 구매^{purchasing}활동을 포함하며 전체적인 프로세스적 관점을 담고 있다. 조달 프로세스는 기업의 목적 달성에 필요한 제품이나 서비스를 구매와 관련된 모든 활동을 계획, 조직화, 조정하는 활동을 의미한다. 조달은 주로 MRO(maintenance, repair, operation) 물품 조달에 초점을 두고 있다. MRO는 유지, 보수 및 기타 시스템의 운영에 필요한 간접재를 총칭한다. 직접재는 기업의 직접 제조·생산에 투입되는 원자재를 의미하고, 간접재는 기업에서 제조·생산과의 직접적인 관련성은 떨어지나 이들의 업무를 원활하게 수행할 수 있도록 지원하는 데 필요한 자재를 의미한다. 따라서 직접재는 기업의 승인 없이도 구매 담당자가 생산계획에 따라 차질 없이 조달해야 하는 품목이며, 간접재는 필요할 때마다 승인절차를 거치는, 즉 필요성 여부 판단에 따라 구매 조달이 결정되는 품목을 의미한다. 직접재와 간접재의 주요 특성과 차이점은 다음의 표와 같다.

표 11-1 직접재와 간접재

직접재	간접재
제품에 직접 투입	생산 외 작업에 활용됨
생산계획에 따라 조달	주로 필요할 때 구입
구매 담당자만 구매 (buyers' desktops only)	전 직원 구매(everybody's destops)
승인이 불필요	승인이 요구됨
자재명세서(bill of materials) 기준	카탈로그 기준

2) 전통적 조달 프로세스

전통적인 조달 프로세스는 매우 복잡하고 단절되어 있으며, 정보전달을 위해 여러 단계에 걸쳐 사람이 개입해야 했다. 특히 비싸거나 가치가 높은 품목을 구매하는 경우 구매 담당자는 많은 시간과 노력을 구매활동에 집중해야 한다. 그 단계를 구체적으로 서술하면 **그림 11-4**와 **표 11-2**와 같다.

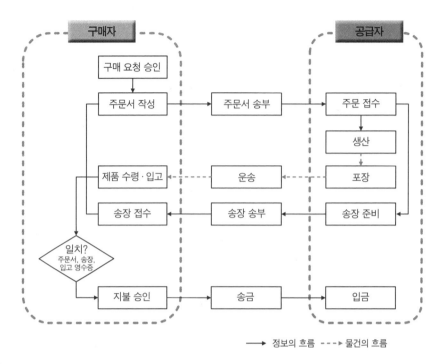

그림 11-4 전통적 조달 프로세스

표 11-2 구매 프로세스 단계

순서	활동 내용	흐름 방향	정보 vs. 물건
1	구매요청서 작성	구매기업 내부	정보
2	승인절차(재무 및 조달정책 기준)	구매기업 내부	정보
3	주문서 작성/출력/송부	구매기업→공급기업	정보
4	주문 접수 통보	공급기업→구매기업	정보
5	주문내용에 의거 생산/운송	공급기업→구매기업	물건
6	송장 출력/송부	공급기업→구매기업	정보
7	제품 입고 및 입고영수증 발급	구매기업 내부	정보, 물건
8	주문서, 송장, 영수증 일치 여부 체크	구매기업 내부	정보
9	지불 승인 및 지불	구매기업 · 공급기업	정보

전통적인 조달 프로세스는 기업 내 부서 간 그리고 기업 간 경계를 넘어 진행됨으로써 프로세스가 단절되는 문제를 안고 있다. 이는 다른 영역에서의 e-비즈니스 혁신과 마찬가지로 정보를 디지털화하고 온라인 시장의 장점을 활용함으로써 정보교환의 효율성과 정확성을 개선하고 생산성을 향상시킬 수 있음을 알 수 있다.

3) 전자조달 프로세스

전자조달e-procurement은 인터넷을 기반으로 조달 업무를 전자화한 온라인상의 기업 구매활동이다. 상품 표현 형식을 표준화한 전자 카탈로그를 매개로 하여 공급자들은 유·무형의 상품정보를 제공하고, 구매자는 그 상품의 기능, 성능, 가격 등을 고려하여 물품을 선택하고 구매 절차를 이행한다. 이때 공급자 시스템과 구매자 시스템 간을 연동하여 구매 업무 절차를 완전히 전자화함으로써 구매 과정의 투명성과 공정성을 확보할 수 있고, 구매에 수반되는 모든 문서 형식을 표준화하여 업계 공통으로 활용함으로써 구매 업무 형식과 절차를 간소화할 수 있다. 이와 같이 전자조달은 기업 간의 전 구매 과정을 전자화함으로써 구매 원가와 구매 처리 비용을 절감하고, 효율적인 재고관리를 가능하게 하며, 구매 이행 기간을 단축하고, 공급처 관리와 신규 공급처 확보를 용이하게 하여 기업의 총 조달 비용 절감과 이윤을 극대화하는 조달 체계이다. 또한, 전자조달은 전통적 조달 프로세스의 혁신으로 조달 프로세스의 자동화/전자화 및 합리화, 조달창구의 일원화, 시장기능의 도입 및 활용을 가능하게 한다. 특히 시장기능의 도입은 위 프로세스의 제3단계에 해당하는 것으로서 다양한 형태의 시장이 가능하고, 어떠한 시장 형태를 선택하고 시장의 구체적 운영방침을 어떻게 하느냐에 대한 결정을 내포한다.

표 11-3은 전자조달 프로세스를 구매기업의 관점에서 요약하고 있다.

표 11-3 전자조달 프로세스(구매기업 관점)

구매 전 단계		
	1	공급기업과 제품에 대한 검색. e-catalog, 브로셔, 컨벤션, 전시회, 전화, 방문 등
	2	공급기업들의 능력 평가를 통한 잠재 공급처 선정
	3	시장 메커니즘의 선택과 디자인. 참여자 선정, 가격결정 방법 등 시장기능의 설계
	4	시장 참여를 통한 공급자와의 협상 및 선정, 가격결정
	5	구매계약 체결 및 지불조건 설정
구매 후 단계		
	6	구매주문서 작성
	7	구매물건의 수령
	8	구매대금 지불

전자조달은 조달 프로세스의 혁신 내용을 담고 있다. 조달 프로세스 혁신으로 인하여 기업은 프로세스의 합리화 및 자동화를 통해 조달시간을 단축시키고 생산성을 향상시킬 수 있다. 또한 조달창구의 일원화로 조달단가를 낮추는 레버리지 효과를 활용할 수 있고, 조달 프로세스를 효과적으로 관리할 수 있게 된다. 오늘날과 같이 커뮤니케이션이 다채널화되는 환경에서 이렇게 창구를 일원화시키는 것은 매우 효과적인 관리방법이라 볼 수 있다. 특히 조달 품목인 MRO 품목들은 주로 소량을 반복 구매하는 특성을 가지고 있어 이러한 품목을 조달받는 프로세스를 합리화 · 자동화함으로써 생산성을 향상시키고 조달 사이클 시간을 줄일 수 있다. 또한 승인되지 않은 거래처로부터 비계획적unplanned으로 사전계약 없이off-contract 구매가 일어나 비효율의 주요 원인이 되는 비정규 구매maverick buying를 제거함으로써 구매 효율성을 증대시킬 수 있다. 비정규 구매를 없앤다는 것은 승인된 공급처로부터 일련의 규정에 따라 조달받음으로써 조달 가격을 낮추고 조달품목의 품질을 유지하며 체계적으로 관리함을 의미한다.

MRO 조달에서 가장 많이 활용되는 시장 형태는 역경매^{reverse auction}이다. 역경매는 다수의 자격요건 심사를 통과한 공급업체들 간의 경쟁을 통하여 구매단가를 낮추는 효과를 가져다준다. 하지만 역경매는 가격 중심의 경쟁을 심화시키는 경향이 있어 구매기업-공급기업 관계를 악화시키고 품질을 낮추는 문제점을 안고 있다. 또한 역경매는 낙찰기업을 선정하는 과정과 기준이 투명하지 않을 경우 표면상으로는 공정해 보이지만 실제로는 보이지 않게 특정 기업에게 특혜를 준다는 의혹을 불러일으키고, 이로 인해 공급기업들의 기회주의적 행동을 유발할 수 있는 것으로 알려져 있다.

이러한 역경매의 단점을 보완하기 위해 많은 경우에 있어서 낙찰기업 선정 기준에 가격 외에 기술적 역량 같은 정성적 요인을 포함시키는 추세이며, 기준가격을 설정하여 낙찰가격이 너무 낮게 형성되지 않게 하기도 한다. 또한 역경매는 공급기업의 원가구조 및 시장가격을 파악하기 위한 수단으로 활용되기도 한다.

1. 구매와 조달의 차이
① 조달은 구매를 포함함
② 조달은 주로 MRO 물품에 초점을 두고 있음

2. 전통적 조달 프로세스
① 프로세스 매뉴얼: 프로세스가 합리화/자동화되어 있지 않아 사람의 노동력이 첨가되어야 함
② 비정규 구매: 사전 계약 없이 하는 구매행위(buying off-contract). 비효율, 고단가

3. 전자조달 프로세스

검색 → 조사 qualify(screen) → 시장 메커니즘 (경매, 협상 등) → 계약 → EDI

4. 간접재(MRO: maintenance, repair, operation)
① 역경매를 주로 사용함
② 구매자 입장에서는 구매단가를 낮출 수 있는 장점이 있음
③ 역경매의 문제점
    a. 가격 중심 경쟁 심화 경향
    b. 컴퓨터 매개 접촉(non-face to face)으로 인한 관계의 비인간화
    c. 구매기업이 특정 공급업체에 특혜를 준다는 의심(기준의 불명확)

5. 전자조달의 효과
① 비정규 구매의 감소로 인한 비용절감
② 구매요청에서 주문까지의 시간 단축과 관련 비용 감소
③ 구매창구의 일원화를 통한 구매 관련 생산성 향상
④ 구매 담당자의 업무를 전략적 이슈에 초점을 두는 것이 가능

e-비즈니스와 공급체인관리

1. 공급체인관리 개요

학습목표

- 공급체인의 물적 흐름, 정보 흐름의
  관리에 대하여 알아본다.
- 공급체인에서의 관계관리에 대하여 알아본다.

Key Word
- 흐름관리
- 관계관리
- 전체의 최적화
- 수요와 공급의 동기화
- 채찍효과

1) 공급체인관리 개요

공급체인은 고객의 요구사항을 이행하는 데 직간접적으로 관련된 모든 단계이다. 따라서 공급체인에는 생산자와 공급자뿐만 아니라 운송업자, 물류창고, 도소매업자 등이 참여한다. 이러한 공급체인은 과거에도 존재했지만, 근래에 와서 많은 사람들의 관심을 끄는 것은 그만한 이유가 있다고 보아야 할 것이다.

1980년대 서구와 1990년대 우리나라의 많은 기업들이 관심을 가졌던 적시생산JIT: Just In Time방식은 부분 최적화에서 벗어나고자 한 노력의 출발점으로 이해할 수 있다. 특히 생산방식의 관점에서 볼 때, JIT의 핵심 개념은 공급체인의 흐름상 바로 전 단계 기업과 생산 스케줄 정보를 공유함으로써 적시에 적정량을 생산하는 것으로 요약할 수 있다. 이렇게 생산 스케줄 정보를 공유하면 자신과 바로 전 단계 기업 간의 물적 흐름을 효율적으로 관리할 수 있게 된다. 이는 비록 부분적 최적화의 범주를 넘어서지는 못했지만, 과거에 특정 기업 자신만의 관점에서 물적 흐름을 최적화하는 협소한 시각에서 한 단계 발전한 것으로 보아야 할 것이다. 실제로 산업혁명 이후 부품의 표준화, 조립라인 등에서 시작하여 JIT에 이르는 생산방식의 혁신으로 인해 기업들은 상당한 수준의 생산 효율성과 원가 절감을 이룩했다. 그러나 지속적인 경쟁의 심화는 기업들에게 최적화의 시각을 공급체인 전체로 확장시켜야 한다는 난제를 던져주고 있다.

'전체의 최적화'라는 철학을 기반으로 하는 공급체인관리는 쉬운 것이 아니다. 공급체인관리를 통한 전체의 최적화 달성은 인센티브 일치$^{incentive\ alignment}$와 성과배분, 정보의 공유, 의사결정의 조정, 헌신과 신뢰관계 확립 등과 같은 많은 현실적 이슈를 해결해야 함을 의미한다. 그러나 인터넷이 확산됨에 따라 기업들이 e-비즈니스를 도입하면서 전체 최적화를 향한 기업들의 노력이 새로운 국면을 맞이하고 있다.

공급체인의 관리는 크게 보면 두 분야, 즉 흐름^{flow}의 관리와 관계^{relationship}의 관리로 나누어 생각할 수 있다. 공급체인에서의 흐름은 일반적으로 물적 흐름$^{physical\ flow}$, 정보 흐름$^{information\ flow}$ 및 자금 흐름$^{monetary\ flow}$을 포함한다. 물적 흐름이 공급체인의 상부(원자재 공급)에서 하부(최종소비자)로 자재가 이동하는 것을 의미한다면, 정보와 자금의 흐름은 반대로 공급체인의 하부에서 상부로 정보와 자금이 이동하는 것을 지칭한다고 할 수 있다. 물적 흐름의 관리는 재고, 운송, 설비 등과 관련된 의사결정을 포함한다

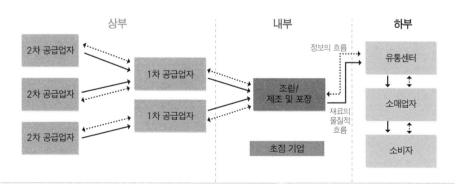

그림 12-1 공급체인

2) 물적 흐름의 관리

(1) 재고관리

공급체인에서의 재고관리는 수요와 공급의 동기화synchoronization 문제라 해도 과언이 아니다. 수요와 공급을 일치시킬 수 있다면 공급체인 프로세스상에 존재하는 재고의 양은 이상적인 최소 수준에 머무를 것이다. 그러나 정확한 수요예측이 어렵고 공급 과정에서 불확실성이 존재하기 때문에 수요/공급의 불일치가 발생하는 것이다.

예를 들어, 규모의 경제를 통해 생산 및 운송 단가를 낮추기 위해 필요 이상으로 생산하고 주문하고자 하는 현실적 동기가 작용할 수 있다. 이러한 경우 예측되는 수요량보다 큰 로트lot 1)를 선택할 수 있다. 또한 생산 및 운송에 걸리는 시간, 즉 리드타임이 고객이 기꺼이 기다릴 수 있는 시간보다 긴 경우에는 미리 생산하여 재고로 비축하고 수요가 발생했을 때 재고로 수요를 충족해야 할 것이다.

제품의 특성에 따라 차이는 있지만, 수요는 본질적으로 시간이 흐르면서 변화한다. 특히 가격을 위주로 경쟁하는 표준화된 일상용품 시장보다는 제품의 차별성을 위주로 경쟁하는 시장에서 수요의 변동이 더욱 심하게 나타난다. 수요의 변동이 심한 경우 공급체인이 변동에 유연하게 반응할 수 있는 정도는 공급체인의 경쟁력과 직결된다. 이렇게 수요의 변화가 큰 환경에 있는 공급체인을 반응적 공급체인responsive supply chain이라 부른다. 반응적 공급체인은 수요의 변동에 대비하여 충분한 양의 재고를 유지함으로써 높은 고객서비스 수준을 제공해야 하고, 반대로 가격경쟁을 하는 효율적 공급체인은 재고수준을 가능한 한 낮게 유지해야 한다고 보았다. **표 12-1**은 이 두 가지 유형의 공급체인에 관한 특성을 요약

---

1) 1회 생산량 또는 주문량

한 것이다.[2]

표 12-1 공급체인의 물적 흐름

	효율적 공급체인	반응적 공급체인
주요 목적	최저 원가로 수요 충족	수요에 신속하게 반응
제품 디자인 전략	최저 원가로 최고의 성능	모듈화를 통한 차별화 지연
가격전략	가격이 주요 경쟁무기 마진이 낮음	가격이 주요 경쟁무기 아님 마진이 높음
생산전략	높은 가동률로 원가를 낮춤	여유생산능력으로 수요변동에 대비
재고전략	가능한 한 낮은 재고수준	수요변동에 대비하여 완충재고 유지
리드타임 전략	원가 상승이 없는 범위에서 리드타임 감축	원가 상승이 있더라도 공격적으로 리드타임 감축
공급자전략	원가와 품질 중시	속도, 유연성, 품질 중시
운송전략	저비용 수단	반응성이 높은 수단

(2) 운송

기업들의 활동 자체가 국제화되어가는 추세에 비추어볼 때 운송은 갈수록 중요해지고 있다. 운송과 관련된 주요 의사결정 요소는 운송수단의 선택과 아웃소싱의 여부로 요약할 수 있다. 어떠한 운송수단을 이용하느냐에 따라 공급체인의 효율성과 반응성은 큰 차이가 있기 때문에 공급체인의 전략에 적합한 운송수단을 선택해야 할 것이다. 효율성에 비해 반응성이 중시되는 시장을 공략하기 위해서는 비행기와 같이 비용이 높더라도 원부자재를 신속하게 운송할 수 있는 수단

2) Fisher, M.,"What is the Right Supply Chain for Your Product?," Harvard Business Review, March-April 1997

을 활용해야 한다. 이와 반대로 고객이 가격을 가장 중요시하는 경우에는 철도나 배와 같이 운송소요 시간이 길더라도 저렴한 운송수단을 선택하는 것이 전략적으로 적절한 결정이다. 과거에는 운송기능을 자체적으로 수행하는 경우가 많았으나, 운송을 포함한 전체 물류기능을 제3자 물류 전문기업으로부터 아웃소싱함으로써 고객서비스 수준을 향상시키고 비용을 낮추는 추세에 있다.

(3) 설비

설비 및 이와 관련된 이슈는 공급체인의 성과와 밀접한 관련을 갖는다. 특히 앞에서 언급한 공급체인의 반응성responsiveness과 효율성efficiency에 직접적인 영향을 미치며, 이렇게 영향을 미치는 요소로서 설비의 위치와 수용능력capacity을 들 수 있다.

설비의 위치는 한 기업의 공급체인 디자인에 매우 중요한 의사결정 사항이다. 의사결정의 기본 교환관계trade off는 규모의 경제를 통해 효율성을 높이는 집중화centralization와 고객 가까이 위치함으로써 반응성을 향상시키는 분산화decentralization 사이에서 무엇을 선택하느냐 하는 문제이다. 물론 이러한 교환관계 외에도 기타 경제적 요소, 전략적 요소, 인력의 질과 비용, 설비 비용, 인프라 가용성 등을 고려해야 할 것이다.

기업들은 또한 창고의 수용능력과 관련된 의사결정을 내려야 한다. 충분한 여유수용능력을 갖추고 있는 경우에는 수요 변화의 진폭에 유연하게 대처할 수 있다. 그러나 여유수용능력을 유지하는 데는 비용이 더 들고 효율성이 낮을 것이다. 따라서 각각의 창고에 대한 수요의 규모와 변동성에 대한 정보를 바탕으로 반응성과 효율성 간의 교환관계를 고려한 의사결정을 내려야 할 것이다.

e-비즈니스 환경에서 고객 중심의 패러다임이 확산되고 고객서비스가 강조되고 있는 점을 고려할 때, 기업들은 어느 정도 효율성을 희생하면서 높은 수준의 고객서비스를 위한 반응성에 무게를 더 두고 있는 추세이다. 소수의 중앙창고에

재고를 배치하여 위험통합^{risk pooling} 효과를 통해 재고고갈의 가능성을 낮추면서 신속한 재고공급을 위해 다소 비싸지만 신속하면서도 신뢰성이 높은 제3자 물류나 비행기 및 택배 같은 운송수단을 이용하고 있다.

3) 관계관리

물적 흐름 및 정보 흐름이 잘 관리되어 공급체인의 성과를 높이기 위해서는 신뢰에 기반을 둔 파트너십 형성이 절대적으로 필요하다. 파트너와 정확하고 신뢰할 수 있는 정보를 공유함으로써 공급체인 전체에 걸쳐 수요와 공급을 동기화시키고 비용을 낮추는 것이 용이해진다. 그리고 이렇게 잘 관리되는 공급체인에서는 각 단계별로 일어나는 거래를 처리하는 비용이 낮아진다.

예를 들어 도매상이 소매상의 주문 및 수요 예측 정보를 신뢰한다면, 도매상의 수요 예측 노력은 절감될 것이다. 또한 생산자의 품질과 공급활동에 대한 신뢰가 형성되어 있다면, 도매상은 입고되는 물품에 대한 검수활동을 생략해도 될 것이다. 자동차 부품산업에서의 공급자-구매자(소매상)의 신뢰관계에 대한 한 연구는 신뢰가 제공하는 혜택을 **표 12-2**와 같이 요약했다.[3]

표 12-2 신뢰의 수준별 소매상의 비교

비교 척도	낮은 신뢰	높은 신뢰
대안적 공급원의 개발을 위한 소매상의 노력 정도	100	78
공급자에 대한 소매상의 몰입(commitment) 정도	100	112
공급자 제품당 소매상의 판매고	100	178
소매상의 성과에 대한 공급자의 평가	100	111

---

3) Kumar, N. "The power of trust in manufacturer-retailer relationships," Harvard Business Review 74, 1996

4) 정보 흐름의 관리

최근 들어 공급체인관리에서 정보 흐름의 관리가 핵심요소로 부각되고 있다. 특히 채찍효과$^{bullwhip\ effect}$라는 개념은 공급체인 내에서 정보 흐름의 왜곡 현상이 발생하는 이유와 그로 인한 결과를 이해하는 데 큰 도움이 된다.

1990년대 초 P&G사는 팸퍼스 기저귀의 공급체인을 분석한 결과, 공급체인을 거슬러 올라가면서 최종소비자의 수요변동이 증폭되어 공급체인의 상위에 있는 기업들이 느끼는 수요변동폭(공급체인의 전 단계 기업으로부터의 주문량의 변동폭)이 최종소비자 수요의 변동폭보다 훨씬 크다는 것을 발견했다. 이러한 주문량/수요량의 변동 증폭 현상을 손목부분에서 끝부분으로 가면서 채찍의 움직임 폭이 커지는 것에 빗대어 '채찍효과'라 부르게 되었다.

주문량 또는 수요량 증폭 현상은 결국 최종소비자의 수요량과 변동에 대한 정보가 부정확하게 전달되는 정보의 왜곡 현상으로 해석할 수 있다. 변동 증폭 현상으로 인해 공급체인의 상위에 있는 기업들은 최종 수요의 실제 변동폭보다 훨씬 큰 변동폭에 대응하여 생산 및 구매계획을 세우고 실행에 옮기게 된다. 이로 인해 필요 이상의 잉여재고와 생산량의 변동으로 인한 추가 생산비용이 발생하게 되어 공급체인 전체가 비효율적으로 운영될 수밖에 없다.

채찍효과의 주요 원인으로 다음과 같은 사항들을 생각할 수 있다.[4]

- 단계적으로 이루어지는 수요 예측
- 로트 주문방식
- 세일 등으로 인한 가격의 변동

---

[4] Lee, H. L., Padamanabhan, V. and Whang, S., "The Bullship Effect in Supply-Chains," Sloan Management Review, 86, (1997a,) pp. 93-102

Lee, H. L., Padamanabhan, V. and Whang, S., "Information Distortion in a Supply-Chain: The Bullwhip Effect," Management Science, 42, (1997b,) pp. 546-558

단계적으로 이루어지는 수요 예측은 매우 일반화된 관행이다. 소매상은 최종소비자의 수요 데이터를 바탕으로 수요를 예측하고, 수요 예측치에 근거하여 도매상에 주문한다. 도매상은 소매상의 주문 데이터에 의거하여 구매계획을 세우며, 구매계획에 따른 주문활동은 생산자의 생산계획의 기초자료가 된다. 이렇게 이루어지는 단계적 수요 예측은 핵심적인 최종소비자의 구매 또는 수요정보가 공급체인의 말단에서 수집되지만, 이 정보가 공급체인 전체에 확산 공유되지 못하고 있음을 보여주고 있다. 따라서 단계적 수요 예측은 곧 최종 수요정보의 왜곡 현상으로 볼 수 있으며, 이러한 왜곡 현상으로 인해 수요 예측양의 변동이 심해지고 부정확해져 불필요한 비용이 발생하고 시간을 낭비하게 된다.

로트 주문방식 또한 채찍효과가 일어나는 주된 원인이다. 로트 주문방식은 필요할 때 필요한 양만큼 주문하는 JIT식 주문과는 달리 일정 기간 동안 필요한 양을 모아 묶음으로 주문하는 방식이므로 실제 수요량의 변동폭보다 주문량의 변동폭이 클 수밖에 없다. 예를 들어 실제 수요량이 매일 10개로 고정되어 있다면 변동폭(분산)은 0이다. 만약 소매상이 도매상에게 매일 주문하는 대신 일주일 분

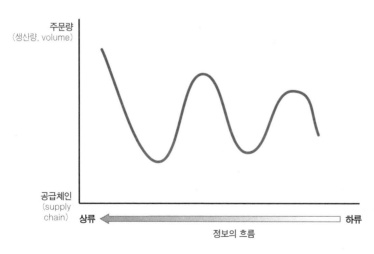

그림 12-2 채찍효과

량 70개를 모아 묶음으로 일주일에 1회 주문한다면 주문량(첫날은 70개, 나머지 6일은 0개)의 변동폭(분산)은 700이 된다. 그리고 도매상도 생산자에게 4주(=28일) 분량을 모아 주문한다면 주문량은 첫날에 280개이고 나머지 27일은 0개이므로 주문 변동폭(분산)은 2800이 된다. 만약 소매상이 실제 수요량만큼 매일 도매상에게 주문하고 도매상도 동일한 양을 생산자에게 주문한다면, 최종소비자의 수요변동폭을 증폭시키는 결과가 나타나지 않을 것이다.

세일 등으로 인한 가격의 변동도 채찍효과를 야기한다. 가격할인으로 판매촉진을 하는 경우, 소비자들은 가격할인을 기다리며 구매를 미루거나 가격할인을 최대한 활용하기 위해 미래의 수요량을 미리 구매하기도 한다. 이는 세일 기간에 판매고를 최대한으로 늘리는 효과를 가져오지만, 한편으로 세일 기간 동안에는 실제 수요량보다 많은 주문량이 발생하고 세일 전과 후의 기간에는 주문량이 급감하는 현상이 나타난다. 이는 결국 수요량을 왜곡시키고, 이렇게 단기간 동안 발생하는 부풀려진 수요량을 충족시키기 위해 추가 비용이 발생하기 마련이다.

이렇게 발생하는 채찍효과로 인한 부작용을 해결하기 위해서는 다음과 같은 해결책이 도움이 된다.

첫째, 단계적 수요 예측의 문제는 공급체인에 참여하는 기업 간에 최종소비자의 수요 또는 구매에 대한 정보를 공유함으로써 해결될 수 있다. 특히 공급체인 말단, 즉 소매상의 POS 시스템에 의해 수거되는 최종소비자의 구매정보를 EDI나 기타 정보시스템을 통해 다른 공급체인 참여기업들과 공유하는 것이다. 정보의 공유에서 한 단계 더 나아가 재고 보충 프로세스의 혁신 또한 필요하다. 소매상이 재고를 관리하고 재고량과 수요량의 추이에 따라 소매상이 도매상 또는 생산자에게 주문하는 대신 도매상 또는 생산자가 POS 데이터에 근거하여 정기적으로 자신이 스스로 재고를 보충하는 CRP^{Continuous Replenishment Planning}가 이러한 프로세스 혁신의 예에 해당한다. CRP는 소매상의 주문절차를 없앤 일종의 자동주문으로서, 정보의 공유와 재고의 자동 보충을 통해 프로세스를 간편화한 것이다. 다음 절에서 다룰 CPFR^{Collaborative Planning, Forecasting and}

Replenishment도 공급체인관리 프로세스에 해당한다.

둘째, 로트 주문방식 대신 필요한 때 필요한 양만큼 주문하는 JIT 주문방식이 채찍효과를 완화시킬 수 있다. 이는 앞에서 언급한 CRP와 연관성이 있다. CRP에서는 공급자가 직접 자신의 재고를 관리하기 때문에 자신의 운송 스케줄을 최대한도로 활용하여 공급빈도를 높일 수 있기 때문에 주문 로트의 크기를 줄일 수 있게 된다. 또한 자동주문은 주문비용을 감소시키기 때문에 주문을 더 자주 할 수 있게 된다. 컴퓨터를 이용하여 주문하는 CAO^Computer-Assisted Ordering도 주문비용을 감소시키기 때문에 로트의 크기를 줄이고 자주 주문하는 것이 가능해진다.

셋째, 가격변동에 의한 문제점을 해결하기 위해 항시 저가 정책^EDLP: Every Day Low Price이 권장되고 있다. 정상적인 가격과 세일 가격 사이에 가격을 설정하고 이 가격을 지속적으로 유지함으로써 수요를 지속적으로 유발하고, 할인에 따라 수요가 미리 또는 나중에 발생하는 현상을 막을 수 있을 것이다.

1. 공급체인관리(SCM) 개요

① 공급체인과 전체의 최적화

　　a. JIT(Just In Time)의 정보공유는 부분 최적화

　　b. 공급체인의 철학은 '전체의 최적화'

　　　– 요구조건들: 인센티브 일치, 전체 공급체인 멤버 간 정보공유, 의사결정의 조정, 신뢰관계의 확립, 초점기업(focal company)의 주도적 역할 등

② 공급체인관리의 대상

　　a. 흐름의 관리

　　　– 물적 흐름, 정보 흐름, 자금 흐름

　　b. 관계의 관리

2. 관계관리

신뢰 기반의 관계 구축

　　a. 공헌도 평가를 통해 성과를 공정하게 배분함

　　b. 개별 기업의 운영상의 역할과 의사결정권한을 명확히 함

　　c. 효과적인 계약을 체결함

　　d. 효과적인 갈등해결 메커니즘을 디자인

3. 물적 흐름의 관리

공급체인 전체에 걸친 물적 흐름을 전략적 목적(예: 효율성 대 유연성)에 맞게 생산 및 재고관리, 운송과 물류설비 등의 관점에서 관리

4. 정보 흐름의 관리

① 채찍효과(bullwhip effect)

    a. 정보의 왜곡 현상

    b. 공급체인의 상류로 거슬러 올라갈수록 주문량/수요량이 증폭

② 채찍효과의 주요 원인과 해결책

    a. 정보의 공유 부재로 인해 단계적으로 이루어지는 수요 예측

        – 정보의 공유: 최종소비자의 구매정보(POS + EDI)

        – 재고 보충 프로세스 혁신: 자동주문, 협력을 통한 예측정확도 개선

    b. 주문 경제성에 따른 로트 주문방식

        – CAO나 CRP 등과 같은 혁신을 통해 주문 관련 고정비용의 감소

        – 생산혁신을 통한 품목변경비용의 감소

        – 이로 인해 소小로트 주문/생산이 경제적으로 타당해짐

    c. 세일 등으로 인한 가격변동

        – 항시 저가 정책(EDLP: Every Day Low Price), 세일활동의 자제

2. IT기반 SC혁신과 e-SCM

학습목표

- EDI, CRP, VMI 등의 SC혁신과 IT와의 관계에 대하여 알아본다.
- SCP/SCE 솔루션의 내용과 역할을 이해한다.

Key Word

- VAN-EDI
- 인터넷 기반 EDI
- CRP
- VMI
- SCP
- SCE

1) 정보기술과 프로세스 혁신

B2B 거래와 공급체인의 혁신은 정보기술과 프로세스의 두 차원에서 진행되어 왔다. 아래에서 설명할 EDI, CRP, CPFR 등과 같은 공급체인 혁신 기법들은 모두 이러한 정보기술을 기반으로 하고 있다. 또한 인터넷을 이용한 공급체인관리도 결국 기업의 경계선을 넘어 발생하는 기업 간 주문과 재고 보충을 통한 주문이행 프로세스의 혁신 그리고 이를 뒷받침하기 위한 정보기술의 유기적 연계관계로 이해할 수 있을 것이다.

(1) VAN 기반 EDI

B2B 거래과정에서 거래 상대 기업들은 정보를 주고받기 마련이다. EDI Electronic Document Interchange는 주문, 발송, 입/출고 확인, 지급청구 등과 관련

된 문서를 전자적으로 주고받는 것을 의미한다. 여기서 전자적으로 주고받는다는 것은 커뮤니케이션의 쌍방이 컴퓨터(소프트웨어, 관련 애플리케이션)이고, 문서의 내용을 커뮤니케이션 네트워크를 통해 송수신함을 의미한다. 그리고 전자적으로 문서를 주고받을 때에는 문서의 구조에 대한 쌍방간의 합의가 필요하기 때문에 데이터 포맷에 대한 국제적 표준이 정해졌다. ANSI X.12나 EDIFACT 등이 EDI로 주고받는 문서의 구조 또는 데이터의 포맷에 대한 국제적 표준이다.

인터넷이 도입되기 전에는 제3자가 관리하는 사설 네트워크인 VAN^{Value Added Network}을 이용하여 커뮤니케이션을 하였으나 이제는 인터넷 기반으로 옮겨가는 추세에 있다. EDI를 이용한 컴퓨터와 컴퓨터 간의 커뮤니케이션은 전화, 면대면 또는 우편 등과 같은 비전자적 방식에 비해 훨씬 효율적이고 정확하다. 이러한 장점에도 불구하고 VAN 기반의 전통적인 EDI는 확산이 매우 더디게 진행되었다. 그 이유는 다음과 같이 정리될 수 있다.

① 거래 관련 프로세스의 재구축

EDI는 기업 간 거래 프로세스를 자동화시키는 것이기 때문에 EDI의 도입으로 프로세스의 합리화와 재구축이 함께 이루어져야 함

② 비용의 문제

초기 투자비용, 사설 VAN의 이용요금이 큼

③ 표준의 문제

거래 기업이 많을 경우 다수의 EDI 관련 표준을 이용해야 하는 문제점이 있으며, 표준을 일원화시키는 것이 바람직하지만 현실적으로 매우 어려운 문제임

(2) 웹 기반 EDI

인터넷의 활용이 확산되면서 웹 기반 EDI 또한 확산되고 있다. 웹은 HTML로 작성된 웹 문서가 TCP/IP와 HTTP 프로토콜을 이용하여 연결된 것이다. HTML은 웹에 문서를 어떠한 모습으로 보여줄 것인지를 정의하는 데 사용되는 언어이다. 웹 기반 EDI가 확산될 수 있는 근거는 인터넷의 광범위한 연결성과 저비용 특성에서 찾을 수 있지만, 이에 못지 않게 중요한 이유는 바로 통합의 문제 때문이다. VAN 기반 EDI에서 사용되는 표준들은 서로 다른 시스템 간 정보교환을 가능하게 하기 위해 필요하다. 웹 기반의 EDI에서는 XML^{eXtensible Markup Language}이라는 언어를 이용하여 시스템 간에 서로 의사소통이 가능하게 할 수 있다. XML은 현실적으로 다양한 표준들이 존재함으로써 시스템 간 의사소통이 제약을 받을 수밖에 없는 문제를 해결하려는 목적으로 개발되었다. XML은 HTML과 같이 웹 문서와 관련된 언어이지만 존재 목적은 매우 다르다. HTML이 웹 문서가 어떻게 보이게 할 것인가를 규정하는 데 사용된다면, XML은 웹 문서에 담겨 있는 데이터의 의미를 규정한다.

EDI의 기본 기능이 기업 간 정보의 교환이라는 점을 고려할 때, EDI는 정보기술 환경이 어떻게 변하더라도 절대적으로 필요한 것이며, 따라서 아래에 논의되는 공급체인 혁신 방법들과 e-비즈니스에서의 공급체에도 EDI의 활용이 밑바탕에 깔려 있음을 기억해야 할 것이다

(3) CRP와 VMI

연속재고 보충 프로그램^{CRP: Continuous Replenishment Program}이란 공급업자가 유통소매점의 주문에 의거하여 상품을 공급하는 일반적인 관행과는 달리, 상

품의 소비자 수요에 기초하여 유통소매점에 공급하는 pull 방식[1]에 의한 상품 보충 방법이다. CRP의 초기단계에서는 유통공급과정에서 상품을 공급받기 위해 유통업체의 물류센터 또는 도매 배송업체의 출고데이터를 사용한다. CRP의 발전단계에서는 POS 데이터를 사용하여 상품 보충 프로세스를 개선시킬 수 있다. 비록 초기단계에서는 소매업체 창고의 출고데이터를 기초로 EDI 문서를 전송하게 되지만, POS 데이터의 통합관리 능력이 증대됨에 따라 점포에서 실제 판매된 판매량에 근거한 EDI 문서전송이 가능해진다. 이를 통해 단품별 판매에 따른 제조업체의 단품별 보충이 가능하게 된다.

CRP에서는 판매 데이터와 판매 예측을 근거로 상품 보충에 필요한 주문과 배송을 실시하게 되는데, 가장 보편적인 형태로는 공급자 재고관리$^{\text{VMI: Vendor Managed Inventory}}$가 있다. VMI는 유통업체가 제조업체에 판매와 재고정보를 EDI로 제공하면 제조업체는 이를 토대로 과거 데이터를 분석하고 수요 예측을 하여 상품의 적정 납품량을 결정해주는 시스템 환경이다. 따라서 VMI는 소매업자 대신 공급자인 제조업과 도매업이 소매업의 점포관리를 하는 것이다. 소매업 측에서 자동보충발주를 치밀하게 하더라도 제조업과 도매업에서는 그 상품이 없기도 하고, 출하하기까지 필요 이상의 시간이 걸려 납기를 지키지 못하게 되면 시스템은 제 기능을 하지 못하게 된다. 이러한 이유로 인해 소매업에 의한 발주 자체를 없애고 재고관리를 제조업과 도매업의 손에 맡기는 것이다.

VMI를 구축하면 컴퓨터의 발주처리 비용이 필요 없게 되고, 상품의 리드타임 단축과 대폭적인 재고삭감이 실현될 수 있다. 소매점포에서는 점포에서의 품절을 감소시키고 매상을 증가시킬 수 있다. 또한 제조업체와 도매업체는 과잉생산과 과잉재고를 방지할 수 있고, 보관 및 피킹 작업 등을 제거함으로써 물류비용을 상당히 절감할 수 있다. 이러한 효과를 얻기 위해서는 입고 및 출고를 위한 모

---

1) pull 방식은 최종소비자의 수요가 공급을 '당긴다'는 의미로 이해할 수 있다. 반대로 push 방식은 최종소비자의 수요 속도와는 별개로 공급자의 공급 스케줄에 맞추어 상품을 유통업자의 창고와 매장에 '밀어넣는다'는 의미로 생각하면 될 것이다.

든 작업의 긴밀한 동기화와 함께 파트너 간에 서류 없이 거래를 수행할 수 있도록 해주는 글로벌 표준 및 EDI 등과 같은 도구가 필수적이다.

2) e-SCM

e-비즈니스의 확산으로 인해 공급체인supply chain관리에 대한 기업의 관점은 빠르게 변하고 있다. 과거의 생산성과 효율성에만 집착하는 사고에서 벗어나 시장수요에 신속하고 유연하게 대응하는 반응성 중심의 사고로 그 중심축이 변하고 있다. 이는 고객이 원하는 제품, 인도가격 및 조건에 관계없이 가능한 한 최소의 비용으로 신속하게 고객에게 가치를 제공하는 것을 의미한다. 이렇게 신속하고 효율적으로 고객의 주문을 처리하기 위해 기업들은 인터넷을 활용하여 공급체인 활동을 계획하고 효과적으로 실행에 옮길 필요가 있다.

e-비즈니스 환경은 기업들에게 과거에는 존재하지 않았던 여러 유용한 소프트웨어 도구를 제공하고 있다. 그러나 앞에서 살펴보았던 다양한 공급체인관리의 근본적 이슈들을 더 효율적인 방법으로 해결할 수 있는 기회를 제공하고 있는 것으로 보아야 한다. 공급체인관리 활동을 지원하기 위한 애플리케이션은 크게 공급체인 계획수립SCP과 실행SCE으로 나뉘며, 이들에 대해 좀 더 상세한 내용을 정리하면 다음과 같다.

(1) SCP

SCPSupply Chain Planning 애플리케이션은 공급체인의 효율적 관리를 위한 다양한 계획수립 기능을 통합적으로 제공하는 것으로서 수요 예측, 재고계획, 유통 및 수송계획, 제조계획 및 스케줄링 등의 기능을 제공한다. 다음은 SCP 애플리케이션의 주요 모듈의 기능에 대한 설명이다.

① **주문확약**order commitment

ATP^Available-To-Promise 시스템으로 불리는 주문확약 모듈은 실시간으로 주문이행order fulfillment 사이클에 대한 가시성visibility을 제공함으로써 고객에게 정확한 인도일자를 제시하는 것을 가능하게 한다. 여기서 가시성이란 시스템을 통해 원자재 및 부품의 재고와 생산현황 및 생산 우선순위 등에 대한 정보를 파악할 수 있음을 의미한다. 경험이나 감感에 의존하는 대신에 주문확약 모듈의 정교한 계획수립 기능을 활용하여 주문약속order-promise의 정확도를 제고할 수 있다.

② **조기 스케줄링과 생산계획** advanced scheduling and production planning

개별고객의 주문을 충족시키기 위한 생산 및 공급활동의 조정 기능을 발휘한다. 스케줄링은 설비 고장부터 각종 이유로 인한 생산활동 중지에 이르기까지 생산 프로세스 전체에 걸쳐 작용하는 제약조건의 변화가 미치는 영향을 실시간으로 분석하여 구체적인 작업스케줄을 설정하는 과정이다. 스케줄링은 실행execution을 위한 상세한 활동계획으로, 생산 프로세스와 공급물류를 관리하는 데 필요한 길잡이 역할을 수행한다.

③ **수요계획 모듈**demand planning

다양한 수요 예측 기법과 통계 도구를 이용하여 기업의 모든 세부시장, 채널 및 수요처로부터의 수요 예측치를 개발하고 통합하는 기능을 발휘한다.

④ **유통계획 모듈**distribution planning

유통계획은 수요계획 및 생산계획과 통합되어 고객 주문의 이행에 대한 총체적 계획을 제공한다.

⑤ 수송계획 모듈transportation planning

각종 원부자재와 완제품이 적절한 시간 내에 적절한 곳으로 최소의 비용으로 운송되도록 하는 계획을 수립해준다. 이 운송계획은 내부inbound 물류와 외부outbound 물류를 모두 포함하며 하역 도크의 공간, 트레일러 가용성, 수송량의 통합consolidation, 수송수단의 배합 등과 같은 다양한 변수들을 고려하여 최적의 수송계획을 수립하는 것을 지원한다.

SCP 애플리케이션은 궁극적으로 공급체인 계획의 최적화를 추구한다. 따라서 SCP 애플리케이션은 ERP가 제공하는 다양한 데이터를 이용하여 최적의 의사결정에 도달하도록 도와준다. ERP와 SCP가 통합되지 않은 경우에는 최적의 성과를 기대할 수 없을 것이다.

e-비즈니스 환경하에서 SCP 애플리케이션이 추구하는 또 다른 주요 목적은 수요의 변화에 대한 반응성을 개선하는 것으로 해석할 수 있다. 예를 들어, 주요 고객이 주문 내용을 급작스럽게 변경하는 경우에는 이를 수용하지 않을 수 없지만, 공급체인 전체에 걸쳐 상당한 충격을 주기 마련이다. 제품 가용성availability에 따라 가격이 달라질 것이고 부품 조달계획, 생산 스케줄, 유통 및 수송계획이 조정되어야 하기 때문이다. 예상하지 못한 변화는 늘 일어나기 마련이기 때문에 공급체인 실행은 실시간 변화에 대응할 수 있는 체계를 갖추고 있어야 가능하다. 이를 위해서는 계획의 수정에 의해 영향을 받는 기업들 상호 간에 필요한 정보를 공유할 뿐만 아니라 의사결정을 조정하여야 한다. 이러한 신축적인 계획수립 및 조정을 가능하게 하는 반응성responsiveness이 결핍된 SCP는 변화가 심한 e-비즈니스 환경하에서는 그 기능을 제대로 발휘할 수 없을 것이다.

(2) SCE

SCESupply Chain Execution 애플리케이션은 다양한 실행 기능을 통합적으로 제공하는 것으로, 조달^{procurement}, 제품의 제조 및 유통 등과 같은 활동을 통해 실질적으로 발생하는 제품 흐름의 관리를 통해 제품이 원하는 시간에 원하는 장소로 제대로 전달될 수 있도록 관리하는 역할을 수행한다.

공급체인 실행은 곧 고객 주문의 이행^{fulfillment}을 의미한다. 경쟁이 심화되는 e-비즈니스 환경하에서 주문이행은 종전에 비해 그 중요성이 훨씬 커지고 있다. 고객이 주문한 제품과 서비스를 약속한 대로 제공하는 것은 고객 만족의 최소한의 조건이라 할 수 있다. 따라서 고객 주문의 이행을 위해 공급체인이 수행하는 구매, 생산, 물류 등과 같은 다양한 활동이 원활히 조정되어야 하고 이를 위해 기업들은 이러한 활동들의 실행에 대한 자세한 정보에 접근하여 원래의 계획에 맞게 실행되고 있는지를 점검할 수 있어야 한다. 그리고 실행과정이 계획으로부터 벗어나는 이상 상황이 발생하면, 이를 관리자들에게 통보하여 곧바로 대책을 강구하고 대응할 수 있도록 하여야 한다. 이렇게 SCE는 계획이 제대로 실행되고 있는지의 여부와 이상 상황의 통보 및 대안의 제시라는 두 가지 기능을 수행한다. SCE 애플리케이션들은 주문계획$^{order\ planning}$ 프로세스, 생산, 재고 보충^{replenishment}, 유통 등의 기능을 자동화해준다.

① 주문계획

주문계획$^{order\ planning}$의 기본 기능은 주문이행이 실질적으로 가능한 계획을 제공하는 데 있다. 실행 가능한 계획$^{feasible\ plan}$이란 주문이행에 걸림돌이 되는 각종 제약조건을 동시에 고려하는 것을 의미한다. 고객의 요구조건과 인도시한으로부터 시작하여 모든 공급체인 제약조건을 고려하면서 공급체인의 하류^{downstream}에서 상류^{upstream}로 올라가면서 주문이행을 위한 계획을 수립하는 것이 최근의 추세이다.

② 생산

완제품을 위한 주생산 계획$^{master\ production\ schedule}$에서 시작하여 기한 내에 각 완제품의 생산을 완성시키기 위한 각종 제조 자원의 배분계획을 도출하고 이 계획에 따라 생산활동을 모니터하는 기능을 의미한다.

③ 재고 보충

e-비즈니스 환경하에서 고객은 재고고갈을 용납하지 않으면서도 한편으로는 최소비용으로 서비스 받기를 원하는 경향이 두드러지고 있다. 따라서 공급체인 실행 애플리케이션들은 공급체인 파이프라인 전체에 걸쳐 존재하는 재고의 양을 최소화하면서도 재고고갈의 가능성을 최소화하도록 재고를 보충하는 활동을 통제할 수 있는 기능을 제공해야 한다.

④ 유통

제품이 완성되면 유통채널을 통해 고객에게 전달된다. 유통관리 기능은 완성된 제품이 공장에서 유통창고를 거쳐 최종소비자에게 전달되는 일련의 과정을 담당한다. 유통관리 애플리케이션은 최종소비자가 자신이 주문한 제품이 유통 파이프라인의 어디에 위치하고 있는지에 대한 데이터를 얻을 수 있도록 도와주고, 더 나아가 국가 간 교역과 관련된 복잡한 규정과 법규를 준수하는 데 필요한 기능을 제공한다.

⑤ 역물류

환경에 대한 인식의 제고와 고객서비스에 대한 고객 기대수준의 상승으로 인해 기업들은 제품의 판매를 위한 전방향^{forward} 물류뿐만 아니라, 품질 보증과 폐기된 제품과 부품 수거 등의 이유로 인해 발생하는 역방향 물류를 관리할 필요성이 증대되고 있는 추세이다. 이러한 관점에서 역물류^{reverse} ^{logistics} 관련 애플리케이션의 필요성과 중요성은 날로 커지고 있다.

오늘날 대부분의 공급체인의 현실을 보면 비부가가치적 부분이 전체 공급체인

프로세스의 상당 부분을 차지할 뿐만 아니라 공급체인을 형성하고 있는 다양한 참여기업들 간의 통합의 정도 역시 미미하다. 공급체인관리의 문제점들은 다음과 같은 현실적인 원인에서 발생하는 것으로 볼 수 있다.[2]

> a) 공급체인 전체에 걸친 계획수립의 필요성에 대한 이해 부족
> b) 일관성^{consistent}과 최신성$^{up-to-date}$이 부족한 데이터
> c) 공급체인 파트너 간 프로세스 통합 결여

a)와 c)는 기본적으로 공급체인 전체를 바라보는 시각이 결여되어 있음을 의미한다. b)는 사용 가능하고 가치 있는 데이터의 부재 문제를 제기하고 있다.

대부분의 기업들은 공급체인의 한쪽 끝에서 시작하여 다른 쪽 끝으로 흐르는 $^{end-to-end}$ 활동을 전체적으로 바라보고 이에 대한 총체적이고 일관성 있는 계획의 수립에 대한 중요성을 인식하지 못하고 있다. 국소적인 관점에서 수립된 계획들의 집합은 전체의 관점에서 실행 가능성이 낮아질 뿐만 아니라 전체의 성과를 현저히 떨어뜨리는 결과를 가져올 것이다. 이러한 시각은 곧 총체적인 계획의 수립의 필요성과 함께 공급체인 전체 프로세스의 혁신의 중요성을 부각시킨다. 공급체인을 구성하는 개별 기업의 경계선을 넘어서 연결되는 프로세스는 반드시 통합되어야 할 것이며, SCP와 SCE 애플리케이션들은 이러한 총체적 계획 수립과 프로세스 혁신의 노력을 효과적으로 지원하기 위한 도구로 간주할 수 있다. 더 나아가 계획 수립과 프로세스 혁신의 노력이 결실을 볼 수 있기 위해서는 필요한 데이터가 일관성과 최신성의 특성을 지니고 있어야 할 것이다.

---

2) Kalakota와 Robinson, 2001

1. 정보기술과 프로세스 혁신

B2B 거래와 공급체인 혁신의 핵심은 정보기술 활용을 통한 정보의 공유와 프로세스 혁신 (process innovation)

① VAN 기반 EDI

  a. 주문, 발송, 입/출고 확인, 지급청구 등과 관련된 문서를 전자적으로 송수신

  b. 커뮤니케이션의 쌍방은 컴퓨터(소프트웨어, 관련 애플리케이션)이고, 문서의 내용을 커뮤니케이션 네트워크를 통해 송수신함

  c. 제3자 사설 네트워크인 VAN(Value Added Network) 기반에서 인터넷 기반으로 전이

  d. 프로세스의 효율성과 정확성에도 불구하고 VAN 기반 EDI 확산이 저조한 원인

    – 비용: 초기 투자비용, VAN 사용요금

    – 표준

      • 상거래를 위한 문서표준이 일대일(point-to-point)로 이루어져 표준의 난맥상 표출

      • ANSI X.12나 EDIFACT 같은 다양한 표준의 존재로 산업수준 또는 국제적 수준의 표준 도출이 매우 어려움

② 웹 기반 EDI

  a. 웹은 TCP/IP 프로토콜을 기반으로 HTML로 작성된 웹 문서의 연결

  b. HTML은 웹 문서가 어떻게 보일 것인가를 규정하는 언어이기 때문에 문서에 담긴 데이터의 의미를 전달하는 것이 어려움. 이를 해결하기 위한 XML(eXtensible Markup Language)를 기반으로 한 문서표준 확립 노력이 지속적으로 진행 중임

  c. IOS(InterOrganizational System)의 근간

③ CRP와 VMI

  a. CRP(Continuous Replenishment Planning)

    – 상품의 소비자 수요에 기초하여 공급자가 유통소매점에 공급하는 pull 방식

    – 출고데이터 공유단계에서 POS 데이터를 EDI로 공유

    – 주문단계를 단축함으로써 발주비용 감소, 상품의 적정재고 유지

  b. VMI(Vendor Managed Inventory)

    – 생산업체/도매상이 도매상/소매상의 재고를 관리하는 방법

      • 과거의 판매·재고 데이터를 토대로 상품의 적정 납품량과 시기를 결정해줌

- 혜택
  - 발주비용, 주문 리드타임, 재고비용의 절감
  - 품절 감소를 통한 매상 증가
  - 생산업체/도매상의 과잉생산, 과잉재고 방지

2. e-SCM

- e-비즈니스 환경에서 공급체인을 지원하기 위한 애플리케이션 제공
- SCM 솔루션은 SCP(Supply Chain Planning)와 SCE(Supply Chain Execution)로 구성됨

① SCP
  a. 공급체인의 효율적 관리를 위한 다양한 계획수립기능을 통합적으로 제공
  b. 주문확약, 조기 스케줄링과 생산계획, 수요계획, 유통계획, 수송계획 등의 모듈로 구성됨

② SCE
  a. 고객 주문의 실질적 수행 및 이행을 의미함
  b. 일련의 주문이행 과정에 대한 정보를 바탕으로 물적 흐름 통제
  c. 주문계획, 생산 및 재고 보충, 유통, 역물류 모듈로 구성

3. 기업 간 관계와 협업

학습목표

• 기업 간 협력적 관계에 대하여 알아본다.
• 협력적 관계를 지원하기 위한 협업상거래의
  범위와 내용들을 이해한다.

Key Word

• 거래적 관계
• 전략적 제휴관계
• CPFR
• 협업상거래

1) 기업 간 관계와 공급체인 협업

일반적으로 기업 간 관계 형성은 거래비용이론에 기반을 둔 경제적인 관점에서 경쟁적 또는 협력적 관계가 된다. 거래적 관계transactional relationship는 비용 관점에서 형성된 관계로, 짧은 기간 동안만 지속되고 구체적인 의무사항을 준수하는 관계이다. 전략적 제휴strategic alliance는 거래적 관계가 자신의 이익만을 중시하는 것과 달리 상호 이익을 중요하게 생각하여 오랫동안 지속되는 관계를 맺는다. 전략적 제휴에서는 관계에서 발생한 이익이나 위험을 공유한다. 따라서 기업 간의 경제활동에 대한 명확한 조정을 통해 자원의 이용과 가치를 증가시키기 위한 협력이 중요하다. 또한 기업 간 공유할 수 있는 목표를 설정하고 이를 달성하기 위해 공동으로 노력하고 협력하게 된다.

거래관계
- 일시적
- 비용 주도(cost-driven)
- 지근거리 유지(arm's length)

전략적 제휴
- 장기적 관계
- 상호 이익
- 열린 커뮤니케이션
- 공동계획수립
- 위험/보상 공유
- 다기능조직
- 최고경영층

그림 12-3 기업 간의 관계

거래 파트너와의 기업 간 관계가 형성되면 거래쌍방은 관계를 유지하고자 하는 동기와 자신의 이익을 추구하고자 하는 자율성이 공존하게 된다. 따라서 장기적인 관계를 맺고 공동의 목표를 지향하는 기업들도 최적의 성과를 내기 위해서는 이해관계의 충돌을 관리하고 의사결정을 조정해야 한다. 이를 위해서는 끊임없이 문제해결을 위해 의사소통하고 정보를 공유해야 한다. 기업들은 공급자와의 효율적이고 안정적인 정보교환과 거래를 위해 EDI, CRP, VMI, CPFR, SCM 등과 같은 기업 간 정보시스템을 도입하여 활용한다.

2) CPFR

소매업체와 공급업체는 별개의 몸이지만, 공급체인을 공동으로 형성하고 있기 때문에 본질적으로 상호 의존적일 수밖에 없다. 소매업자가 재고의 품절을 방지하려면 공급업체로부터의 상품 공급이 필요하듯이, 공급업체도 과잉 또는 부족 생산을 방지하기 위해 소매업체가 가지고 있는 수요 예측에 의존할 수밖에 없다. 그러나 기존의 관계에서는 도·소매상의 재고가 공급업체에게 일방적으로 부담 지워지는 측면이 있다. 따라서 협력을 통해 한쪽에만 일방적으로 부담이 커지는 것을 막고 더 나아가 공평한 관계를 구축할 필요가 있다.

이러한 상호 의존적 상황에 대한 해결책으로서 제시된 CPFR(Collaborative Planning, Forecasting, Replenishment)은 공급업체와 도·소매상의 비즈니스 프로세스와 시스템의 통합, 정보의 공유 등을 통해 파트너십의 개선을 꾀함과 동시에 공급체인의 성과 혁신을 추구하는 것으로 이해할 수 있다. CPFR의 내용은 수요 예측과 재고 보충계획의 공동 수립, 예외사항 발생 시 해결을 위한 공동노력의 구체적 내용 합의로 요약될 수 있다. CPFR 추진의 초기단계에서는 도·소매업체와 공급업체들 간에 앞으로의 협력관계에 대한 규칙을 수립하고, 협력의 목표와 재정적 인센티브, 벌칙 및 공유할 정보의 범위에 대해 합의를 이루는 과정을 거쳐야 한다. 이 과정을 통해 상호 간 공정한 관계를 구축할 수 있는 기반을 마련하고, 이를 바탕으로 수요 예측과 재고 보충 계획을 공동으로 수립하며, 예외사항을 처리하는 협업절차를 구체화시키게 된다.

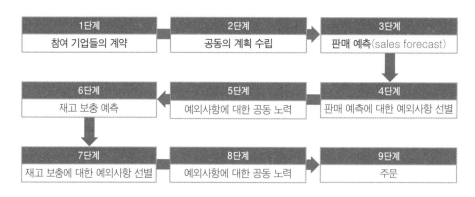

그림 12-4 CPFR 추진단계

CPFR을 성공적으로 실행한 대표적인 사례로서 Wal-mart와 Sara Lee Branded Apparel을 들 수 있다. 소매업체인 Wal-mart와 여성의류를 공급하는 Sara Lee branded Apparel은 둘 사이에 CPFR을 도입하여 판매 예측을 하고 예외사항을 선별하여 이를 개선하는 3단계를 기본으로 CPFR을 실행해나갔다. 이들은 처음 판매 예측을 하는 것보다 예외사항에 대하여 어떻게 공동으로 노력해 나갈 것인가에 대하여 더 초점을 맞추었다. Wal-mart와 Sara Lee Branded Apparel은 CPFR의 파일럿 시스템을 도입한 첫 8주 동안은 매주 전화로 회의를 열었으며, 그 이후 격주로, 시간이 더 지나고 나서는 매달 회의를 개최했다. 그들이 회의에서 다뤘던 내용은 보유재고 상태, POS 정보, 예측의 비교, 예측의 정확성, 판매촉진 활동과 재고 가용성 등의 이슈들이다. 결과적으로 Wal-mart와 Sara Lee는 CPFR 실행 후 24주 만에 소매점 보유재고에서 2%가량의 이익을 냈고, 판매실적은 32%가 증가한 반면 재고는 14% 감소하는 성과를 기록했다.

3) 협업상거래

기업 간 전자상거래$^{e-commerce}$가 단순히 상거래의 효율화에 머물렀던 것이 비해 협업상거래$^{c-commerce:\ collaborative\ commerce}$는 훨씬 더 광범위한 성격을 갖는다. 이는 계획수립 단계에서부터 제품 설계, 재고, 생산, 납품, 물류, 구매, 판매 등 기업활동 전반을 포괄한다. 비즈니스 파트너와 고객과의 사이에 협업관계를 유지하고 지식 공유를 추구하는 기업과 기업 간 관계에서 이루어지는 전자상거래는 인터넷 기술을 바탕으로 한 개방된 시장$^{open\ marketplace}$의 성격이 강한 반면에, 전자상거래는 이미 확립된 거래관계에 놓여 있는 기업들 간에 시스템과 프로세스를 통합하고 문제해결을 위해 공동의 노력을 수행하는 것을 그 목표로 한다. 전자상거래는 기업에게 경쟁력 향상, 비용 절감, 공기 단축 등의 현실적인 혜택을 줄 뿐만 아니라 기업 간 프로세스의 통합이 강조되는, 일종의 기업 간 프로세스 재구축$^{inter-enterprise}$ BPR 또는 확장^{extended} BPR 프로젝트로 볼 수 있을 것이다.

(1) 협력의 깊이와 영역에 따른 협업상거래 분류

협업은 영역과 깊이라는 두 가지 차원에서 이해할 수 있다. 첫 번째로 협업의 영역은 조달procurement, 주문이행order fulfillment, 제품 디자인product design 그리고 고객서비스post-sales support라는 4가지 큰 범주로 분류할 수 있다. 이들 범주는 기업의 주요 업무 프로세스에 해당하며, 기업들이 경쟁력을 갖기 위해서는 이들 주요 업무 프로세스를 효율적이고 효과적으로 수행해야 한다는 데는 이론의 여지가 없을 것이다. 두 번째 차원인 협업의 깊이는 그 정도에 따라 정보통합, 계획의 동기화, 업무흐름 조정이라는 3단계로 나눌 수 있다.

① 정보통합

정보통합information integration 단계는 기업 간 협력의 가장 낮은 수준이다. 정보통합 단계에서는 기업들이 서로 정보를 공유함으로써 투명성이 향상되고, 직접 실시간으로 정보에 접근하는 것이 가능해진다. 정보의 통합은 기업 협력의 기본적인 요소로서 협력관계에 놓인 기업들 간에 필요한 정보를 공유하는 것을 의미한다.

② 계획의 동기화

계획의 동기화planning synchronization는 공유하는 정보를 기반으로 무엇what을 할 것인지에 대해 서로가 동의하는 것으로 정의될 수 있으며, 기업 간 정보의 공유 및 통합보다는 더욱 밀도 높은 협력수준을 요구한다. 계획의 동기화는 파트너들 사이의 지식의 공유를 기반으로 하여 재고 보충을 포함한 여러 가지 협력 내용 등을 계획수립 단계에서 조율하여 합의된 단일 계획을 수립하는 것이다.

③ 업무흐름[1])의 조정

기업 간 협력의 밀도가 더 높아지면 어떻게how 작업을 실행할 것인가를 다루는 기업 간 업무흐름 조정workflow coordination 단계에 이르게 된다. 업무흐름 조정은 공동의 계획을 실행에 옮기는 데 필요한 구체적 업무를 수행하는 과정에서 계획을 더 효율적으로 달성하기 위해 기업 간에 서로 업무흐름을 조정하는 것을 의미한다. 업무흐름의 조정단계는 단순한 의사소통을 통해 업무를 조정하는 수준에서 정보시스템의 도움을 받아 프로세스를 자동화시키는 수준까지 포함한다.

표 12-3은 프로세스와 협업의 깊이라는 두 가지 요인의 관점에서 협업상거래를 체계화한 내용이다.

표 12-3 협업상거래의 체계화

협력의 깊이	기업 활동 영역 · 비즈니스 프로세스			
	조달	주문이행	제품 디자인	고객서비스
정보통합	공급자 생산 및 재고정보 공유	공급체인 전체에 걸친 정보의 공유	제품 디자인 정보의 공유; 제품 스펙 변경 계획 공유	고객의 제품 사용정보의 연결과 공유
계획의 동기화	재고 보충계획 공동 수립	협력적인 계획 수립과 조정; 수요와 공급 결정	신제품 출시와 롤오버(roll-over)에 대한 계획의 공동 수립	서비스 제공계획의 공유와 공동 수립
업무흐름의 조정	문서의 온라인화; 온라인 경매; 재고의 자동보충; 자동 대금 결제	재고 보충 서비스; 제조업자와 유통업자 간의 업무흐름의 자동화	제품 변경 관리의 자동화 및 협력적 디자인	서비스 부문 재고 보충의 자동화

---

[1] 업무흐름(workflow)은 업무진행의 단계별 정보의 흐름을 말하는데, 미리 정의된 업무처리 절차에 의해 한 사용자로부터 다른 사용자로 문서나 정보, 작업의 전부 또는 일부 처리 과정을 자동화하는 것이다. 올바른 정보를 필요한 때 원하는 사람에게 전달되도록 하는 것이 업무흐름의 핵심이다.

사례: 협업상거래 −**Boeing 787**

- 항공 제조업에서 기술의 예전 상태
  - 공통의 설계도에서부터 부품 생산까지 세계적인 파트너와 작업
  - 부품들이 서로 맞는지 알아보기 위해 시애틀 근처의 보잉 조립공장에 물리적으로 수송됨
  - 파트너들이 생산한 부품이 실제로 잘 맞는지 비행기의 나무 실물 크기 모형으로 조립함
  - 과정이 실패했을 때 시간과 제조비용이 극심함
- 제조자에서 하이 테크놀로지 시스템의 통합자로의 변화
  - 부품들은 글로벌 파트너들에 의해 콘셉트에서부터 생산까지 계획됨
  - 부품들은 보잉 외부 법인조직의 방화벽에 의해 유지되는 컴퓨터 모델에서 조립됨
- 협력(collaboration)의 3단계
  - 디자인 협력(design collaboration)
    - · 모든 부문들은 경과기록을 하며, 함께 공동작업을 하고, 설계도를 전자적으로 바꿈
    - · 컴퓨터 모델이 오류를 찾기 때문에 질적으로 향상됨
  - 공급자들은 그들의 SC와 협업
  - 실시간 협력(real-time collaboration)
    - · 과학기술로 인해 다양한 나라에 대한 관리가 가능해짐에 따라 제품생명주기의 양을 고려할 수 있음
    - · 협력팀에 의해 365일 24시간 사용을 위해 열린 10개의 멀티미디어 공간
    - · 시각화된 응용프로그램은 팀들이 모형 로딩 같은 시간 손실 없이 복잡한 기하학의 실시간 디자인 검토를 할 수 있게 함

1. 기업 간 관계와 공급체인 협업

① 기업 간 관계는 일시적인 거래 중심적 관계에서 장기적인 전략적 관계에 이르기까지 다양한 모습을 취함

② 기업 간 협업은 장기적으로 상호 이익을 위해 공동으로 노력하는 것으로서 기업 간 정보시스템을 적극적으로 활용하는 것이 필수적임

2. CPFR(Collaborative Planning, Forecasting, Replenishment)

① 소매업자와 공급업체는 본질적으로 상호 의존적임

  a. 소매업자: 재고 품절로 인한 손실을 막기 위해 상품의 적절한 공급 필요

  b. 공급업자: 안정적인 생산/공급활동은 소매업자의 주문 안정성에 달려 있음

② 신뢰를 기반으로 한 협력관계, 목표, 절차 도출

  a. 수요 예측과 재고 보충 계획 공동 수립

  b. 예외사항 발생 시 문제해결을 위한 공동노력의 구체적 내용 합의

  c. 위 두 사항을 추진하기 위해서는 상호 신뢰에 기반을 둔 협력관계의 설정이 선행되어야 함

    – 필요한 쌍방간의 협력관계 규칙을 수립하고 협력의 목표를 설정함

    – 재정적 인센티브와 이익, 벌칙, 위험, 공유정보의 범위 등에 대한 합의

③ Wal-mart 사례

  a. 여성의류 Sara Lee Branded Apparel과 '판매 예측-예외사항 선별-개선'의 3단계를 기본으로 한 CPFR의 실행에 합의

  b. 지속적 회의를 통해 보유재고, POS 정보, 예측의 비교, 예측의 정확성, 판매촉진 활동, 재고 가용성 등에 대한 공동회의

  c. 소매점 보유재고 2% 이익, 판매실적 32%, 재고 14% 감소

3. 협업상거래

  a. 기업 간 협업은 조달, 주문이행, 디자인 및 고객서비스 등의 다양한 영역에 걸쳐 이루어질 수 있음

  b. 협업은 정보통합, 계획의 동기화, 업무흐름 조정의 순서로 깊어짐

찾아 보기

숫자 · 영문					
6단계의 연결	61	CPFR	298, 315, 316	e-비즈니스	120
ARPANET	24	CRM	256, 277	Facebook	60
ATP	307	CRP	298, 304	FTP	31
B2B	145	CSLC	259	GBF	164
B2C	145	DNS	33	HTTP	31, 32, 304
B2G	147	EAI	218	ICT	47
BPM	211	EAI 미들웨어	219	I-D-R 사이클	106
BPR	210, 231	e-commerce	120	IOS	123
C2C	147	EDI	124, 302	IoT	46
CAO	299	ERP	213	IP	30
CASE	241	e-SCM	306	IP 주소	33
CDSS	280	e-service	245	ISP	24, 27
		e-마켓플레이스	98, 182, 196	JIT	290

LAN	25	
LTV	279	
M2M	46	
MIME	31	
MRO	187, 199, 283	
MSP	174, 178	
NCP	12	
O2O	105, 138	
OE	110	
OS	173	
P2P	147	
PC 기반 분산 컴퓨팅	38	
POP3	31	
RSS	59	
SCE	306, 308	
SCM	277	
SCP	306, 308	
S/MIME	32	
SMTP	31	
SNS	58, 60	
TCP	30	
TCP/IP	13, 30, 304	
TCP/IP 통신규약	24	
Telnet	31	
UCC	56	
URL	34	
USN	52	
VAN	124, 303	
VAN기반 EDI	302	

VMI	305
WAN	26
WWW	32
XML	123, 124, 197, 220, 304

ㄱ

가격 발견	183
가상화	42
가시성	213
가치 네트워크	122, 126, 139
가치사슬	92, 121, 122, 139, 150
가치 웹	98, 99
가치 전문점	122, 125, 139
가치제언	121, 134, 136
가치창출	75
가치창출구조	120, 129, 139
간접 네트워크 효과	176
강한 연대	61
개방성	70
개방형 비즈니스 모델	138
개인정보 프라이버시에 대한 염려	88
개인화	82, 228, 235, 237
개인화된 관계	138
거래비용	75, 77, 93, 95, 184
거래비용 이론	95
거래빈도	100
거래의 관점	258
거래의 촉진	182

거래적 관계	314
거래 중개자	146
거래 중심적 관계	138
거시적 관점	20
검색엔진	63
게이트웨이	24, 26
경주전략	161
경험	247
계약비용	76
고객가치	227
고객관계관리	96, 217, 256
고객맞춤	225
고객서비스 라이프사이클	259
고객서비스 자동화	270
고객 유지	165
고객의 권한부여	250
고객의사결정지원시스템	280
고객 자산 구축	251
고객 주문의 이행	309
고객 친밀도	136
고객화	79
공개 네트워크	124
공급망관리	217
공급자의 협상력	116
공급자 재고관리	305
공급자 중심의 콘텐츠 생성	55
공급체인 계획수립	306
관계관리	295
관계의 관리	291

관계의 관점 258
관심 82
광고 기반 모델 148
교차판매 257
교환시장 194, 201
구매 93, 282
구매자와 판매자의 연결 182
구매자의 협상력 114, 116
구매자 중심 시장 188
구매형 마켓플레이스 199
구전 마케팅 60
규모의 경제 74, 165
규칙기반 필터링 241
기술의 모방 가능성 158
기업 간 정보시스템 123, 124
기업 간 프로세스 216
기업 간 프로세스 재구축 317
기업의 해체 94, 95, 97
기업 페이지 60
길잡이 106

ㄴ

납기 약속 278
내비게이션 비즈니스 모델 83
네트워크 12
네트워크 효과 37, 60, 69, 82, 165
넷스케이프 40
능력 87

ㄷ

다기능적 209, 230, 260, 265, 267
다기업적 프로세스 260
다면 플랫폼 174, 175
다채널 138, 267
다채널 환경 260
단말기 37
닷컴 거품붕괴 19
닷컴 붐 19
대량맞춤 225, 234, 237, 277
대역폭 79
대체 가능성 161
대체재의 위협 114, 116
더치 191
데이터마이닝 137
데이터의 고립 207
도메인명 33
도메인명 시스템 33
동적 가격결정 187, 189
디지털 경제 15
디지털화 70, 73

ㄹ

라우터 24, 26
롱테일 62
리드타임 230

ㅁ

마이클 포터의 5가지 힘 이론 113
마케팅 자동화 270
만물인터넷 47
멀티호밍 178
메뉴비용 189
메인프레임 37
멧칼프의 법칙 37, 69
모니터링 비용 76
모듈러 생산방식 235
모듈성 74
모바일 컴퓨팅 45
모방 가능성 161
모자익 25, 40
무어의 법칙 36
물적 흐름 291
미디어 공유 포털 57
미디어 공유 플랫폼 58
미시적 관점 20

ㅂ

반응적 공급체인 292
배후 개인화 240
백본 24, 26
백본 네트워크 15
범위의 경제성 74
보안성 87
보완적 자산 159
보완적 자산 모델 158

보조자 그룹	173	상품	136	수평적 유통업자	201
봉쇄전략	161	상향판매	257	수평적 통합	97
부분 최적화	226	상호작용비용	74, 75, 77	승자독식	178
분리전략	169	상호작용성	79	시맨틱 웹	55
분산처리	42	생산	93	시장 조성자	146
분석적 CRM	267	생산계획	275	신뢰	82, 86, 100, 183
블로그	57	생산능력계획	275	신뢰도	87
비교쇼핑	63, 82, 189	생산비용	74		
비용 구조	140	서버	68	**ㅇ**	
비정규 구매	200, 286	서비스의 속성	246	아웃소싱	97
비즈니스 모델	133	서비스 제공자	146	알파넷	13
비즈니스 프로세스	20	서비스 지향 아키텍처	219	약한 연대	61
비즈니스 프로세스 관리	211	선의	87	양방향 커뮤니케이션	
비즈니스 프로세스 재구축	210	선점전략	164		54, 55, 68, 80, 236
비즈니스 프로세스 혁신	20	센서	49	양키	191
빅데이터	51, 56	셀프서비스	250	업무흐름	197, 319
		소셜 네트워킹 사이트	58	에스크로 서비스	88, 183
ㅅ		소셜 네트워킹 서비스	57	역경매	192, 199, 287
사물인터넷	46, 49	소셜 네트워크	19	연결 기술	122, 124
사물지능통신	46	소셜 미디어	56, 57	연결성	68
사용자 생성 콘텐츠	56	소셜 북마크	58	연속재고보충 프로그램	304
사용자 중심의 콘텐츠 생성	55	소프트웨어 서비스	43	오픈 네트워크	70
사용후기	63	손놓음	231, 248	온라인 경매	191
산업 내 경쟁	114, 115	수수료 기반 모델	148	온라인 소매상	146
산업 컨소시엄형 마켓플레이스	202	수요와 공급의 동기화	292	온라인 시장의 지배구조	186
상거래층	16	수직적	187	온라인 시장 제공자	186
상대 그룹 네트워크 효과	176, 177	수직적 교환시장	201	온라인 커뮤니티	63
상생	167	수직적 통합	97	외형적 개인화	240
상인	175	수평적 시장	187	운영적 CRM	266

운영체계	173	
운영 효과성	110	
웨어러블 컴퓨팅	47, 48	
웹 2.0	19, 54	
웹 2.0의 정신	55	
웹 기반 EDI	304	
웹 브라우저	33	
웹서버	41	
웹 서비스	219	
웹 클라이언트	41	
웹 클릭스트	75	
위치기반서비스	48	
위키	57	
유동성	184, 194, 202	
유비쿼터스	44	
유비쿼터스 컴퓨팅	49	
유통채널 간의 갈등	105	
유통채널의 갈등	166	
음성 인터넷 프로토콜	57	
응용층	16	
의사결정	49	
의사결정 지원	106	
이득을 공유	167	
이면 플랫폼	173	
이윤 기반 모델	149	
익명성	86, 184	
인터넷 경제	15	
인터넷 기반의 EDI	124	
인프라관리	96	

인프라 서비스	44	
인프라층	15	
잉글리시	191	

ㅈ

자금 흐름	291	
자동화	50	
자산특이성	100	
자율통제	50	
재고 가시성	187	
적시생산	290	
적응적 개인화	239	
전략적 구매	188, 201	
전략적 제휴	314	
전략적 포지셔닝	110	
전방활동	274	
전사적 시스템	213	
전사적 애플리케이션 통합	218	
전사적 자원관리	213	
전자상거래	120	
전자적 중개	98	
전자적 커뮤니케이션	100	
전자적 통합	99, 100	
전자조달	199, 285, 286	
전자조달 전문시장	202	
전체의 최적화	291	
전체 최적화	226	
전통 시스템	218	
전환비용	69	

접점	137, 260, 261	
정보 과잉	82	
정보의 도달성	79	
정보의 비대칭성	83, 94	
정보의 풍요도	79	
정보중개자	16, 105	
정보 프라이버시	89	
정보 흐름	291	
정보 흐름의 관리	296	
정액제 모델	150	
정적 가격결정	189	
정직	87	
제도적 기반	182	
제살 깎기	167	
제안요청서	192	
제조업의 서비스화	235	
제품 리더십	136	
제품 생산 기반 모델	149	
제품의 복잡성	100	
제품 혁신	95	
조달	282	
조달 프로세스의 혁신	286	
조정비용	76	
조직의 분화	206	
종량제 모델	150	
주문관리 시스템	278	
주문이행	76, 274	
주문이행 프로세스	210	
주문처리	185	

중개기술 68
중개소멸 104
중개층 16
중개효과 100
중립성 70
중립적 시장 188
지배구조 202
지불자 그룹 173
지속 가능한 경쟁우위 111
지식관리 217
직거래 104
직접 네트워크 효과 176
진입장벽 69, 114, 115
집단지성 56
집중적 기술 125

ㅊ

채찍효과 296
초연결성 68
총체적 해결책 232
추천 기반 모델 149
추천서비스 63

ㅋ

커뮤니티 제공자 146
컨피겨레이션 270
컨피겨레이터 229, 278, 280
컴퓨터지원 자기 설명/해석 241
콘텐츠 제공자 146

크라우드 소싱 56
클라우드 컴퓨팅 42
클라이언트 68
클라이언트/서버 컴퓨팅 39, 40
클러스터링 60

ㅌ

탐색비용 76
태그 58
터미널 37
통합기업 232
통합적 CRM 262
통합전략 169
통합효과 100
특이자산 196

ㅍ

파트너십 97
판매인력 자동화 270
판매자 중심 시장 188
판매형 마켓플레이스 198
패킷 26, 27
패킷 스위칭 28
퍼베이시브 컴퓨팅 45
평가 63
평가 시스템 88
포털 145
프라이버시 86
프로세스 자동화 211

프로세스 자동화 고립 207
프로세스 합리화 210
프로토콜 30
플랫폼 172, 173
플랫폼 서비스 44

ㅎ

하이퍼링크 32
하이퍼텍스트 32, 54
해당 그룹 네트워크 효과 176
허브 61
현장구매 188, 201
협력적 개인화 240
협력전략 161
협업상거래 317
협업적 CRM 267
협업 필터링 242
홍보 필터링 242
확장 BPR 231, 317
확장 ERP 217
확장성 165
회선 교환 29
효율적 공급체인 292
효율적 시장 가설 94
후방활동 274, 276
흐름의 관리 291

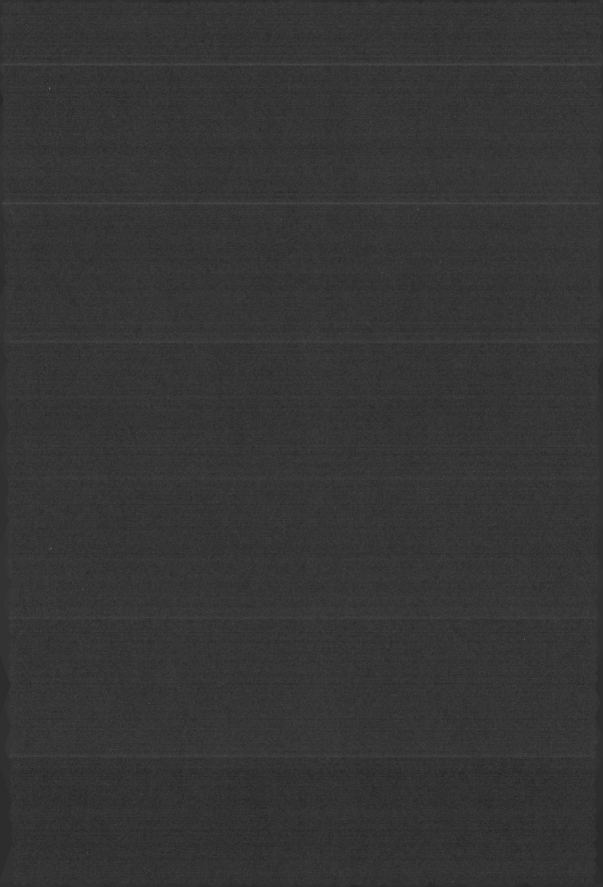